VENTURE CAPITAL DEVELOPMENT IN CHINA 2010

中国创业风险投资发展报告 2010

主 编 王 元 张晓原 梁 桂 副主编 房汉廷 沈文京 程维华 郭 戎

经济管理出版社
ECONOMY & MANAGEMENT PUBLISHING HOUSE

图书在版编目（CIP）数据

中国创业风险投资发展报告. 2010/王元主编. —北京：经济管理出版社，2010.9

ISBN 978-7-5096-1111-1

Ⅰ. ①中…　Ⅱ. ①王…　Ⅲ. 风险投资—研究报告—中国—2010　Ⅳ. F832.48

中国版本图书馆 CIP 数据核字（2010）第 186168 号

出版发行：经济管理出版社

北京市海淀区北蜂窝 8 号中雅大厦 11 层

电话：(010)51915602　　邮编：100038

印刷：北京印刷集团有限责任公司印刷二厂　　经销：新华书店

责任编辑：陈　力

技术编辑：黄　铄

责任校对：郭　佳

880mm×1230mm/16　　15.5 印张　　500 千字

2010 年 9 月第 1 版　　2010 年 9 月第 1 次印刷

定价：150.00 元

书号：ISBN 978-7-5096-1111-1

中国创业风险投资发展报告 2010

工作指导委员会

参与和支持单位（排名不分先后）

科学技术部科研条件与财务司
中国科学技术发展战略研究院
科技部火炬高技术产业开发中心
科技部科技经费监督管理服务中心
国家科技风险事业开发中心
商务部外国投资管理司
国家开发银行投资业务局
中国进出口银行业务开发与创新部
中国社会科学院金融研究中心
中国科技金融促进会
中国科技金融促进会风险投资专业委员会
北京创业风险投资协会
上海市创业风险投资企业协会
天津市创业风险投资协会
广东省风险投资促进会
深圳创业风险投资同业公会
浙江省风险投资协会
江苏省创业风险投资协会
河北省科学技术厅
山西省科学技术厅
黑龙江省科学技术厅
浙江省科学技术厅
江西省科学技术厅
河南省科学技术厅
湖南省科学技术厅
贵州省科学技术厅
云南省科学技术厅
福建省科学技术厅
海南省科学技术厅
安徽省科学技术厅
宁夏回族自治区科学技术厅
新疆维吾尔自治区科学技术厅
新疆科技生产力促进中心
山西省风险投资协会
陕西省创业风险投资协会
辽宁省科技创业风险投资协会
江苏省创业风险投资协会
吉林高技术创业服务中心
山东省创业风险投资协会
河南省创业风险投资同业公会
湖北省创业风险投资同业公会
重庆高新区创新中心
内蒙古科技风险基金管理办公室
石家庄高新区经济科技局
沈阳市科学技术局
大连高新园区生产力促进中心
大连市生产力促进中心
长春市科学技术局
南京高新区管委会经济发展局
江苏省无锡高新区科学技术局
江苏省常州创业服务中心
杭州市科学技术局
杭州市生产力促进中心
宁波市科学技术局
福建珠海高新区管委会
厦门科学技术局
厦门火炬高技术开发区
哈尔滨市创业风险投资协会
江西省科技金融促进会
青岛高新技术创业服务中心
襄樊高新区风险投资中心
佛山高新区投资创业中心
广州风险投资促进会
成都创业风险投资协会
绵阳高新区管委会
贵阳高新区管委会
西安高新区管委会
杨凌高新区管委会
宝鸡高新区管委会
甘肃省创业服务中心
兰州高新区管委会
云南省科技情报研究所
宁夏科技信息研究所
辽宁科技创业风险投资有限公司
湖南高科技创业风险投资公司
贵阳市科技风险投资公司
新疆科源风险投资管理公司
甘肃省科技风险投资公司
中国台湾创业风险投资商业同业公会
亚洲创业基金期刊集团（中国香港）
福建省高新技术产权交易所
中国风险投资研究院
《中国科技投资》杂志社
北京清科创业风险投资顾问有限公司
辽宁大学工商管理学院

发展有中国特色风险投资 加快培育战略性新兴产业

万　钢

当前各部门、各地方都在认真学习中央精神，把加快经济发展方式转变作为深入贯彻落实科学发展观的重要目标和战略举措。通过近年来科技工作的实践，我们认识到，贯彻落实中央提出的加快转变经济发展方式的战略部署，必须加快培育和发展战略性新兴产业，这是转变经济发展方式、调整经济结构和提升自主创新能力的关键。风险投资怎样参与和促进培育、发展战略性新兴产业？这是我们必须深入研究的重大课题。

一、培育战略性新兴产业是我国风险投资的重要使命与机遇

培育和发展战略性新兴产业是党中央、国务院在成功应对国际金融危机，经济回升向好的形势下，着眼于我国经济社会可持续发展，加快经济发展方式转变，调整经济结构的重要举措，对我国经济社会发展具有长远而深刻的影响。之所以有这一判断，主要来自历史的启示。以信息产业为例：人类从印刷商业书刊进行销售开始，到收音机、电视机和互联网，本质上都是以不同的技术来实现信息和文化的传播。实现同一信息覆盖5000万人的目标，依靠传统的书刊可能需要数百年以上的时间，收音机用了38年，电视机用了15年，而互联网仅用了5年的时间。

战略性新兴产业是在国民经济中具有重大战略意义的领域由于新型技术突破所产生的新兴产业，其本身表现出巨大的带动系数、强大的市场拓展速度，深刻地改变着世界的面貌、竞争的格局，具有难以估量的经济、社会和商业价值。如果将互联网看作是新兴产业，传统书刊看作是传统产业，那么新兴产业对传统产业的改造和促进作用也是非常明显的。在互联网时代，书刊、影视作为信息、文化传播的媒体，不仅没有消失，种类反而更加繁多，形式更为丰富。借助网上书店、电子书籍、电子阅览器等工具和手段，其流通范围更大，速度更快，对印刷业、出版业、影视业和传媒业的结构调整、发展模式创新等产生了深远影响。

在此轮新兴产业发源地——美国，信息技术发展最快的1986~1997年，风险投资同步迅速壮大，总量增长了10倍，有效地利用了社会资本，填补了政府科技投入和市场需求之间的缺口，扶助了一大批高新技术企业从小到大，从弱到强，有力地推进了信息产业的发展，同时也实现了行业高达41%以上的平均收益率。这一阶段，风险投资也成为全球公认的新投资模式典范和新财富产生方式的代表。

当前，新一轮产业技术革命曙光初现，新能源、电动汽车、智能电网、生物技术、新材料和先进制造业等领域已经蕴涵了较大的势能。世界范围内，借调整产业结构、应对金融危机之际，大力培育新兴经济增长点，新兴产业正悄然逆势而上，迅猛发展。自党的十六大、十七大确定自主创新战略、建设创新型国家目标以来，我国加快了重点领域布局、加大了科技投入。目前，已具备了在新兴产业占据某些制高点、接近一些前沿和做大若干领域的基础。

将这些潜在的优势变为现实的优势，风险投资可以发挥重要的作用，同时也是风险投资难得的发展机遇。风险投资可以为战略性新兴产业注入早期的发展资金，选拔培育企业管理团队，开发出适合战略性新兴产业快速壮大的新型商业模式。

近年，发达国家的风险投资和资本市场正在积极进行新一轮产业技术投资，2005年以来，硅谷已有100亿美元的风险投资进入了新能源领域，2008年投入新能源领域的资金更是超过50%。根据美国风险投资协会最新发布的预测，2010年在新能源等清洁技术领域的投资还将继续增加。海外资本市场也加大了对新兴产业的扶持力度。应特

别关注的是，很多我国新兴产业的代表性企业远赴海外上市，2009 年以来就有多家新能源企业赴美国、韩国上市。实际上，各个国家、各方投资者对战略性新兴产业的竞争战已经打响，我国风险投资业一定要关注和重视这一动向，并要积极应对，有所作为。

二、我国风险投资取得了长足进展，但总体效能还有待进一步释放

10 年来，我国风险投资业取得了很大发展，特别是 2006 年全国科技大会以来，随着法律环境的日趋完善、财税政策的出台以及多层次资本市场的逐步建立，风险投资的机构数、管理资本总量大幅增加，平均增速超过 16%。2007 年爆发的国际金融危机使全球资本市场和风险投资业普遍陷入低迷，但我国风险投资却逆势上扬，已连续两年保持快速增长。据科技部、商务部、国家开发银行等部门正在联合开展的 2009 年全国风险投资调查数据显示，我国风险投资机构已达到 576 家，管理资本达到 1605.1 亿元，分别比 2008 年增加 21%和 10%以上。我国风险投资已培育出一批对全国乃至世界有影响力的新兴经济增长点，如光伏产业、软件产业、网络产业、信息通讯产业、先进制造产业。取得这些成绩的同时，我们应清醒地看到，我国风险投资业总体还处于成长阶段，一些体制机制方面的障碍尚未突破，其投资抚育能力还有待进一步提高，主要表现在以下几个方面：

一是后端投资过于“拥挤”，种子期和起步期投资依然严重不足。目前，我国风险投资业早期投资项目数和投资额只占全部投资的 8.1%，且呈现不断下降的趋势。许多机构虽然称之为风险投资，但已成为“保险投资”。从历史的经验看，正是风险投资家将早期项目转化为相对成熟的企业，从而大规模商业资金可以进入，才引发了信息技术革命，才奠定了风险投资不可或缺的地位。如果仅仅是“摘果实”，信奉纯粹的“拿来主义”，采用完全的“跟随战略”，我国的风险投资将难以完成培育战略性新兴产业的使命。

二是投资传统产业和低端环节偏多，技术预见和管理水平还需提高。近年来，我国风险投资在传统产业上的投资比重依然很高，一般性技术改造项目多，高风险但呈现高渗透的技术创新项目少；在太阳能、风能、生物能源的产业链上低端环节投资的比重比较高，如硅晶片、风电叶片投资多，但实现大容量、低成本储存，解决风能和太阳能发电的智能电网技术环节投资较少。与此相比，国际风投主要集中在企业发展的前端，近来更有向萌芽期发展的趋势，凸显出我国风险投资团队对高新技术项目的技术发展路线和战略性新兴产业的发展规律的把握能力较弱，还需全面提高。

同时，我国风险投资机构对于战略性新兴产业的结构、企业的形态把握能力也需进一步提升，要尽快实现从过度关注 IPO，到重点关注技术整合、产业策划和并购等相结合的转变。实际上，新兴产业很大程度上是通过整合来完成的，如思科公司主要通过并购实现成长。这就需要投资者要具备产业技术预见能力和较高的投资技能，目前，我国风险投资机构的这种综合能力与国际同行先进团队相比还有较大差距。

三是国有风险投资的功能正在弱化，部分地区风险投资引导基金重心偏移。国有风险投资机构从设立即定位在科技型中小企业、科技成果转化等早期投资阶段。2008 年对国有风险投资机构的一次全面调查显示，国有风险投资机构占据全行业的 1/3 强，累计对早期项目的投资比例高达 67%，远高于全行业约 30%的平均水平。但近年来情况正在发生变化，目前国有风险投资被等同于一般经营性国有资产，在同一尺度下接受管理，受保值增值等指标考核影响，很多机构不愿从事或难以从事早期投资，从而转向后端投资，甚至成为享受稳定收益的控股公司；国有风险投资按照国有资产的交易制度，在进入和退出阶段需要履行复杂的程序。国有股转持政策的实施对国有创投的投资理念和行为产生了负面影响。近年来，很多地方政府设立了风险投资引导基金，但在运行中有些偏离了促进科技企业发展的宗旨，成为地方招商引资的工具，失去了对前端和科技投资的引导功能。

四是风险投资运营环境不够完善，运营条件不够成熟。从风险投资的外部支撑条件看，风险投资中介服务体系还不很健全，存在政策、技术、企业等相关信息获取难的问题；行业自律机制尚未形成，信用与绩效评价机制尚未建立；风险投资长期资本来源渠道不畅，行业内天使投资、合格的机构投资者缺失，导致管理人行为短期化；税收制度在不同性质风险投资之间不平衡，有限合伙制尚未充分显示其制度优势。

三、发展有中国特色风险投资，加快培育战略性新兴产业

我国风险投资业伴随着科技事业成长而发展，是我国科技体制改革的成果，具有十分明显的特点与特色。目前，我国风险投资业已基本完成了由政府主导向社会资本主导的转型。我们既要借鉴发达国家风险投资的一般规

律，更要重视探求适合我国风险投资业的发展道路，创新体制机制，促进我国风险投资事业健康壮大，为培育战略性新兴产业发挥积极助推作用。

一是深刻认识和把握战略性新兴产业的发展规律，加强科技资源与风险投资的对接。与传统产业不同，战略性新兴产业在技术路线、产业环节、商业模式、市场培育等方面具有较大的不确定性，需要大量的技术攻关、成果集成、模式创新和政策突破，才能使其健康发展。例如，在太阳能利用方面，就有多晶硅、光伏电池、并网输电、配电控制等关键技术和产业环节，如果后续环节不畅，市场就难以形成，就会造成前端的投资失效，这就是人们常说的阶段性、配套性产能过剩的“堰塞湖”现象。

这里有一个很好的例证，就是10年前的纳斯达克网络股票泡沫。20世纪90年代初期，美国“信息高速公路”项目虽然已经开始实施，但“信息高速公路”进入每家每户的工作并没有完成；虽然网上采购和交易已经成为可能，但是网上支付的信誉还得不到保障，电子签名还不具有法律效力。即便存在诸多的缺陷，资本市场中的网络股还是持续高涨，进而形成了泡沫。可以说，这个泡沫主要是由经营环境和新兴商业模式还没有形成完整配套所造成的。纳斯达克泡沫破裂以后，网络业才逐步发展起来，网上支付和电子签名瓶颈得以突破，用户开始了大规模接入，整个网络产业才有了真正发展。新兴产业的发展，会有光明的前景，必然也会经历一些困难和挫折。

克服战略性新兴产业发展中的各个障碍，要充分利用我国体制机制的优势，促进政府、企业、科技和投资界的紧密结合，及时沟通信息，联手共进：从政府来看，要及时地进行科技前瞻部署、破除政策障碍；企业要努力开展技术攻关，创新商业模式；风险投资和金融机构要创新投资模式，支持企业融资。在去年开始实施的科技成果产业化示范应用工程中，我们在“十城千辆”中重点解决电动汽车公交运营模式和基础设施建设问题；在“金太阳”工程中重点攻克太阳能发电的并网输配电技术；在“十城万盏”中着力探索半导体照明能源合同管理商业模式。政府、企业、金融紧密合作，取得了很好的成效。

今后，在国家科技重大专项和重大科技产业化工程实施过程中，我们要进一步研究战略性新兴产业形成和发展过程中技术创新链条与资金链条的对接关系，对市场失灵的环节，政府要充当“第一位天使”；对风险投资可以顺利进入的环节，政府要营造环境，加大激励；对于风险投资“过热”的环节，政府要发挥“窗口指导”作用，加强引导。通过政府和市场的有效结合，切实打通新兴产业发展的各个环节，消除“堰塞湖”，使整条“河流”流动起来。

二是创新国有风险投资管理制度，使其继续发挥“先锋队”作用。中国特色的风险投资还表现在，在早期股权（天使）投资市场很不发达的情况下，政府引导和推动风险投资发展的模式将继续发挥作用，国有风险投资要按照风险投资运作的规律，创新国有风险投资机构的管理制度，破除障碍、明确定位；探索建立国有风险投资机构的决策和执行制度、激励和约束制度、资产管理和交易制度。要以促进战略性新兴产业各个环节的健康、快速发展作为检验国有风险投资发展目标是否实现的标准。

三是发挥科技型中小企业创业投资引导基金的引导和带动作用。科技部、财政部通过引导基金出资3.09亿元参与设立了14家重点投资科技型中小企业的创业投资公司，带动社会资金20.43亿元。随着国家引导基金运作成效的逐步显现，各地也纷纷设立各具特色的创业投资引导基金，截至2009年6月，北京、天津、上海、重庆、江苏、湖北、四川、福建等25个省市设立了50家地方引导基金，资金总规模超过245亿元。创业投资引导基金已成为引导各类风险投资和社会民间资本进入科技型中小企业和战略性新兴产业的重要渠道和载体，是我们大力支持和鼓励的发展方向。

四是进一步优化风险投资运营、政策和法律环境。加快推进我国风险投资行业自律，推广有限合伙制度，完善风险投资税收政策；以全国风险投资调查工作为基础，加强风险投资业公共信息平台建设，为全国风险投资业提供政策信息和技术信息；研究鼓励风险投资中介服务发展的措施；加强对复合型创业投资人才的培训；研究推动社保、保险等长期资金利用风险投资机制进入战略性新兴产业的方式方法。

风险投资家们常说:“真正的成功不是昨天的成功，不是现在的成功，而是未来的成功。”相信风险投资家们一定能够在战略性新兴产业发展中获得更大的成功！

（科技日报，2010年7月23日）

目 录

摘 要

2009 年中国创业风险投资业的总体概况与趋势*

全国创业风险投资调查写作分析组

2009 年，为应对国际金融危机，中国政府采取了一系列宏观调控措施，尤其是境内资本市场 IPO 重启、创业板开启以及风险投资行业相关税收优惠政策的出台，为中国创业风险投资市场的发展创造了机遇，行业机构总数、管理资本总额，以及 IPO 退出等均达到历史最高水平。调查显示，绝大多数的风险投资机构认为，2010 年中国风险投资行业的投资前景将明显好转，全行业发展向好，但机遇与挑战并存。

1 中国创业风险投资的总体概况

1.1 创业风险投资机构数、资本总量及变化趋势

2009 年，全国创业风险投资机构数量继续增加，达到 576 家，较 2008 年增加 112 家，增幅为 24.1%。创业风险投资管理的资金总量达到 1605.1 亿元，成为有统计以来最高的一年，较 2008 年增加 149.4 亿元，增幅 10.3%。其中，2009 年新注册成立的创业投资机构管理资本 126.5 亿元，占比 84.7%；可见，管理资本的增加主要源于新注册创业投资机构（基金）的进入（见图 1）。

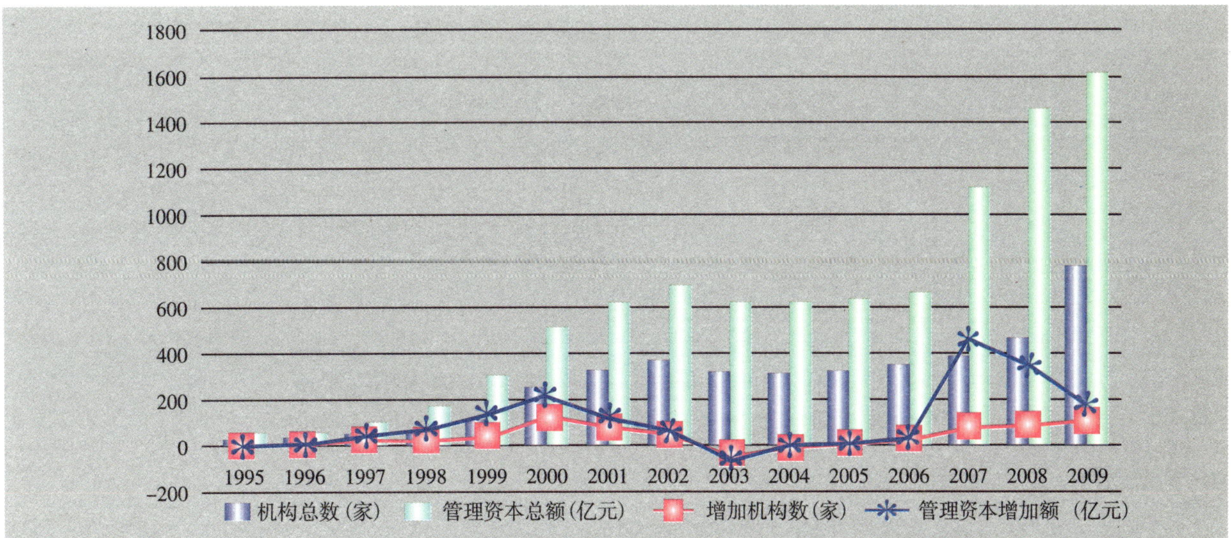

图 1 中国创业风险投资机构数、管理资本总量变化趋势

* 本报告主要内容来源于写作组各成员执笔（负责）章节，由张俊芳、郭戎总撰。

1.2 创业风险投资的资本来源及增长动因

2009 年，中国创业风险投资的资本来源结构仍以未上市公司为主体，占管理资本总额的 32.4%；政府出资和国有独资投资机构合计占比 39.0%；其他，如个人、外资、各类金融机构也占有一定比例（见图 2）。

与 2008 年相比（见图 3），其主要变化及动因可归纳为：

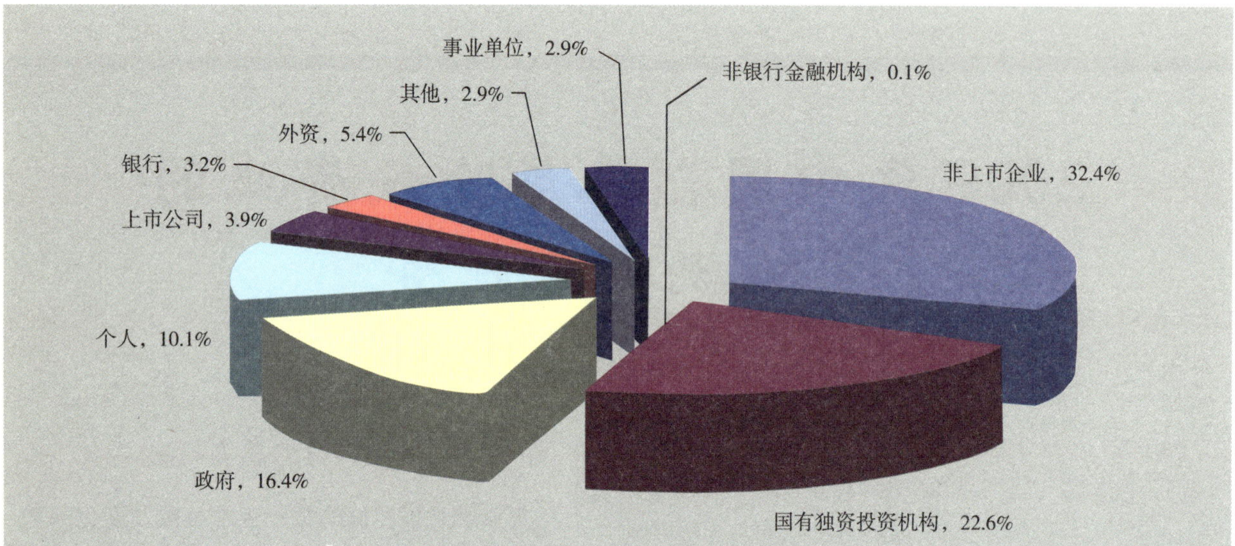

图 2　中国创业风险投资资本来源（2009）

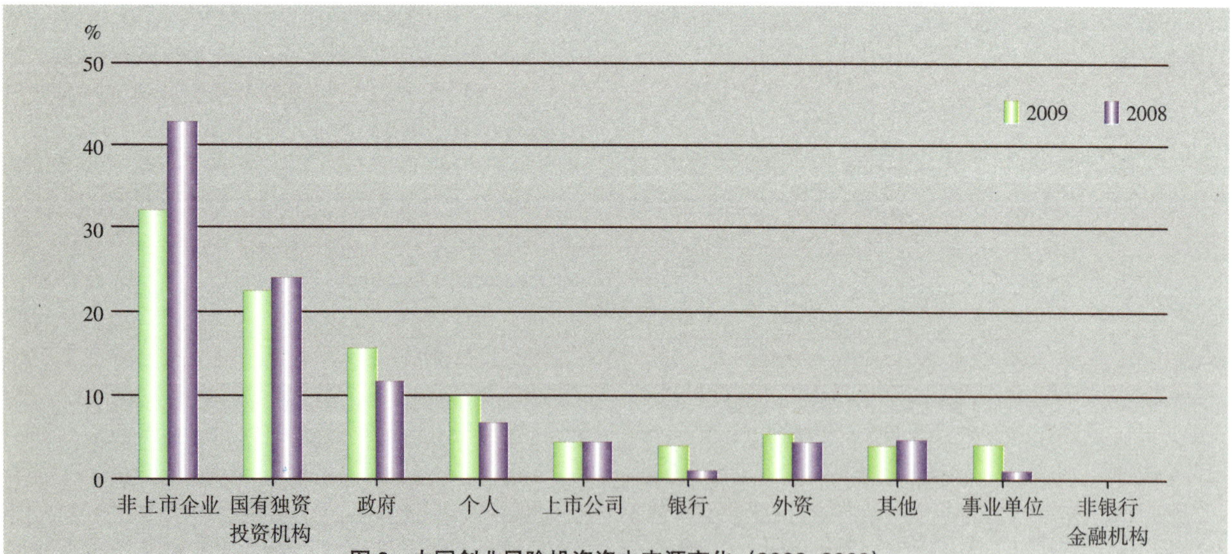

图 3　中国创业风险投资资本来源变化（2008~2009）

第一，政府出资与国有独资投资机构比例进一步提升，合计增长 3.1%，政府创业引导基金作用凸显。自 2007 年 7 月，科技部和财政部批准设立了创业投资引导基金，通过风险补助和投资保障及阶段参股等支持方式，支持初创期科技型中小企业创新创业，取得了显著成效。尤其是 2009 年，引导基金共投入财政资金 3.59 亿元，较 2008 年大幅增长。据统计，在科技型中小企业创业投资引导基金的带动下，地方累计设立了 50 多家创业投资引导基金，带动地方资金达 250 亿元左右。①

第二，创业资本市场竞争加剧，银行大举介入投行业务。2009 年，在传统息差业务利润增长乏力的情况下，商业银行投行业务却异军突起。据已披露年报数据，工行 2009 年投行业务实现收入 125.39 亿元，增长 56.2%；建行的投行业务收入 97.99 亿元，较上年增长 48.22%；交行实现咨询顾问费（投行）收入 38 亿元，增幅 77.61%。建行、中行以及其他股份制银行等在投行业务方面亦有不菲的成效，其中，民生银行与国内首家股权交易所滨海国际股权交易所签订战略合作协议，进军股权投资；深发展咨询顾问费增幅亦高达 78.03%。

第三，外资创业风险投资基金继续看好中国。2009 年，全球经济尚未完全走出金融危机的阴霾，全球金融资本市场的低迷，以及境外出资人资金的匮乏放缓了外币资本募集的进程。相比之下，中国经济企稳向好趋势明显，创业投资环境日益改善，中央及地方政府出台了一系列新政吸引境外资本，在众多积极因素的作用下，增大了外资对中国创投市场持续看好的预期。

2 中国创业风险投资机构的投资和运作特点

2.1 投资金额和项目数量大幅上升

截至 2009 年底，中国创业风险投资机构累计投资 7435 项，投资高新技术企业（项目）数达 4737 项，约占累计投资总数的 63.7%，远高于 2008 年的水平；累计总投资额 906.2 亿元，其中向高新技术企业（项目）的投资额为 405.1 亿元，约占 44.7%（见表 1）。2009 年，中国创业风险对科技企业（项目）的投资数目增加较多，但由于高新技术企业标准的变化，一些规模过大的企业难以再获得资格，因此投资高新技术企业的金额明显下降②。

表 1　截至 2009 年底中国创业风险投资累计投资情况

指标类型 / 年份	累计投资项目总数（个）	投资科技企业/项目数（个）	累计投资金额（亿元）	投资科技企业/项目额（亿元）
2008	6796	3845	769.7	427.4
2009	7435	4737	906.2	405.1

2.2 投资重点集中在金融服务业与战略性新兴产业

2009 年，中国创业风险投资行业集中度较 2008 年上升 6.1 个百分点，仅金融服务业、传统制造业、软件产业、其他行业和新能源/高效节能技术五大产业集中了当年 56.5%以上的金额，其中金融服务业、软件产业和新能源/高效节能技术产业发展迅速。金融危机全面爆发以来，我国加大了产业结构调整力度，以金融业为首的现代服务业占 GDP 的比重逐渐增加；具有技术领先、能耗低、投入少、产额高等特征的战略性新兴产业成为经济发展的重点；此外，随着创业板的推出，"两高六新"③ 领域内的企业成为创业风险投资机构的新宠（见表 2）。

① 资料来源：科技部火炬中心。
② 对高新技术企业投资的累计增加额不能理解为新增投资，有些过去投资的项目可能会在投资后被有关部门认定为高新技术企业或各类科技企业。
③ 所谓的"两高六新"指：成长性高、科技含量高、新经济、新服务、新农业、新材料、新能源与新商业模式。

表 2 中国创业风险投资业投资项目的行业分布前十名 单位：%

年份 投资行业	2009		2008	
	投资金额	投资项目	投资金额	投资项目
金融服务	15.2	5.4	8.2	4.9
传统制造业	11.9	9.4	15.6	14.2
软件产业	10.9	13.9	6.2	9.7
其他行业	10.0	9.7	12.7	10.4
新能源、高效节能技术	8.5	6.3	7.7	5.1
新材料工业	6.4	7.2	4.4	6.6
医药保健	4.9	6.0	2.5	4.8
消费产品和服务	4.3	3.1	3.9	2.8
光电子与光机电一体化	4.1	5.1	4.0	5.9
农业	3.5	2.3	2.6	2.6

2.3 投资阶段偏好重心前移

2009 年，中国创业风险投资业投资阶段最显著的特征表现为：投资偏好重心前移，尤其是对种子期项目的投资较 2008 年大幅增长，投资金额与投资项目占比分别为 19.9%、32.2%，其原因主要源于创业板市场的成功开启，以及政府创业引导基金政策作用的显现。此外，对成长（扩张）期的投资占比仍然成为主导投资阶段，投资金额与投资项目占比分别为 45.0%和 35.2%；起步期、成熟（过渡）期和重建期的投资项目与投资金额所占比例均有所下降（见表 3）。

表 3 中国创业风险投资项目所处阶段的总体分布 单位：%

年份 投资阶段	2009		2008	
	投资金额	投资项目	投资金额	投资项目
种子期	19.9	32.2	9.4	19.3
起步期	12.8	20.3	19.0	30.2
成长（扩张）期	45.0	35.2	38.5	34.0
成熟（过渡）期	18.5	9.0	26.5	12.1
重建期	3.7	3.4	6.6	4.4

相对而言，我国境内内资机构对种子期和起步期的项目更为重视，投资金额所占比重达到 35.5%，远高于境内外资的 9.2%。尤其值得一提的是，内资机构对种子期项目的投资呈增长态势，投资金额由 2008 年的 10.3%增至 2009 年的 22.0%，投资项目更是高达 34.2%，而外资机构对种子期项目的投资无论从金额还是项目数来看，都呈下降趋势（见表 4）。

表 4 内资与外资创业投资项目所处投资阶段（2009）

投资阶段	投资项目		投资金额	
	内资	外资	内资	外资
种子期	34.2	7.4	22.0	1.7
起步期	21.2	8.6	13.5	7.5
成长（扩张）期	32.7	65.4	42.5	65.9
成熟（过渡）期	8.6	13.6	18.5	19.1
重建期	3.2	4.9	3.5	5.9

2.4 投资地区差异显著，集聚效应明显

2009 年，中国创业风险投资地区分布仍然在总体上呈现出“东强西弱”的走势格局，并且，这种走势格局进一步增强，江苏、浙江、广东等地区的风险投资业无论在机构总量还是管理资本方面均处于遥遥领先地位。

国外经验表明，风险投资业的发展与地方经济、金融、社会、文化氛围、政策环境等方面息息相关。随着地方经济的发展，资本市场发育的相对成熟，以及政策环境的改善，我国风险投资的地区集聚效应进一步凸显，东部地区已经成为创业风险投资发展的主要聚集地（见图 4）。

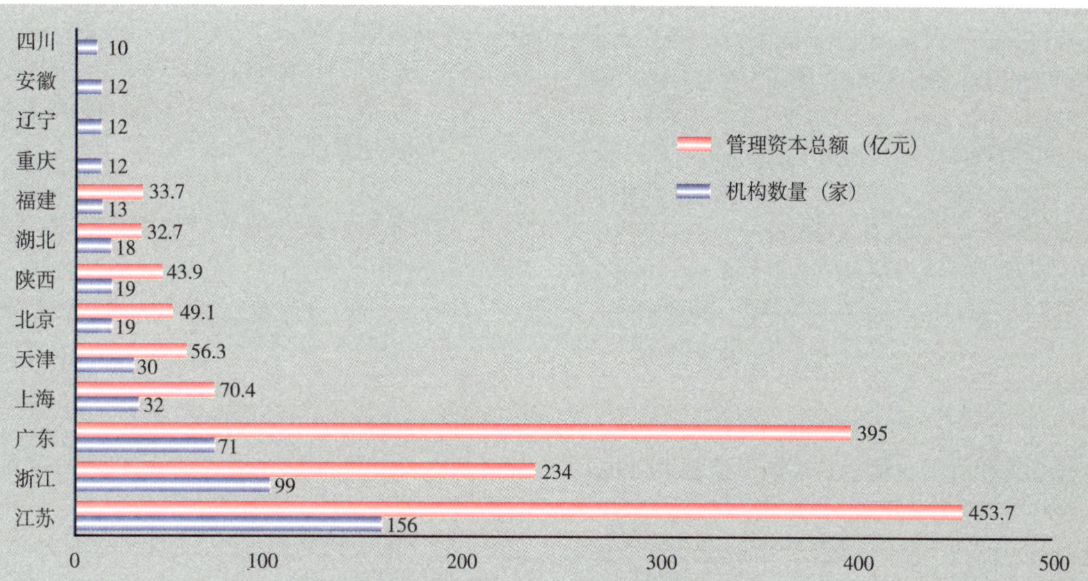

图 4 部分地区创业风险投资机构数、管理资本总量（2009）

2.5 资本市场逐步完善，IPO 比例大幅增加

2009 年，我国多层次资本市场进一步完善，已初步形成主板、中小板、创业板以及代办股份转让系统的构架，尤其是中小板、代办股份转让系统以及 2009 年启动的创业板有效拓展了风险投资企业上市退出渠道，上市退出的比例达到历史最高水平，占比 25.3%；场外资本市场进一步完善，通过收购实现退出的比例较 2008 年明显提升，达到 33.0%（见表 5）。

2009 年，退出项目平均收益率达到 144.89%，收益主要由上市及并购获得。整体上，风险投资业呈现出“成三败七”的特点，2009 年仍有 63.0%的项目处于亏损状态，略好于2008 年。

表 5　中国创业风险投资的退出方式分布（2003~2009）　单位：%

年份＼退出方式	上市	收购	回购	清算	其他
2003	5.4	40.4	36.3	14.9	3.0
2004	12.4	55.3	27.6	4.7	0.0
2005	11.9	44.4	33.3	10.4	0.0
2006	12.7	28.4	30.4	7.8	20.6
2007	24.2	29.0	27.4	5.6	13.7
2008	22.7	23.2	34.8	9.2	10.1
2009	25.3	33.0	35.3	6.3	0.0

3 2009 年中国创业风险投资政策与营商环境的主要特点

3.1 地方积极创新探索，营造创业风险投资政策环境

近年来，中央及地方均出台了一系列相关政策，通过营造有利的政策与营商环境助推创业风险投资事业发展。例如，北京、江苏、浙江、湖北、四川、山东等地区不断创新财政投入方式，通过设立创业投资引导基金等方式，支持创业风险投资机构与科技型中小企业发展；四川等地区设立了风险补偿金等专项资金，对支持前端投资的创投机构给予风险补偿，以降低其投资风险。

同时，各地还通过搭建科技金融服务平台，举办创业风险投资与企业项目的对接会等多种形式，为创业风险投资机构和企业提供咨询、信息、辅导等服务，创业风险投资的政策与营商环境逐步加大。

3.2 创投企业享受税收优惠政策进一步落实与完善

据 2009 年调查样本显示，当前 66.3%的创业风险投资机构税收负担在 10%以下，承担 30%以上高税收负担的机构仅占 5.1%，税收环境总体上较为宽松。但调查同时显示，中国创业风险投资机构最希望的政府激励政策中，关于“税收减免政策”的占比为 24%，税收优惠政策覆盖范围及落实力度仍需不断加大。

2009 年 4 月 24 日，财政部、国家税务总局发布《关于执行企业所得税优惠政策若干问题的通知》（财税［2009］69 号），进一步明确了创业投资企业投资未上市中小高新技术企业享受税收抵免优惠的条件。4 月 30 日，国家税务总局发布《关于创业投资企业所得税优惠问题的通知》（国税发［2009］87 号），进一步明确了创业投资企业适用税收优惠的条件和程序，主要包括：明确了早期设立的事业法人形式的各类创业投资中心也属于税收优惠对象；明确纳入了“外商投资创业投资企业”；同时，对“中小高新技术企业”的投资行为进行了动态调整，对投资前是中小企业，投资后超过中小企业标准但仍符合高新技术企业标准的企业，列入享受税收优惠的政策范围；最后，简化了项目申报程序。

3.3 创投业发展与国家科技计划相衔接

2009 年，中国创业风险投资项目中，约有 8.17%的项目获得国家科技计划的支持，除科技型中小企业技术创新基金以外，创业风险投资项目还受到国家火炬计划、“863 计划”等多项科技计划支持，国家科技计划对创投业发展的支撑力度不断加大，支持方式不断创新。

在对国家科技计划与创业风险投资项目对接的关键因素调查中显示，21.9%的创业风险投资机构认为加大基础、应用和开发投入能够促进国家科技计划和创投项目的对接；18.7%的创投机构认为需要尽快设立科技型中小企业上市的绿色通道；18.6%的创投机构认为应鼓励、资助创业投资与孵化器之间的合作；18%的创投机构认为应对创投项目给予直接资助。

3.4 “国有股转持”政策严重制约中国创业风险投资业发展

2009 年 6 月，财政部、国资委、证监会、社保基金会出台的《境内证券市场转持部分国有股充实全国社会保障基金实施办法》（财企［2009］94 号），对中国国有创业风险投资机构发展产生了巨大影响。

截至 2010 年 5 月 31 日，按股票首日上市开盘价计算，创业板市场国有创业投资机构已经累计划转 16 笔，市场价值高达 7.54 亿元；中小板市场已划转或暂未划转（部分股份已经交易的，需上缴一定资金）的国有创业投资 35 笔，市场价值达 15.96 亿元。由于创投持股比例普遍偏小（创业板平均持股比例 6.6%，中小板平均持股比例 5.6%），部分国有创投所持股本甚至被全额划转，对国有创投机构发展造成了深远影响。以创业板为例，截至 2010 年 3 月之前的 58 家上市公司股东中，国有创业风险投资机构投资上市 15 笔；之后到 6 月底上市的 32 家公司股东中，仅有 2 家可见国有创业风险投资机构的身影。

3.5 中小板与创业板已成为创投投资培育企业 IPO 的重要集聚地

2009 年 9 月，创业板市场的成功开启为我国多层次资本市场的完善划出亮丽的一笔，也为创业风险投资机构实现 IPO 拓宽了渠道。当年新上市的 36 家企业中，25 家企业获得 46 笔创业风险投资，占比 69.4%，包括 8 笔国有创投投资，26 笔民营资本投资，2 笔外资创投投资。25 家获得创业风险机构投资的上市公司中 24 家获得“高新技术企业”认定，占比高达 96%。同年，中小板市场新上市 54 家，其中 21 家上市公司获得 38 笔创业风险投资，占比 38.9%，包括 6 笔国有创投投资，30 笔民营资本投资，2笔

外资创投投资。21家获得创业风险投资的新上市企业中有17家被认定为“高新技术企业”，占比81%。

可见，我国中小板与创业板市场已经成为创业风险投资业培育企业IPO的重要渠道，同时，也已成为我国培育高新技术企业的重要聚集地。相比而言，创业板更加受到创业风险投资机构的青睐。

4 中国创业风险投资业未来趋势浅析

4.1 今后一段时期内中国创投业发展的政策环境将不断优化

2009年，中国资本市场IPO重启，创业板开闸，无疑为中国创投业发展带来了巨大的发展机遇。与此同时，各种利好政策频出，各地政府引导基金纷纷设立，税收优惠政策不断完善，可以预见，中国创业风险投资业发展的政策环境将不断优化，尤其是多层次资本市场、场外资本市场的进一步完善将成为今后一段时期内发展的重点，“中关村股权代办系统”的覆盖面将逐步扩大，资本市场发育渐趋成熟。

4.2 中国创业风险投资业的运作依然存在较大获利空间

从中长期来看，中国经济稳步增长，创业风险投资业发展的外部环境明显向好，做大做强中国创投业市场，获取丰厚的利润依然大有可为。中国创投业可以继续从国内产业梯次转移和快速城市化进程中发掘大量的企业高成长机会；我国政府正在实施的振兴产业规划、培育战略性新兴产业，以及扩大科技新产品市场需求等政策措施也必然拉动一批技术型企业的壮大，为创投业的发展开辟了新的投资空间；同时一大批产业进入了整合时代，正在兴起的产业并购也将成为创投业发展的重要领域。

4.3 未来中国创业风险投资业最大的挑战来自于行业自身

与国外成熟的资本市场相比，尽管我国创业风险投资业经历了20余年的发展，但总体仍处于发展初期阶段。2009年度调查表明，“内部管理水平有限”成为创业风险投资机构投资效果不理想的首要原因；与此同时，在进行投资决策时，中国创投机构最为重视的因素也是被投资企业的“管理团队”，因此，提高企业自身管理者水平成为中国创业风险投资机构亟待解决的重要问题。

此外，我国尚未建立全国性的行业协会，缺乏行业规范化的自律管理、有效的信誉体系与监督机制、行业信息渠道不畅通，制约了创投行业的健康有序发展。

4.4 中国创投业发展将迎来多种类型的“机构有限合伙人”

目前，我国创业风险投资的资金来源渠道呈现出多元化的发展趋势，企业投资者和各地引导基金已成为现阶段创投市场中最重要的组成力量；社保基金及少数政策性银行开始大举介入创投业务，但其投资对象范围非常有限；证券公司已开始通过保荐直投介入创投业务，但大多集中在中后期项目；原本业内期待的机构投资者——保险公司，因相关条例限制暂时搁浅；合格的、长期的投资者的介入将成为我国创业风险投资业未来健康发展的重要保障。

Abstract

Overview and Trend of Chinese Venture Capital Industry in 2009*

National Investigation, Writing and Analysis Group of Venture capital

In 2009, Chinese government adopted a series of macro-control measures to cope with the international financial crisis. Especially, IPO re-starting, GEM starting and promulgation of the preferential tax policies related to venture capital in domestic capital market created opportunity for the growth of Chinese venture capital market. The total number of industrial institutions, total amount of venture capital and IPO delisting all reached the highest level in history. According to an investigation, the majority of venture capital institutions considered that the investment prospect of Chinese venture investment would improve markedly in 2010. The entire industry would develop better and better but the opportunity would co-exist with the challenge. In light of the national venture capital investigation results, this article makes preliminary analysis on the current situation, features and trend of the venture capital in our country.

1 Overview of Chinese Venture capital

1.1 Number of Venture Capital Institutions, Total Capital Amount and Development Trend

In 2009, the number of venture capital institutions nationwide continued to increase, amounting to 576. Compared with 2008, 112 institutions were added and the rate of increase was 24.1%. The total venture capital under management reached RMB 160.51 billion, which was the highest since statistics was made. Compared with 2008, it increased RMB 14.94 billion and the rate of increase was 10.3%. The capital managed by venture capital institutions which were newly established in 2009 was RMB 12.65 billion, amounting to 84.7%. It is clear that the increase of capital mainly comes from the input of newly-registered venture capital institutions (funds) (see Figure 1).

* The report mainly comprises the contents written by (in the charge of) the members and is generally edited by Zhang Junfang and Guo Rong.

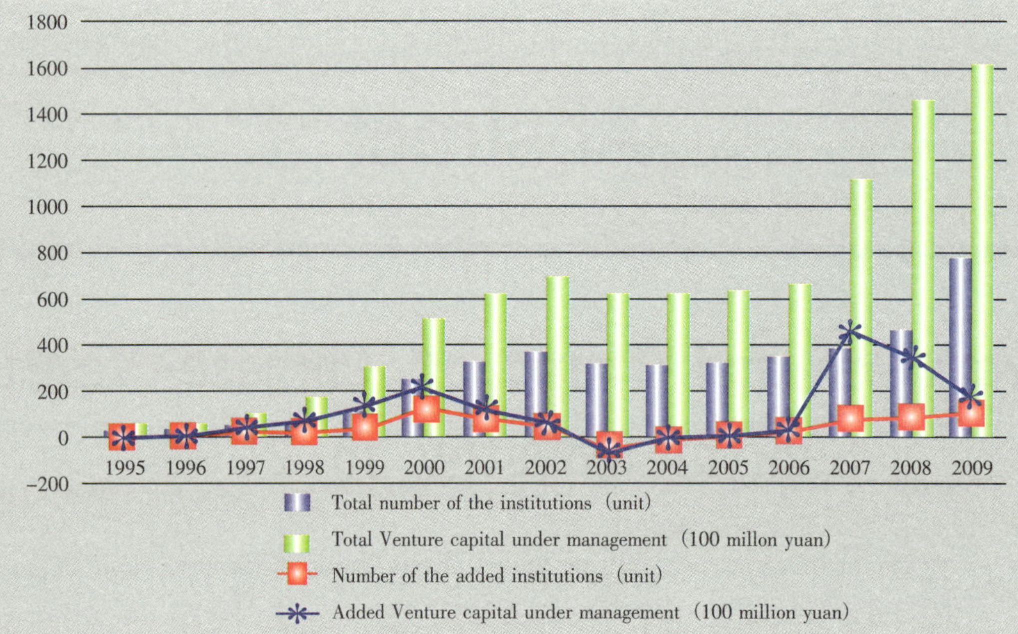

Figure 1 Number of Venture Capital Institutions, Total Capital Amount and Development Trend

1.2 Capital Sources and Growth Motives of Venture Capital

In 2009, the capital source structure of Chinese venture capital still took the unlisted companies as the main part, occupying 32.4% of the total capital; the governmental contributions and state-owned sole proprietorship investment institutions amounted to 39.0% ; individuals, foreign capital, various financial institutions, etc. also occupied a certain percentage (see Figure 2).

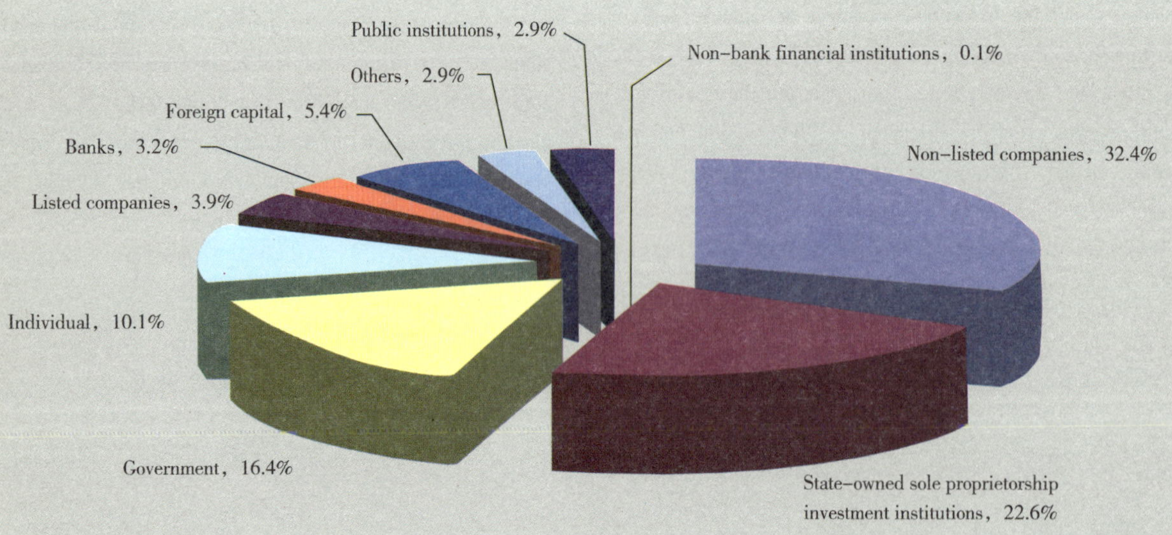

Figure 2 Capital Sources of Chinese Venture Capital (2009)

Compared with 2008 (see Figure 3), the main change and its motives can be summarized as follows:

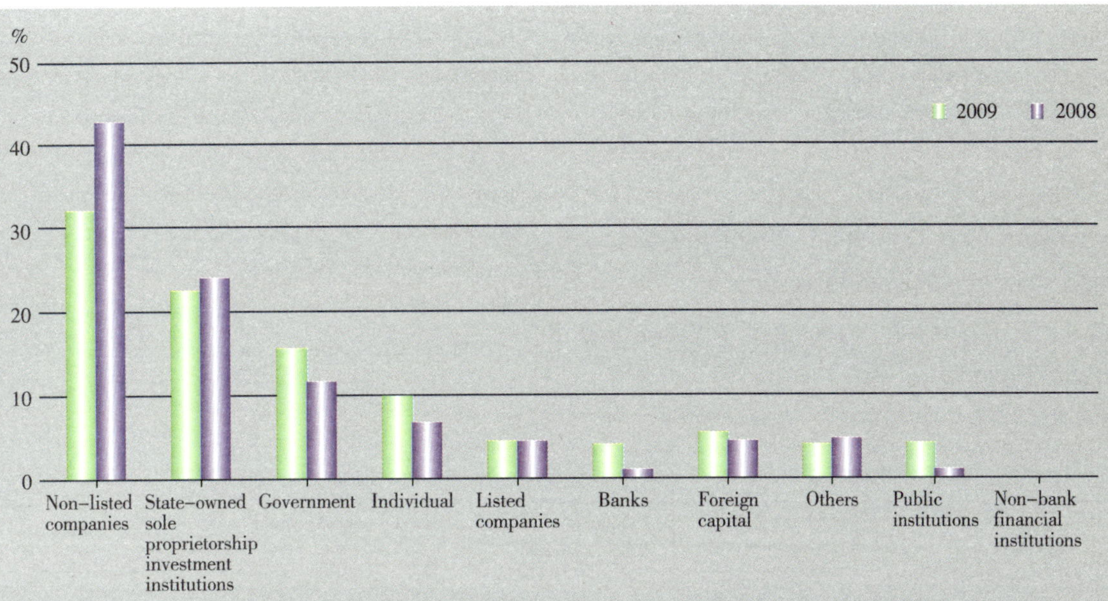

Figure 3 Change in Capital Sources of Chinese Venture Capital Investment (2008~2009)

Firstly, the percentage occupied by governmental contribution and state-owned sole proprietorship investment institutions continued to increase by 3.1% and the effect of the governmental venture capital fund of funds was obvious. Since July 2007, the Ministry of Science and Technology and the Ministry of Finance had approved to establish venture capital fund of funds. Through venture subsidy, investment guarantee, stage participation and other supportive methods, the fund had achieved obvious achievements on supporting scientific medium-sized and small enterprises at early stage to innovate and start business. Especially in 2009, the fund totally put in financial fund of RMB 359 million, which increased substantially compared with 2008. According to the statistics, driven by the venture capital fund of funds for scientific medium-sized and small enterprises, over 50 local venture capital funds of funds had been established, bringing out about RMB 25 billion local capital. ①

Secondly, the competition in the venture capital market was intensified and the banks got involved in the investment banking on a large scale. In 2009, when the profit increase from traditional interest margin business was insignificant, the investment banking of commercial banks suddenly increased. According to the annual reports already disclosed, the Industrial and Commercial Bank of China had obtained an income of RMB 12.539 billion from investment banking, substantially increasing by 56.2%; the investment banking income of China Construction Bank was RMB 9.799 billion, increasing by 48.22% compared with the previous year; and the Bank of Communications obtained an income of RMB 3.8 billion from consulting and advisory fees (investment banking), increasing by 77.61%. China Construction Bank, Bank of China and other joint-stock banks also made great achievements in investment banking. For example, China Minsheng Banking Corp. Ltd. signed a strategic cooperation agreement with Binhai International Stock Exchange-the first stock exchange in China to engage in equity investment. The consulting and advisory fees of Shenzhen Development Bank also increased by 78.03%.

Thirdly, the foreign capital venture investment fund continued to look to further increase in China. In 2009, the global economy has not completely broken away from the financial crisis. The poor performance of global financial capital market and shortage of foreign contributors' capital slowed down the process of raising foreign currency capital. Compared with

① Data source: Torch Center of the Ministry of Science and Technology.

that, the trend was very clear for Chinese economy to remain stable and increase. The environment of business-starting and investment improved gradually. The central and local governments introduced a series of new policies to attract foreign capital. Under the influence of many positive factors, the foreign capital continued to look to further increase in Chinese venture capital market.

2 Investment and Operating Characteristics of Chinese Venture Capital Institutions

2.1 Great Increase in Investment Amount and Number of Projects

By the end of 2009, Chinese venture capital institutions have added up to invest in 7435 projects, involving 4737 hi-tech enterprises, occupying about 63.7% , far higher than the average level in 2008. The total accumulated investment amount was RMB 90.62 billion among which the investment in hi-tech enterprises was RMB 40.51 billion, occupying about 44.7% (see Table 1). In 2009, Chinese venture capital invested in much more scientific & technological enterprises (projects). However, due to the modification of the standards for recognizing hi-tech enterprises, some enterprises with oversize scale could hardly acquire the qualification. Therefore, the amount invested in the hi-tech enterprises fell obviously.[①]

Table 1 The Accumulated Investment Situation of Chinese Venture Capital by the End of 2009

Index	Total Number of Accumulated Investment Projects	Number of Hi-tech Enterprises/Projects Invested	Accumulated Investment Amount (a hundred million yuan)	Amount Invested in Hi-tech Enterprises/Projects (a hundred million yuan)
2008	6796	3845	769.7	427.4
2009	7435	4737	906.2	405.1

2.2 Major Investment Objects –Financial Service Industry and Strategic Emerging Industries

In 2009, the concentration ratio in the Chinese venture capital industry rose by 6.1% compared with 2008. 56.5% venture capital was invested in financial service industry, traditional manufacturing industry, software industry, other industries and new energy resources/high-efficiency energy-saving technology, of which financial service industry, software industry and new energy resources/high-efficiency energy-saving technology develop rapidly. Since the financial crisis broke out, our country had made more efforts to adjust the industrial structure. As a result, modern services industry, especially financial industry, occupies more and more in GDP; and strategic emerging industries with leading technology, low energy consumption, small investment and high output become the priority of economic development. Furthermore, along with the emergence of GEM, enterprises among "Two Highs and Six News"[②] become the favorite of venture capital institutions (see Table 2).

① The accumulative increment of investment in hi-tech enterprises cannot be understood as newly-increased investment, for some previous investment projects may be later recognized as hi-tech enterprises or other kinds of scientific and technological enterprises.

② "Two Highs and Six News" refers to high growth, high scientific contents, new economy, new services, new agriculture, new materials, new energy resources and new commercial modes.

Table 2 Top Ten Industries for Chinese Venture Capital %

Industry \ Year	2009		2008	
	Investment Amount	Number of Investment	Investment Amount	Number of Investment
Financial services	15.2	5.4	8.2	4.9
Traditional manufacturing industry	11.9	9.4	15.6	14.2
Software industry	10.9	13.9	6.2	9.7
Other industries	10.0	9.7	12.7	10.4
New energy resources and high – efficiency energy–saving technology	8.5	6.3	7.7	5.1
New material industry	6.4	7.2	4.4	6.6
Medicine and health care	4.9	6.0	2.5	4.8
Consumption products and services	4.3	3.1	3.9	2.8
Photoelectron and optical, mechanical and electronic integration	4.1	5.1	4.0	5.9
Agriculture	3.5	2.3	2.6	2.6

2.3 Increase in Investment at Earlier Stages

In 2009, the investment of the Chinese venture capital at earlier stages increases obviously. Especially, investment in seed projects increases by a large margin compared with 2008, and the investment amount and investment projects occupy 19.9% and 32.2% respectively, which is mainly attributable to the successful starting of GEM and the governmental venture capital fund of funds. The investment at the stage of growth (expansion) is still dominant and the percentages of investment amount and investment projects occupy 45.0% and 35.2% respectively. The percentages of investment amount and investment projects at the stages of starting, maturation (transition) and reconstruction decline to certain degree (see Table 3).

Table 3 Overall Distribution of Investment Stages of Chinese Venture Capital %

Stage \ Year	2009		2008	
	Investment Amount	Number of Investment	Investment Amount	Number of Investment
Seed	19.9	32.2	9.4	19.3
Startup	12.8	20.3	19.0	30.2
Expansion	45.0	35.2	38.5	34.0
Maturity	18.5	9.0	26.5	12.1
Reconstruction	3.7	3.4	6.6	4.4

Compared with foreign-invested institutions, domestically-invested ones in our country attach more importance to seed and starting projects. The investment amount therein occupies 35.5%, much higher than 9.2% by foreign-invested institutions. To be mentioned, investment by domestically-invested institu tions in seed projects takes on the trend of growth with the percentage of investment amount lifts to 22% from 10.3% in 2008, and the percentage of investment projects reaches 34.2%. However, investment by foreign-invested institutions in seed projects takes on the trend of decline from the perspective of both investment amount and investment projects (see Table 4).

Table 4 Stages of Venture Capital Projects by Foreign-Invested Institutions and Domestically-invested Institutions

Stage	Investment Capital		Number of Investment	
	Domestically-invested Institutions	Foreign-invested Institutions	Domestically-invested Institutions	Foreign-invested Institutions
Seed	34.2	7.4	22.0	1.7
Startup	21.2	8.6	13.5	7.5
Expansion	32.7	65.4	42.5	65.9
Maturity	8.6	13.6	18.5	19.1
Reconstruction	3.2	4.9	3.5	5.9

2.4 Concentration of Object Regions

In 2009, the object regions of the Chinese venture capital take on the pattern of "Strong in Eastern China and Weak in Western China". The venture capital industry in Jiangsu, Zhejiang, Guangdong, etc. are far ahead from the perspective of both the number of venture capital institutions and the capital under management.

Overseas experiences show that the development of the venture capital industry is closely linked to the local economy, finance, society, culture, policies, environment, etc. Along with the development of local economy, the maturation of capital market and improvement of policies and environment, the venture capital in our country is becoming more and more concentrated and eastern regions have become the major convergence place of venture capital (see Figure 4).

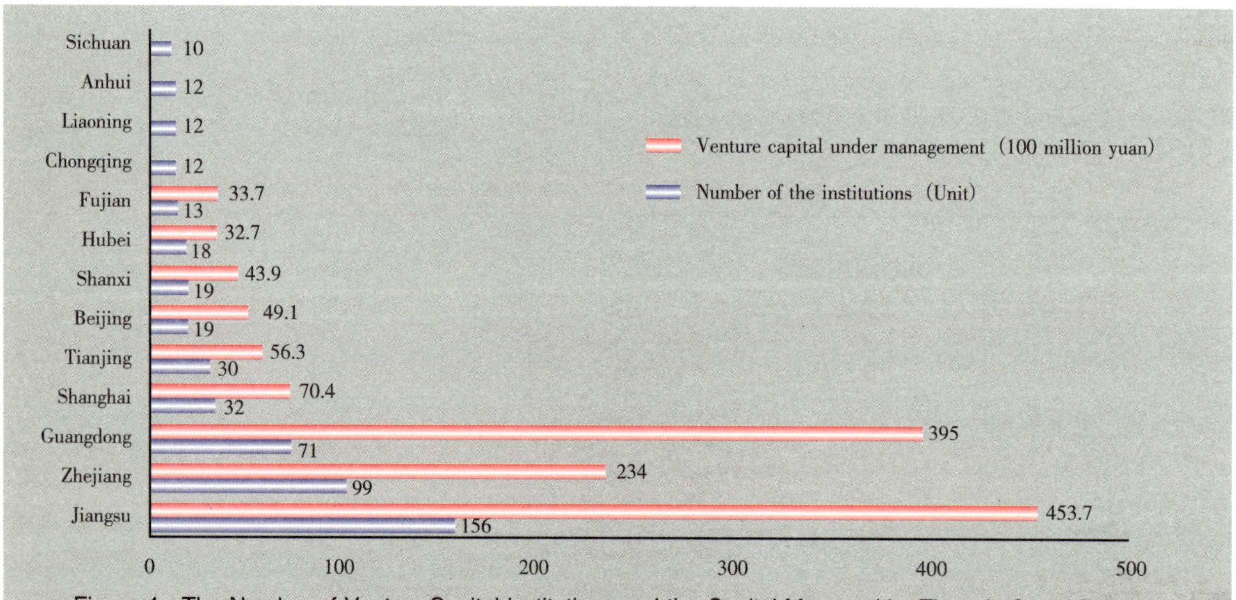

Figure 4 The Number of Venture Capital Institutions and the Capital Managed by Them in Some Regions

2.5 Gradual Improvement of Capital Market and Increase of IPO by a Large Margin

In 2009, the multi-level capital market in our country is further improved. The framework consisting of main board, SME board, GEM board and agency share transfer system are preliminarily formed. Especially, SME board, agency share transfer system and GEM board initiated in 2009 expand the exit channels of venture investment enterprises. The percentage of exit reaches 25.3%, the highest in history. The OTC capital market is further improved and the exit percentage by acquisition rises obviously compared with 2008, reaching 33.0% (see Table 5).

In 2009, the average yield of exit projects reaches 144.89% and the proceeds are mainly obtained through IPO and merger & acquisition. In a whole, the venture capital industry takes on the characteristics of "30% Success and 70% Failure". In 2009, 63.0% projects still suffer from losses, a little better c ompared with 2008.

Table 5 Distribution of Exit Methods of Chinese Venture Capital (2003~2009) %

Year \ Exit	IPO	Acquisition	Buyback	Liquidation	Others
2003	5.4	40.4	36.3	14.9	3.0
2004	12.4	55.3	27.6	4.7	0.0
2005	11.9	44.4	33.3	10.4	0.0
2006	12.7	28.4	30.4	7.8	20.6
2007	24.2	29.0	27.4	5.6	13.7
2008	22.7	23.2	34.8	9.2	10.1
2009	25.3	33.0	35.3	6.3	0.0

3 Major Characteristics of Chinese Venture Capital Policies and Environment in 2009

3.1 Active Innovating, Exploring and Building the Policy Environment of Venture Capital by the Local Governments

In recent years, the central and local governments put forward a series of relevant policies and promoted the development of venture capital business through building favorable policies and business environment. For example, Beijing, Jiangsu, Zhejiang, Hubei, Sichuan, Shandong and other regions constantly innovated the input method of finance and supported the devel opment of venture capital organizations and hi-tech SME by means of establishing the venture capital fund of funds. Sichuan and other regions established a special fund of venture compensation to provide venture compensation to the venture capital organizations which supported the Start up/Seed stage investment and reduce their investment venture.

At the same time, many local governments also provided consultation, information, guidance and other services to the venture capital organizations and enterprises by building a service platform of science, technology and financial service and holding a partnering conference for the venture capital and enterprise projects, etc. The policy and business environment of venture capital improved gradually.

3.2 Further Implementing and Improving the Tax preferential Policy for the Venture Capital Enterprises

According to the survey sample in 2009, currently, 66.3% venture capital organizations undertook a tax burden below 10%. Only 5.1% organizations undertook a high tax burden above 30%. Thus, the tax environment was relatively relaxed in general. However, the survey also showed that the "Tax Exemption Policy" occupied 24% part in the governmental stimulus policies which were most wanted by Chinese venture capital organizations. The coverage area and practicable degree of tax preferential policy still needed to be improved constantly.

On April 24, 2009, the Ministry of Finance and State Administration of Taxation issued the *Circular of Several Issues on Im-*

plementing the Preferential Policy of Business Income Tax (Tax [2009] No.69) to further define the condition of tax credit preference which was enjoyed by the venture capital enterprises to invest in the unlisted medium size and small hi-tech enterprises. On April 30, the State Administration of Taxation issued the *Circular of Issues on the Business Income Tax Preference of Venture Capital Enterprises* (Guo Shui Fa [2009] No.87) to further define the condition and procedure of tax preference applying to the venture capital enterprises, mainly including the following contents. It defined that the various venture capital centers which were established early in the form of legal person of public business could also enjoy the tax preference. They were clearly included in the "Foreign Investment Venture Capital Enterprise". At the same time, a dynamic adjustment was made on the investment behavior of the "Medium Size and Small Hi-tech Enterprises". The enterprises which were medium size and small enterprises before investment and exceeded the standard of medium size and small enterprises after investment but still conformed to the standard of hi-tech enterprises were included in the policy scope of enjoying tax preference. Finally, the project application procedure was simplified.

3.3 Combination Between the Development of Venture Capital Industry and National Scientific and Technological Program

In 2009, about 8.17% Chinese venture capital projects were supported by the national scientific and technological program. Besides the technical innovation fund of scientific medium size and small enterprises, the venture capital projects were also supported by the "national torch program", "863 program" and many scientific and technological programs. The national scientific and technological program constantly strengthened the supporting force for the development of venture capital industry and constantly innovated the supporting method.

According to the key factor survey on matching the national scientific and technological program and venture capital project, 21.9% venture capital organizations considered that increasing input to the basis, application and development could promote to match the national scientific and technological program and venture capital projects. 18.7% venture capital organizations considered that a green channel should be established as soon as possible for the medium size and small enterprises to be listed. 18.6% venture capital organizations considered that the cooperation between venture capital and business incubator should be encouraged and financed. 18% venture capital organizations considered that the venture capital projects should be financed immediately.

3.4 Seriously Restricting the Development of Chinese Venture Capital Industry by the Policy of "State-owned Shares to Holders"

In June 2009, the Ministry of Finance, State-owned Assets Supervision and Administration Commission, China Securities Regulatory Commission and Social Security Foundation issued the *Implementation Measures on Domestic Stock Market to Hold Partial State-owned Shares to Supplement National Social Security Fund* (Cai Qi [2009] No.94), having great influence on the development of Chinese state-owned venture capital organizations.

By May 31, 2010, calculating on the basis of opening price of IPO, GEM market state-owned venture capital organizations had accumulated to transfer 16 stocks with the market value amounting to RMB 754 million. 35 stocks of medium and small sector market of state-owned venture capital have/have not been transferred (if partial shares have been traded, a certain funds should be paid) with the market value amounting to RMB 1.596 billion. Because the percentage of holding shares by the venture capital was relatively small in general (the average holding percentage of GEM was 6.6% and the average holding percentage of medium and small sector was 5.6%) and partial share capital held by the state-owned venture capital was evenly totally transferred, this had far-reaching influence on the development of state-owned venture capital organizations. Take GEM as an example, for the shareholders of 58 listed companies prior to March 2010, the state-owned venture capital organizations had 15 investment listed on the market. After that, for shareholders of 32 companies listed by the end of June, only 2 state-owned venture capital organizations could be found.

3.5 SME Board and GEM Have Become Major Convergence Places for Venture Capital to Foster IPO

In September 2009, the successful starting of GEM not only improves the multi-level capital market in our country but also expands the channels for the venture capital institutions to engage in IPO. Among the 36 companies listed in the year, 25 companies (69.4%) obtain 46 venture capital, 8 from state-owned venture capital, 26 from private venture capital and 2 from foreign venture capital. Among the 25 companies, 24 (96%) are recognized by the state as "hi-tech enterprises". Among the 54 companies listed in the SME board in the same year, 21 (38.9%) obtain 38 venture capital, 6 from state-owned venture capital, 30 from private venture capital and 2 from foreign venture capital. Among the 21 companies, 17 (81%) are recognized by the state as "hi-tech enterprises". Obviously, the SME board and GEM board in our country have become not only important channels for venture capital to foster IPO but also a major convergence place to foster hi-tech enterprises. Comparatively, GEM is more welcomed by venture capital institutions.

4 Analysis on the Development Trend of the Venture Capital Industry in China

4.1 The Policies and Environment for the Development of the Chinese Venture Capital Industry Will Be Optimized Continuously in the Coming Years

Undoubtedly, restarting of IPO and starting of GEM in 2009 bring huge opportunities for the development of the Chinese venture capital industry. Meanwhile, favorable policies are promulgated from time to time; the governmental funds of funds are founded one after another; and preferential tax policies are perfected from time to time. It can be predicted that the policies and environment for the development of the Chinese venture capital industry will be optimized continuously and that the multi-level capital market and OTC capital market will be further improved and that the coverage of "Zhongguancun Stock Agency System" will be expanded gradually.

4.2 There Is Still Large Profit Room in the Chinese Venture Capital Industry

In the medium and long term, it is desirable to enlarge and expand the Chinese venture capital market and obtain huge profits for China's economy is increasing steadily and the external environment for venture capital is favorable. In the process of industrial hierarchical transformation and rapid urbanization, the venture capital can still seek opportunities about high growth of enterprises. The industrial revitalization plan and other policies concerning fostering strategic emerging industries and expanding new scientific and technological products will necessarily draw the growth of a batch of hi-tech enterprises and create new room for venture capital. Meanwhile, industrial integration and merger & acquisition will also provide opportunities for venture capital.

4.3 The Largest Challenge in the Chinese Venture Capital Industry in the Future Comes from the Industry Itself

Compared with the mature capital market overseas, the Chinese venture capital industry is still at the preliminary stage, although it has existed for over twenty years. An investigation in 2009 shows that "limited management level" is the first cause why venture capital institutions fail to obtain desirable results; meanwhile, when making investment decisions, the Chinese venture capital institutions attach most importance to the "management team" of the invested enterprises. Therefore, to improve management level becomes an important issue for the Chinese venture capital institutions to solve.

Furthermore, the development of the Chinese venture capital industry is constrained by the following situations: national industry association has been not established yet; there is no standardized self-discipline management, credit system or supervision mechanism; and the information channel is imperfect.

4.4 Several Kinds of "Institutional Limited Partner" Will Emerge in the Chinese Venture Capital Industry

At present, the fund sources of the Chinese venture capital are various. Business investors and funds of funds have become the most important force in the venture capital market; social insurance funds and a few policy banks begin to engage in venture capital, although the investment objects are very limited; and securities companies also start to participate in venture capital through sponsorship and direct investment. Regretfully, institutional investors–insurance companies cannot be involved in venture capital temporarily due to the limitation of relevant regulations. The participation of qualified, long-term investors will be a significant guarantee for the healthy development of the venture capital in our country.

1 中国创业风险投资机构与创业风险投资资本

1.1 2009 年调查概述

本报告数据来源于科技部、商务部、国家开发银行等联合开展的第 9 次全国创业风险投资年度调查。2008 年经国家统计局批准（国统制【2008】134 号），本项调查工作列为科技专项统计，不仅调查过程要符合《统计法》的规定进行依法统计，其统计结果也将成为国家科技统计指标的重要组成部分。

本年度报告所调查的创业投资机构包括以下三类：第一类，创业投资企业，即创业投资基金，包括政府设立的创业投资引导基金（俗称“母基金”）的企业；第二类，创业投资管理企业，其受创业投资企业委托，筛选投资项目，提出投资决策建议，并受托进行投资后管理；第三类，少量的从事政府创业投资业务的事业单位，有的直接以政府资金对项目进行投资，有的则具有创业投资引导资金的作用，参股创业投资企业或对创业投资企业的投资给予某种形式的补助。

截至 2009 年底，“中国创业风险投资信息系统”（数据库）中共有 789 个机构（由历年来各地调查员上报）。根据创业风险投资的标准概念，我们对样本进行了剔除：第一，信托公司等不属于创业投资范畴的金融机构；第二，不属于创业风险投资的某些行业性和综合性投资公司，如电力投资、工交投资集团，某些投资主业较为模糊不清的投资类公司等；第三，主要从事担保业务的担保公司，但持续地开展了创业投资业务的担保公司除外；第四，有部分创业投资转业，不再从事创投业务的机构；第五，所填信息过少，且所填报数据之间严重不匹配的机构；第六，有些地区创业投资企业委托创业投资管理企业运作，且两者之间业务完全重合，则在做某些统计时剔除其中之一；第七，一些“两块牌子，一套人马”的政府创业投资中心和创业投资企业，若业务高度重合则在计算其业务信息时做相应剔除；第八，在境外注册设立、在境内仅以办公室形式开展商业活动的私募股权机构。

1.2 中国创业风险投资机构

2009 年中国创业风险投资机构数量继续增加，达到 576 家，比 2008 年增加 112 家，增幅为 24.1%（见表1-1、图 1-1）。

表 1-1　　中国创业风险投资机构总量、增量（1994~2009）

年 份	1994	1995	1996	1997	1998	1999	2000	2001	2002	2003	2004	2005	2006	2007	2008	2009
机构总数（家）	26	27	32	51	76	118	249	323	366	315	304	319	345	383	464	576
增加（家）	5	1	5	19	25	42	131	74	43	−51	−11	15	26	69	81	112
较上年增长（%）	0.0	3.8	18.5	59.4	49.0	55.3	111.0	29.7	13.3	−13.9	−3.5	4.9	8.2	20.0	21.1	24.1

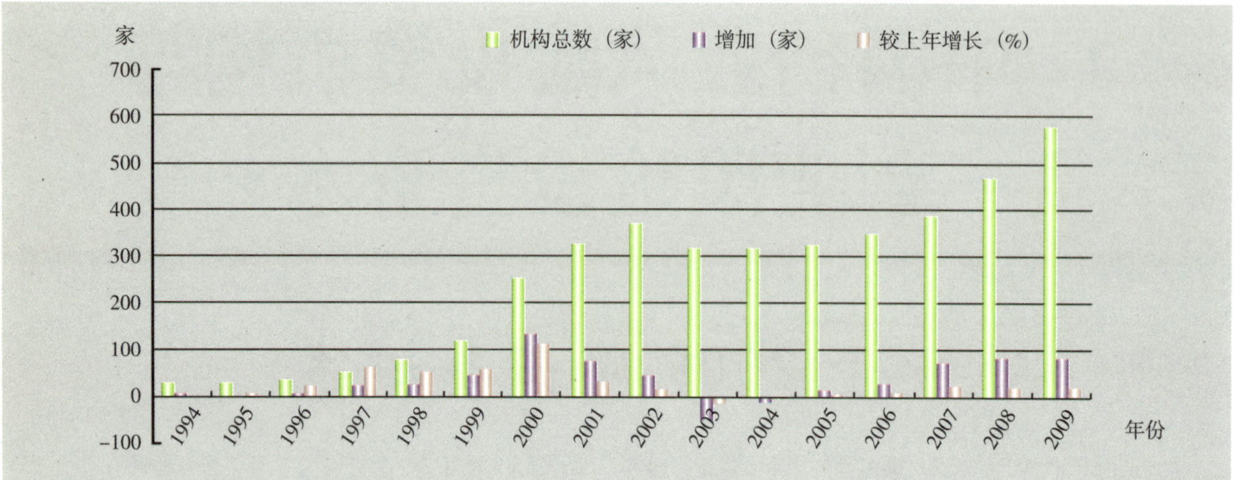

图 1-1 中国创业风险投资机构总量与增长（1994~2009）

1.3 中国创业风险投资资本

1.3.1 中国创业风险投资资本总量及变化趋势

2009 年创业风险投资管理的资金总量达到 1605.1 亿元，为有统计以来的最高值，比 2008 年增加 149.4 亿元，增幅为 10.3%，增幅有所下降。其中 2009 年注册成立的创业投资机构管理资本为 126.5 亿元，而原有创业风险投资机构新增管理资本为 22.9 亿元，表明越来越多的创业风险投资机构开始采用新注册创业投资机构（基金）的形式进入风险资本市场（见表 1-2、图 1-2）。

表 1-2 中国创业风险投资管理资本总额（1995~2009）

年份	1995	1996	1997	1998	1999	2000	2001	2002	2003	2004	2005	2006	2007	2008	2009
管理资本总额（亿元）	51.3	55.2	101.2	168.8	306.2	512.0	619.3	688.5	616.5	617.5	631.6	663.8	1112.9	1455.7	1605.1
增加（亿元）	0.0	3.9	46.0	67.6	137.4	205.8	107.3	69.2	-72.0	1.0	14.1	32.2	449.1	342.8	149.4
较上年增长（%）	0.0	7.5	83.3	66.8	81.4	67.2	21.0	11.2	-10.5	0.2	2.3	5.1	67.7	30.8	10.3

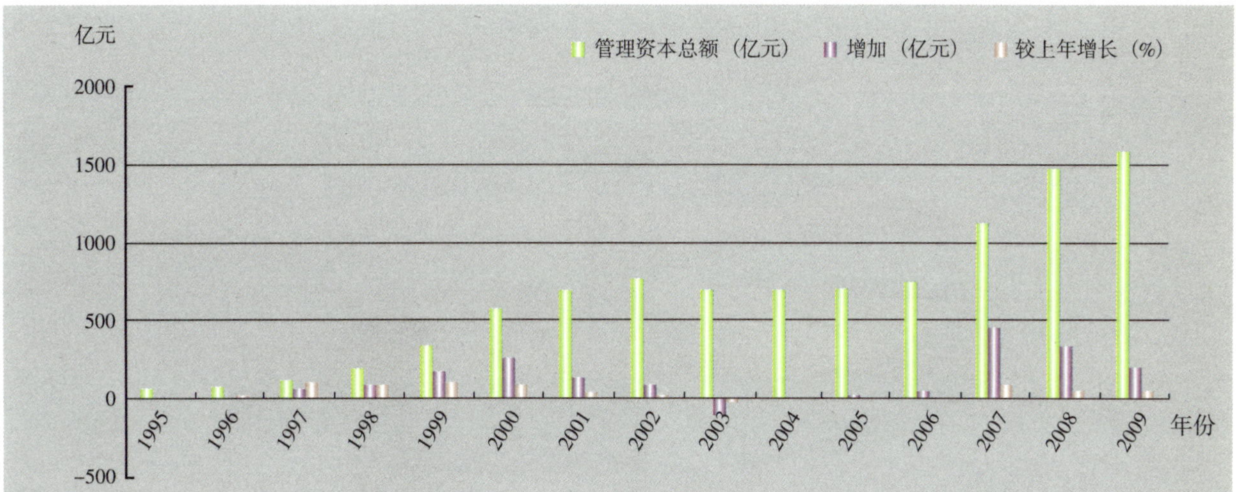

图 1-2　中国创业风险投资管理资本总额（1995~2009）

1.3.2　中国创业风险投资的资本来源

依据资本来源结构，可以将创业风险投资资本分为两大类：外资和内资。外资包括境内和境外两个部分。境内外资是指通过已在中国大陆境内注册并运作的外商独资（含中国港、澳、台）和合资合作企业取得的创业风险投资资本；境外资金是指境外机构获得的创业风险投资资本。本报告统计的外资资本主要是境外和境内外资机构向注册在中国内地的创业风险投资企业所注入的资本额，不包括以离岸形式向中国内地直接投资的外资量。

内资创业风险投资资本分类标准如下：①政府资金，包括各级政府对创业资本的直接资金支持；②国有独资公司资金，指国有独资公司直接提供的资金；③非上市公司资金，包括非上市股份有限公司和有限责任公司投入的创业风险投资资本；④上市公司资金，主要指在中国境内公开证券市场上市的公司投入创业风险投资的资本；⑤金融机构资金，包括银行和保险公司、证券公司、信托公司等非银行金融机构的各类资金投入；⑥事业单位、自然人及其他出资。

2009 年中国创业风险投资的构成如图 1-3 所示，政府出资与国有独资投资机构出资合计占到总资本的 39%，非上市公司出资占 32.4%，各类占比与 2008 年的增减变化情况如图 1-4 所示。总体上，2009 年政府公共财政出资比例有一定上升，与国有独资投资机构出资比例合计接近 40%，比往年有所提高，这种现象主要源于近几年来政府出资设立引导基金。

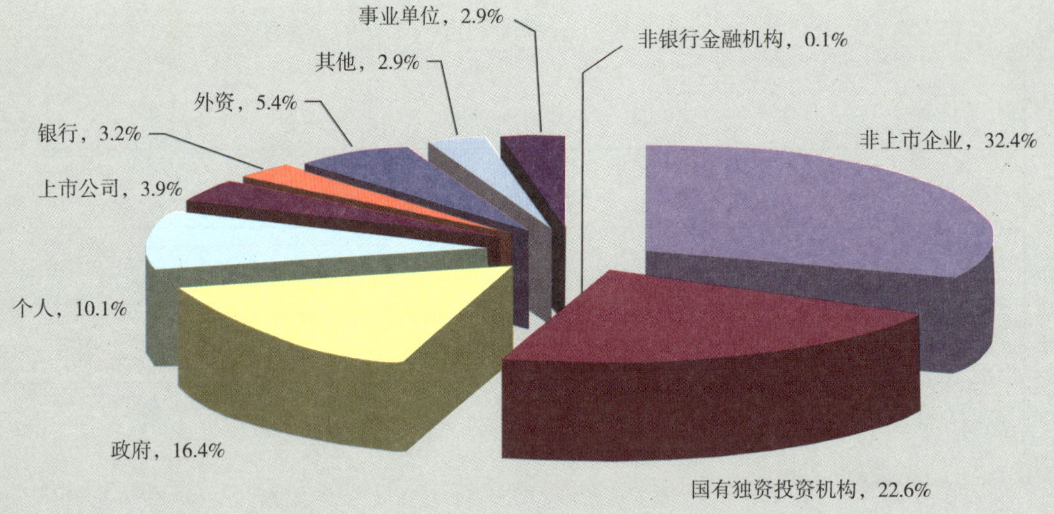

图 1-3 中国创业风险投资资本来源（2009）

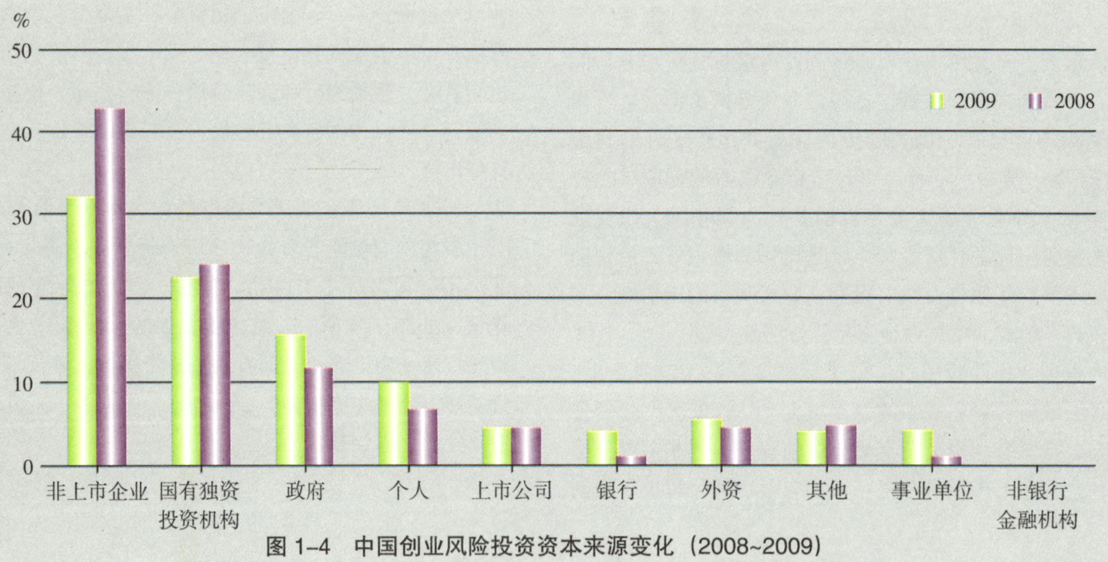

图 1-4 中国创业风险投资资本来源变化（2008~2009）

1.4 中国创业风险投资机构的资本规模及分布

2009 年，管理资金在 5000 万元以下的创业风险投资机构占机构总数的 27.9%，与 2008 年相比略有下降；管理资金在 5000 万~1 亿元的机构占 23.1%，而在 1 亿~2 亿元的占 20.9%；2 亿~5 亿元的机构占 16.6%，基本与 2008 年持平；管理资金规模 5 亿元以上的机构占 11.3%，比 2008 年下降了大约 2.8 个百分点（见图 1-5）。

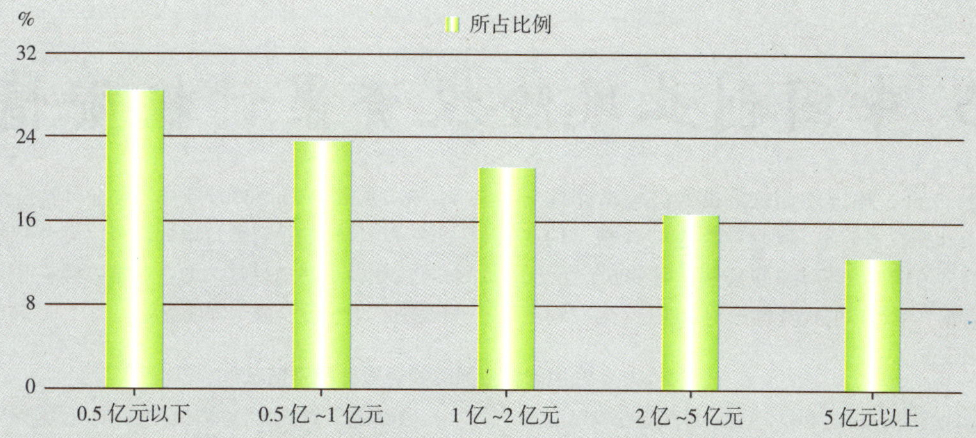

图 1-5 中国不同规模创业风险投资机构数分布（2009）

2009 年，不同规模机构管理的资金分布情况：管理资金规模在 5000 万元以下的机构掌握着中国创业风险投资总资本的 2.9%，比 2008 年上升了 0.3 个百分点；规模在 5000 万~1 亿元的机构掌握了 7.2%的份额，比 2008 上升了 1.1 个百分点；资金规模在 1 亿~2 亿元的机构掌握了 11.7%，比 2008 年约上升了 4.1 个百分点；资金规模在 2 亿~5 亿元的机构管理资本所占份额为 20.2%，比 2008 年上升了 2.4 个百分点；规模在 5 亿元以上的机构则占据了 58%的份额，比 2008 年下降了 7.5 个百分点（见图 1-6）。

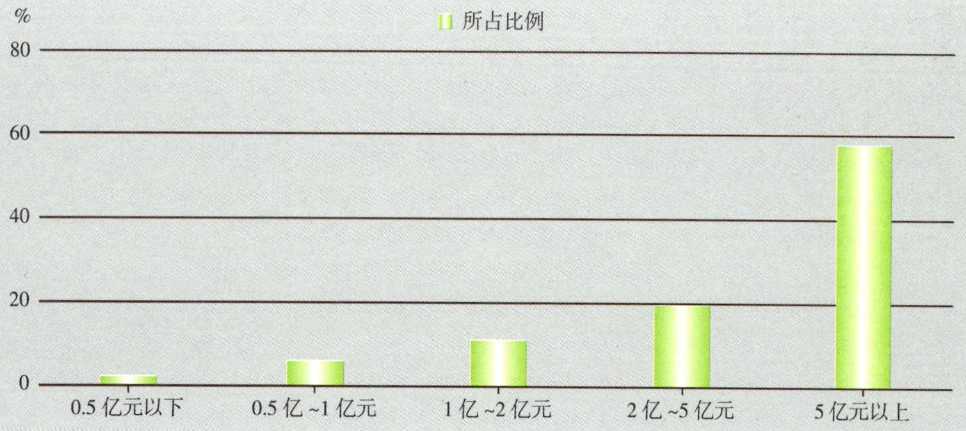

图 1-6 中国不同规模创业风险投资机构管理资本分布（2009）

1.5 中国创业风险投资累计投资情况

截至2009年底，中国创业风险投资机构累计投资7435项，投资高新技术企业（项目）数达4737项，约占累计投资总数的63.7%。累计总投资额达到906.2亿元，其中向科技企业（项目）的投资额达到405.1亿元，约占44.7%（见表1-3）。2009年中国创业风险投资机构对科技企业（项目）的投资数目增加较多，但由于高新技术企业标准变化，一些规模过大的企业难以再获得资格，因此投资高新技术企业金额下降明显。

表1-3　　截至2009年底中国创业风险投资累计投资情况

类型	累计投资项目总数（个）	投资科技企业（项目）数（个）	累计投资金额（亿元）	投资科技企业（项目）额（亿元）
数据	7435	4737	906.2	405.1

2 中国创业风险投资机构的投资分析

2.1 中国创业风险投资的行业特征

2.1.1 中国创业风险投资的行业分布

2009年，中国创业风险投资年度投资金额最为集中的五个行业是：金融服务业、传统制造业、软件产业、其他行业和新能源/高效节能技术产业，集中了当年56.5%以上的金额，集中度较2008年上升了6.1个百分点。2009年对金融服务业的投资跃居首位，这可能与经济发展方式转变和经济结构调整有关，随着以金融业为首的现代服务业占GDP的比重逐渐增加，创业风险投资加大了对这一领域的投资。另一方面，传统制造业的受宠势头略有下降，新能源、新材料工业、医疗保健等战略性新兴产业成为投资较为密集的领域（见表2-1、图2-1、图2-2、表2-2、表2-3）。

国际金融危机全面爆发以来，我国加大了产业结构调整力度，具有技术领先、能耗低、投入少、产额高等特征的战略性新兴产业成为经济发展的重点。而对活跃在产业前沿的创业风险投资机构来说，其投资触角早已延伸至这些战略性新兴产业；加上国家对战略性新兴产业战略定位的确立，创业风险投资在该领域的投入也逐渐加码；此外，随着创业板的推出，各创业风险投资机构关注重点也倾斜于“两高六新”[①]领域的企业。

表2-1　中国创业风险投资业投资项目的行业分布：投资金额与投资项目（2009）[②]　单位：%

年份 投资行业	2009		2008	
	投资金额	投资项目	投资金额	投资项目
金融服务	15.2	5.4	8.2	4.9
传统制造业	11.9	9.4	15.6	14.2
软件产业	10.9	13.9	6.2	9.7
其他行业	10.0	9.7	12.7	10.4
新能源、高效节能技术	8.5	6.3	7.7	5.1
新材料工业	6.4	7.2	4.4	6.6
医药保健	4.9	6.0	2.5	4.8
消费产品和服务	4.3	3.1	3.9	2.8
光电子与光机电一体化	4.1	5.1	4.0	5.9
农业	3.5	2.3	2.6	2.6
媒体和娱乐业	2.5	2.1	1.8	1.7
生物科技	2.5	5.5	5.7	6.1
半导体	2.3	3.8	2.9	2.7
其他IT产业	2.2	3.7	2.3	3.2
科技服务	2.0	2.7	2.1	4.5
通讯	1.9	3.0	1.8	3.9
环保工程	1.8	2.7	1.3	2.2

① 所谓的“两高六新”是指：成长性高、科技含量高、新经济、新服务、新农业、新材料、新能源与新商业模式。

② 有效样本数为1066份。

续表

投资行业 \ 年份	2009		2008	
	投资金额	投资项目	投资金额	投资项目
网络产业	1.8	3.1	2.7	2.0
IT 服务业	1.5	3.3	4.6	3.8
资源开发工业	1.5	1.0	3.6	1.5
零售和批发	0.3	0.3	0.0	0.2
计算机硬件产业	0.1	0.4	3.4	1.3
核应用技术	0.1	0.1	—	—

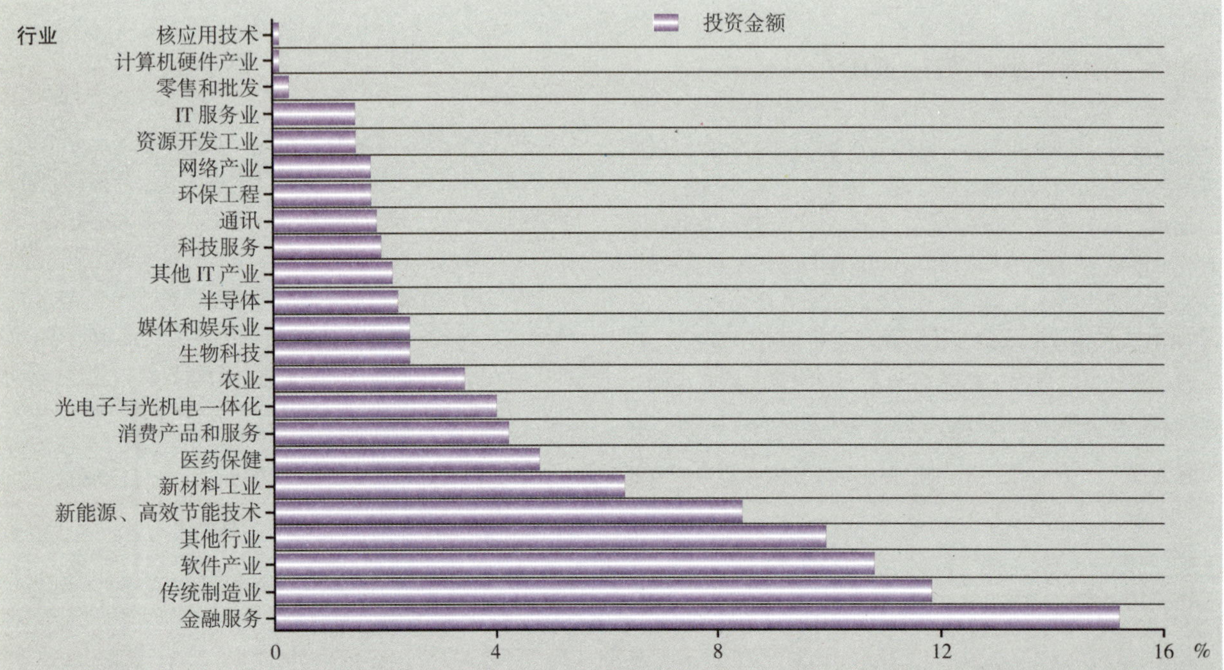

图 2-1 中国创业风险投资业投资项目的行业分布：按投资金额（2009）

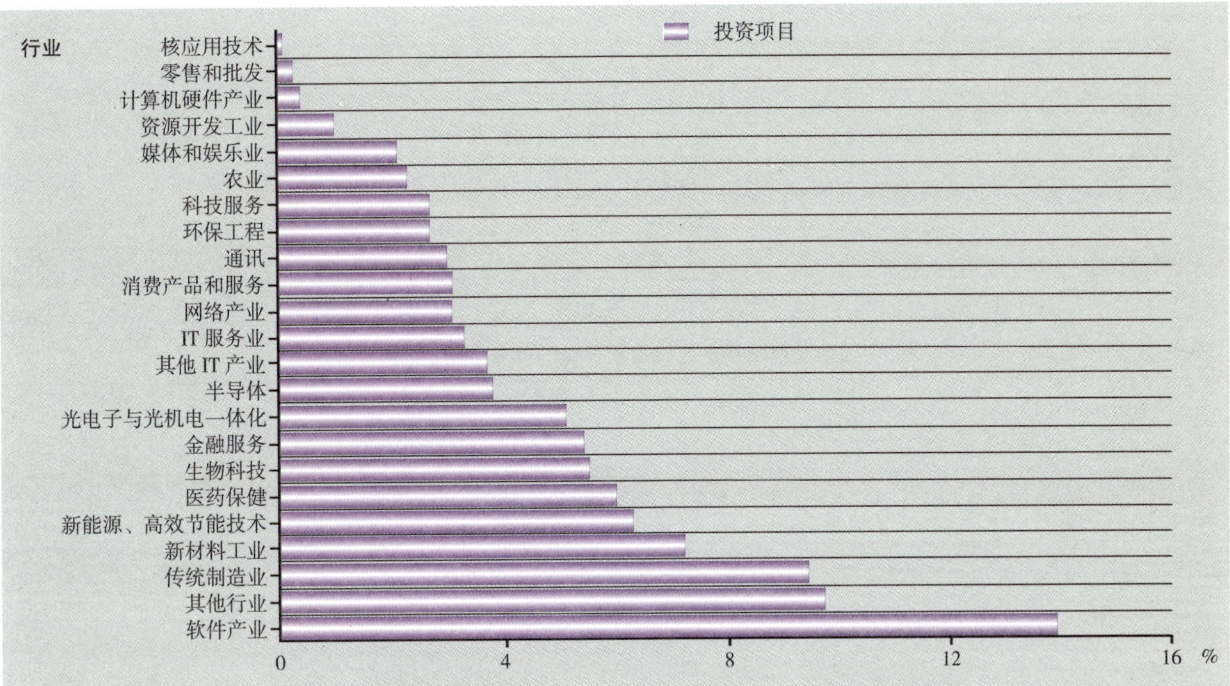

图 2-2 中国创业风险投资业投资项目的行业分布：按项目数（2009）

表 2-2　　中国创业风险投资业投资项目投资金额的行业分布（2004~2009）

投资行业 \ 年份（百分比(%)）	2004	2005	2006	2007	2008	2009
软件产业	4.5	3.5	14.6	16.0	6.2	10.9
计算机硬件产业	0.7	0.9	0.4	0.6	3.4	0.1
网络产业	1.1	2.7	1.5	0.5	2.7	1.8
通讯	8.2	3.5	4.6	2.9	1.8	1.9
IT 服务业	10.0	7.1	3.1	1.0	4.6	1.5
半导体	4.6	16.5	2.1	1.3	2.9	2.3
其他 IT 产业	2.7	2.4	3.2	1.3	2.3	2.2
环保工程	1.0	3.1	1.3	1.5	1.3	1.8
生物科技	4.1	7.4	5.4	2.3	5.7	2.5
新材料工业	10.1	5.7	7.5	7.9	4.4	6.4
资源开发工业	2.3	4.5	3.7	1.9	3.6	1.5
光电子与光机电一体化	4.9	5.5	4.1	2.1	4.0	4.1
科技服务	1.5	2.1	1.2	4.9	2.1	2.0
新能源、高效节能技术	3.7	8.8	7.0	4.6	7.7	8.5
医药保健	8.3	4.3	2.7	2.0	2.5	4.9
消费产品和服务	2.4	1.7	4.1	1.4	3.9	4.3
媒体和娱乐业	6.0	3.2	1.1	2.2	1.8	2.5
传统制造业	3.8	8.9	11.3	12.6	15.6	11.9
农业	9.1	0.5	9.4	1.2	2.6	3.5

续表

投资行业 \ 百分比(%) \ 年份	2004	2005	2006	2007	2008	2009
金融服务	5.7	3.4	3.8	22.1	8.2	15.2
零售和批发	1.9	0.0	0.6	1.1	0.0	0.3
其他行业	3.5	4.0	7.6	8.3	12.7	10.0
核应用技术	0.0	0.3	0.0	0.0	0.0	0.1

表 2-3 中国创业风险投资业投资项目数的行业分布（2004~2009）

投资行业 \ 百分比(%) \ 年份	2004	2005	2006	2007	2008	2009
软件产业	7.2	10.0	12.5	17.1	9.7	13.9
计算机硬件产业	1.4	1.2	1.0	1.1	1.3	0.4
网络产业	2.0	2.4	2.6	2.4	2.0	3.1
通讯	7.9	6.0	4.1	2.7	3.9	3.0
IT 服务业	9.9	6.7	2.6	2.6	3.8	3.3
半导体	4.4	4.8	2.4	3.0	2.7	3.8
其他 IT 产业	3.4	2.1	3.8	2.6	3.2	3.7
环保工程	2.4	2.7	2.2	2.2	2.2	2.7
生物科技	5.5	8.2	7.9	5.6	6.1	5.5
新材料工业	9.6	7.6	10.3	9.6	6.6	7.2
资源开发工业	1.4	3.6	1.2	1.2	1.5	1.0
光电子与光机电一体化	7.2	10.0	5.0	4.5	5.9	5.1
科技服务	5.1	3.3	2.2	2.0	4.5	2.7
新能源、高效节能技术	2.0	4.5	5.0	5.7	5.1	6.3
医药保健	7.2	6.1	5.0	3.3	4.8	6.0
消费产品和服务	1.4	3.3	3.4	1.9	2.8	3.1
媒体和娱乐业	3.8	2.7	2.2	2.0	1.7	2.1
传统制造业	5.8	6.7	6.7	13.8	14.2	9.4
农业	3.8	1.8	3.1	1.2	2.6	2.3
金融服务	2.4	2.4	4.3	5.0	4.9	5.4
零售和批发	1.4	0.0	1.9	1.2	0.2	0.3
其他行业	4.8	3.6	10.6	9.2	10.4	9.7
核应用技术	0.0	0.3	0.0	0.0	0.0	0.1

2.1.2 中国创业风险投资对高新技术产业与传统产业的投资比较①

从中国创业风险投资的高新技术产业和传统产业的投资分布特点看，2009 年中国创业风险投资业对高新技术产业的投资项目比上年略有增加，但投资金额持续走低（见表 2-4、图 2-3、表 2-5、图 2-4）。

① 有效样本数：高新项目样本数为 722 份；传统项目样本数为 344 份。

表 2-4　中国创业风险投资项目的年度行业分布：高新技术产业与传统产业（2003~2009）　单位：%

行业＼年份	2003	2004	2005	2006	2007	2008	2009
高新技术产业	73.1	76.7	78.3	67.9	65.5	63.2	67.7
传统产业	26.9	23.3	21.7	32.1	34.5	36.8	32.3

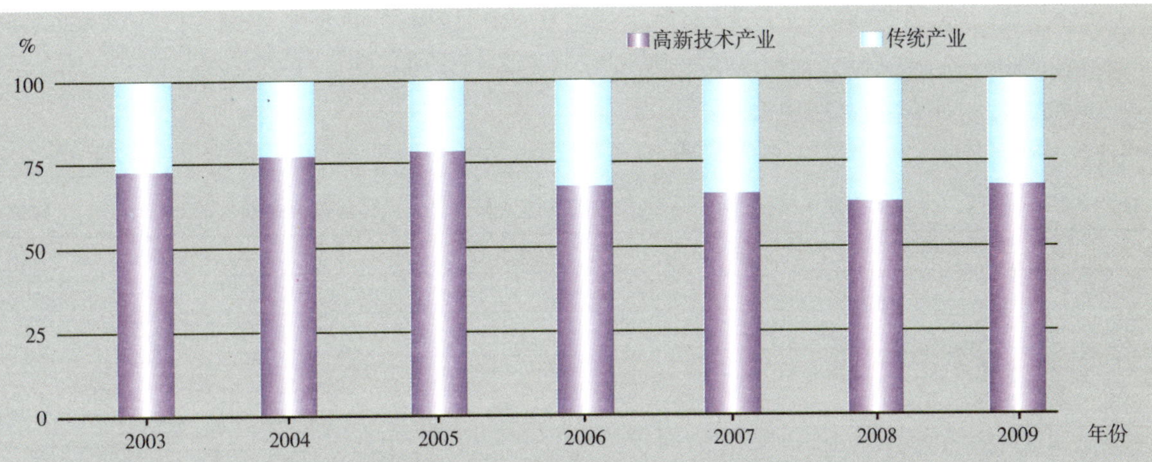

图 2-3　中国创业风险投资项目的年度行业分布：高新技术产业与传统产业（2003~2009）

表 2-5　中国创业风险投资金额的年度行业分布：高新技术产业与传统产业（2003~2009）　单位：%

行业＼年份	2003	2004	2005	2006	2007	2008	2009
高新技术产业	79.8	67.7	79.5	62.2	51.1	55.2	52.3
传统产业	20.2	32.2	20.5	37.8	48.9	44.8	47.7

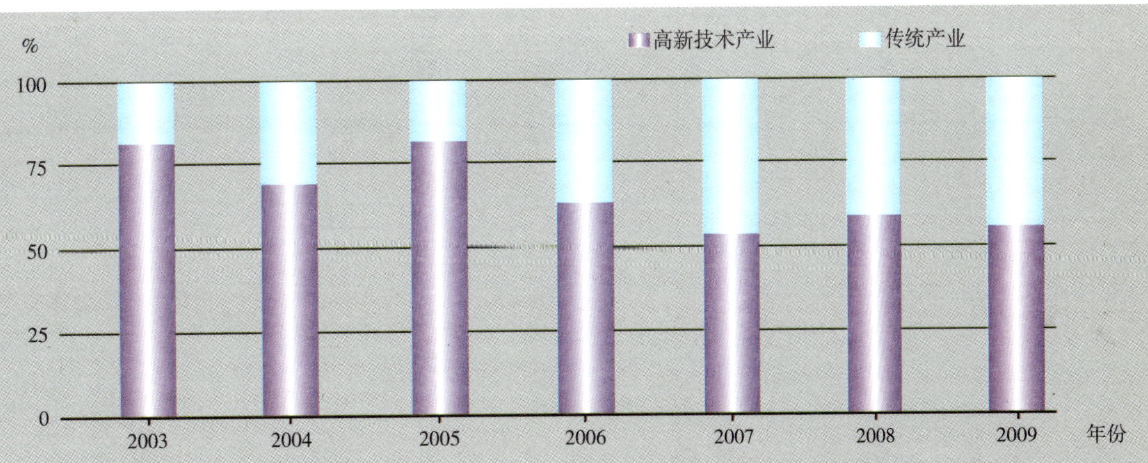

图 2-4　中国创业风险投资金额的年度行业分布：高新技术产业与传统产业（2003~2009）

2.2 中国创业风险投资的投资阶段

2.2.1 中国创业风险投资所处阶段的总体分布①

受创业板的影响，2009 年中国创业风险投资机构的投资阶段偏好前移，对种子期投资的金额增加至 19.9%，投资项目占 32.2%，反映出创业风险投资的理性回归以及政策引导作用的显现；对成长（扩张）期的投资略有上升，占比仍然最大；起步期、成熟（过渡）期和重建期的投资项目和投资金额所占比例都小于 2008 年（见表 2–6、表 2–7、图 2–5、表 2–8、图 2–6）。

表 2–6 中国创业风险投资项目所处阶段的总体分布：投资项目与投资金额（2009） 单位：%

成长阶段	投资金额	投资项目
种子期	19.9	32.2
起步期	12.8	20.3
成长（扩张）期	45.0	35.2
成熟（过渡）期	18.5	9.0
重建期	3.7	3.4

表 2–7 中国创业风险投资项目所处阶段分布：投资项目（2003~2009） 单位：%

成长阶段 \ 年份	2003	2004	2005	2006	2007	2008	2009
种子期	13.0	15.8	15.4	37.4	26.6	19.3	32.2
起步期	19.3	20.6	30.1	21.3	18.9	30.2	20.3
成长（扩张）期	49.5	47.8	41.0	30.0	36.6	34.0	35.2
成熟（过渡）期	18.2	15.5	11.9	7.7	12.4	12.1	9.0
重建期	0.0	0.3	1.6	3.6	5.4	4.4	3.4

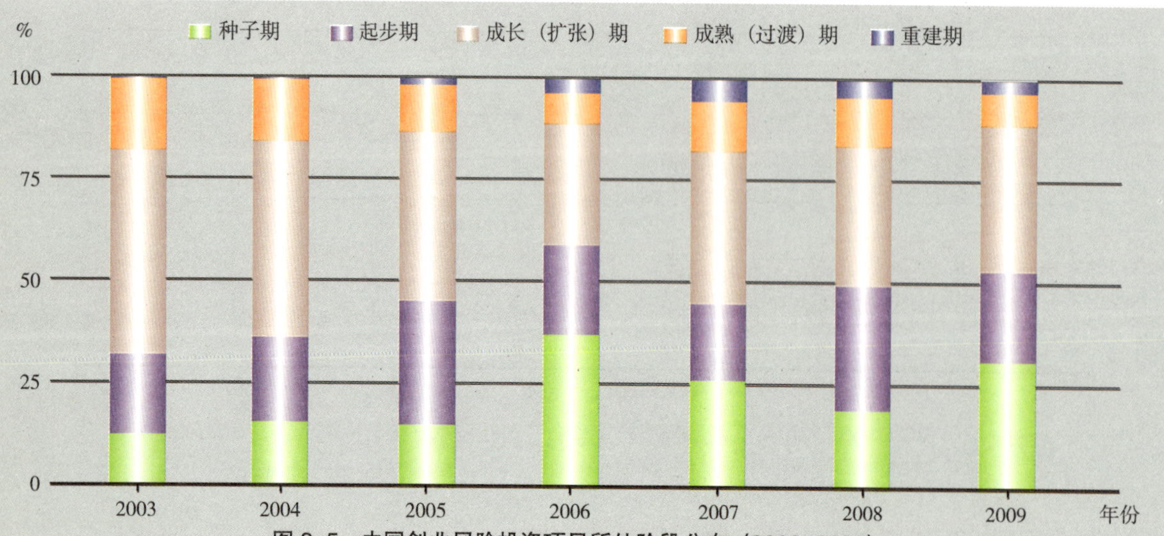

图 2–5 中国创业风险投资项目所处阶段分布（2003~2009）

① 有效样本数为 1066 份。

表 2-8 中国创业风险投资项目所处阶段分布：投资金额（2003~2009） 单位：%

年份 成长阶段	2003	2004	2005	2006	2007	2008	2009
种子期	5.3	4.5	5.2	30.2	12.7	9.4	19.9
起步期	16.8	12.3	20.0	11.5	8.9	19.0	12.8
成长（扩张）期	37.5	44.8	46.8	39.4	38.2	38.5	45.0
成熟（过渡）期	40.4	38.4	26.3	14.6	35.2	26.5	18.5
重建期	0.0	0.0	1.7	4.3	5.0	6.6	3.7

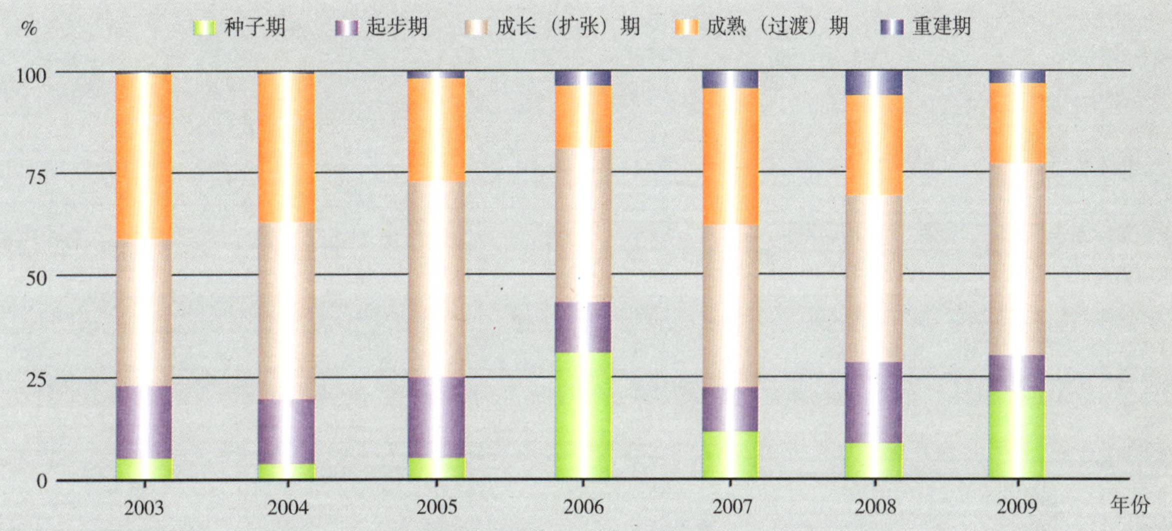

图 2-6 中国创业风险投资金额所处阶段分布（2003~2009）

2.2.2 中国创业风险投资在主要行业投资项目的阶段分布[①]

2009 年，中国创业风险投资项目主要行业的投资阶段分布特点是：零售和批发、半导体、计算机硬件产业、医药保健和软件产业的投资项目在种子期分布较多，零售和批发、计算机硬件产业、半导体、软件产业和生物科技的投资金额在种子期分布较多，这一投资偏好说明了某些产业的早期投资比较符合创业风险投资机构的长远利益；农业、消费产品和服务、计算机硬件产业、新能源、高效节能技术和资源开发工业分布在成长（扩张）期的投资项目较多，资源开发工业、农业、消费产品和服务、新能源、高效节能技术和 IT 服务业分布在成长（扩张）期的投资金额较多（见表 2-9、表 2-10）。

根据战略性新兴产业的创新模式和市场特点，本报告把新兴产业分为孕育期、成长期和发展期三个阶段。孕育期主要是重大的突破性创新与扩散，成长期主要是不同技术体系的竞争以及主导设计的确定过程，发展期主要是围绕主导设计的渐进性创新和市场扩张。[②]从战略性新兴产业投资的分布阶段看，医药保健和生物科技处于种子期和起步期投资较多，与生物医药和育种处于“孕育期”阶段基本一致；新能源、高效节能技术和新材料工业成长（扩张）期投资最多，可能与新能源、新材料产业处于成长期发展阶段有关，符合战略性新兴产业的发展阶段。

① 有效样本数为 1066 份。
② 段小华，对当前战略性新兴产业发展阶段的初步判断，调研报告，2010 年第 53 期。

表 2-9 中国创业风险投资项目主要行业的投资阶段分布：投资项目（2009） 单位：%

投资行业	种子期	起步期	成长（扩张）期	成熟（过渡）期	重建期
软件产业	43.9	20.3	25.7	6.8	3.4
其他 IT 产业	43.6	12.8	33.3	10.3	0.0
媒体和娱乐业	13.6	40.9	36.4	9.1	0.0
科技服务	37.9	31.0	17.2	10.3	3.4
计算机硬件产业	50.0	0.0	50.0	0.0	0.0
医药保健	46.9	21.9	26.6	3.1	1.6
核应用技术	0.0	0.0	0.0	100.0	0.0
新材料工业	23.4	18.2	44.2	10.4	3.9
传统制造业	17.0	6.0	37.0	22.0	18.0
网络产业	27.3	42.4	27.3	3.0	0.0
IT 服务业	40.0	14.3	40.0	5.7	0.0
生物科技	42.4	23.7	33.9	0.0	0.0
其他行业	26.2	20.4	32.0	18.4	2.9
农业	20.0	16.0	60.0	4.0	0.0
零售和批发	66.7	33.3	0.0	0.0	0.0
金融服务	39.7	20.7	34.5	5.2	0.0
资源开发工业	27.3	18.2	45.5	0.0	9.1
环保工程	13.8	37.9	41.4	3.4	3.4
新能源、高效节能技术	34.3	10.4	49.3	6.0	0.0
光电子与光机电一体化	29.6	24.1	33.3	9.3	3.7
消费产品和服务	9.1	18.2	57.6	15.2	0.0
半导体	52.5	20.0	27.5	0.0	0.0
通讯	15.6	34.4	37.5	9.4	3.1

表 2-10 中国创业风险投资项目主要行业的投资阶段分布：投资金额（2009） 单位：%

投资行业	种子期	起步期	成长（扩张）期	成熟（过渡）期	重建期
IT 服务业	19.9	8.0	60.8	11.3	0.0
生物科技	35.2	20.2	44.5	0.0	0.0
其他行业	14.0	15.3	31.0	37.0	2.8
农业	7.9	11.0	75.6	5.6	0.0
零售和批发	76.1	23.9	0.0	0.0	0.0
金融服务	34.4	9.0	37.3	19.4	0.0
资源开发工业	2.1	5.4	77.0	0.0	15.5
环保工程	3.4	48.2	46.7	0.4	1.4
新能源、高效节能技术	22.6	2.2	70.0	5.2	0.0
光电子与光机电一体化	7.5	18.1	38.7	32.7	3.0
消费产品和服务	1.4	5.3	71.5	21.8	0.0
半导体	46.9	26.1	27.0	0.0	0.0
通讯	12.1	21.9	34.8	30.9	0.3
软件产业	35.4	13.4	39.8	8.8	2.7
其他 IT 产业	14.8	12.5	43.7	29.0	0.0

续表

投资行业	种子期	起步期	成长（扩张）期	成熟（过渡）期	重建期
媒体和娱乐业	1.7	18.8	47.4	32.1	0.0
科技服务	35.2	11.5	40.9	10.5	1.9
计算机硬件产业	52.0	0.0	48.0	0.0	0.0
医药保健	12.9	35.3	36.1	11.5	4.1
核应用技术	0.0	0.0	0.0	100.0	0.0
新材料工业	10.7	11.8	57.5	16.8	3.2
传统制造业	9.4	0.6	37.6	32.5	19.8
网络产业	25.7	42.8	29.7	1.9	0.0

2.3 中国创业风险投资的投资强度

2.3.1 中国创业风险投资强度的变化趋势与行业差异①

2009 年，随着应对国际金融危机一揽子计划的出台与实施，我国宏观经济得到复苏，整体上呈现止跌回升的状态。加上 IPO 重启以及创业板的推出，退出渠道不断完善，利好消息导致创业风险投资速度加快，中国创业风险投资强度较上一年度持续增加，且成为了历年来投资强度最高的一年，达到了 1059.77 万元/项，较上年增加 1.78%。其中，零售和批发、媒体和娱乐业、医药保健和新材料工业的项目平均投资强度增速最为明显（见表 2-11、图 2-7、表 2-12、图 2-8），这可能与培育战略性新兴产业发展的宏观背景相关。

表 2-11　　中国创业风险投资的投资强度（1995~2009）　　单位：万元/项

年份	1995	1996	1997	1998	1999	2000	2001	2002	2003	2004	2005	2006	2007	2008	2009
投资强度	556.80	523.40	681.90	537.10	595.60	568.60	624.90	872.30	920.00	972.10	901.10	802.51	973.37	1041.25	1059.77

① 有效样本数为 1029 份。

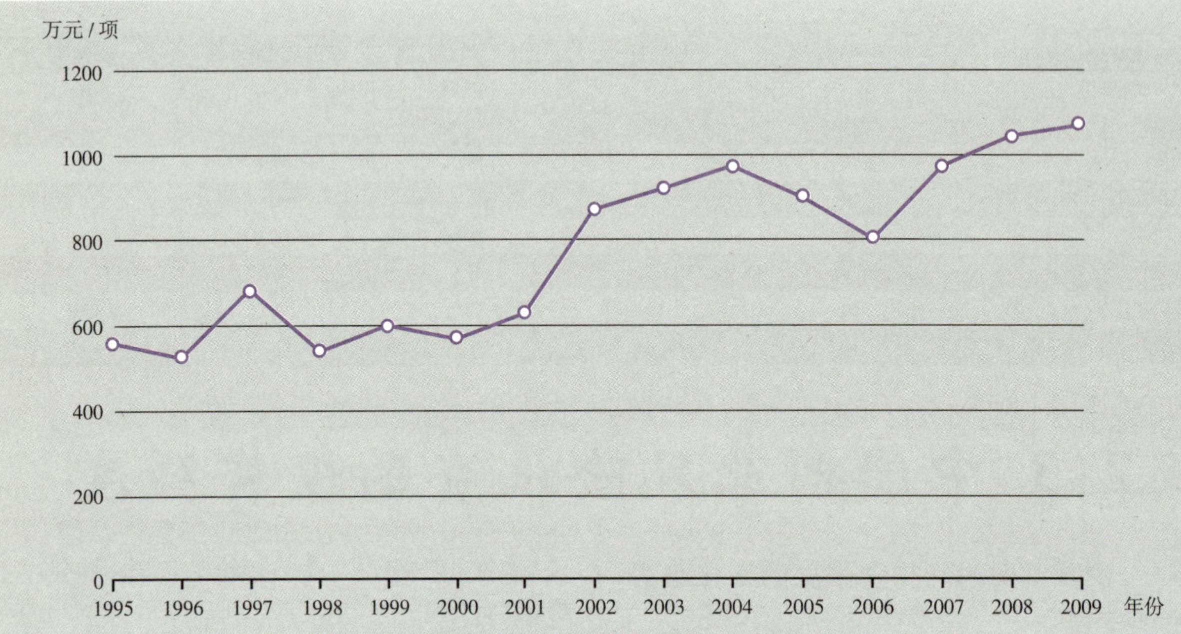

图 2-7 中国创业风险投资的投资强度（1995~2009）

表 2-12 中国创业风险投资不同行业的投资强度平均投资额（2003~2009） 单位：万元/项

行业 \ 平均投资额 \ 年份	2003	2004	2005	2006	2007	2008	2009
资源开发工业	1496.7	1615.5	1058.3	2979.2	1037.6	1850.5	1211.0
医药保健	402.3	976.5	635.7	541.7	884.0	678.8	1052.5
新能源、高效节能技术	460.4	2026.4	1649.4	915.1	1152.4	1447.4	1156.6
新材料工业	615.8	974.8	638.5	703.8	938.3	867.6	1212.9
消费产品和服务	212.5	277.9	533.9	1190.5	1010.6	1774.1	1435.8
网络产业	1082.8	522.2	1077.4	559.3	309.0	1186.7	805.5
通信	1705.4	1011.9	486.8	1087.0	964.9	580.8	671.0
生物科技	712.6	722.6	950.9	660.4	594.0	878.0	612.0
软件产业	328.7	634.2	315.0	763.1	979.1	732.4	788.4
其他行业	652.6	699.6	1124.0	701.7	1089.0	1155.6	1189.9
其他 IT 产业	481.2	769.0	972.9	800.3	696.5	942.3	827.4
农业	1960.4	1921.1	380.0	913.6	1411.2	1327.8	1580.6
媒体和娱乐业	465.0	1313.8	1009.4	474.3	765.7	671.5	1437.6
零售和批发	1083.3	102.3	—	304.6	1273.1	30.0	1673.3
科技服务	477.3	293.5	531.8	529.7	456.4	600.8	785.9
金融服务	782.2	2311.7	1178.1	843.5	1498.1	1537.0	1964.0
计算机硬件产业	125.2	532.5	642.5	365.0	840.4	782.1	495.0
环保工程	298.6	390.2	1095.8	567.8	982.2	760.8	893.7
核应用技术	760.0	—	700.0	—	—	—	1200.0
光电子与光机电一体化	407.8	619.4	466.1	788.8	670.3	898.9	879.1
传统制造业	593.9	668.2	1250.9	1316.0	1286.5	1320.7	1481.1

续表

平均投资额 年份 行业	2003	2004	2005	2006	2007	2008	2009
半导体	1310.3	1011.9	3100.6	861.7	626.4	1407.6	688.7
IT 服务业	649.9	980.8	1002.2	506.0	607.3	791.0	609.1

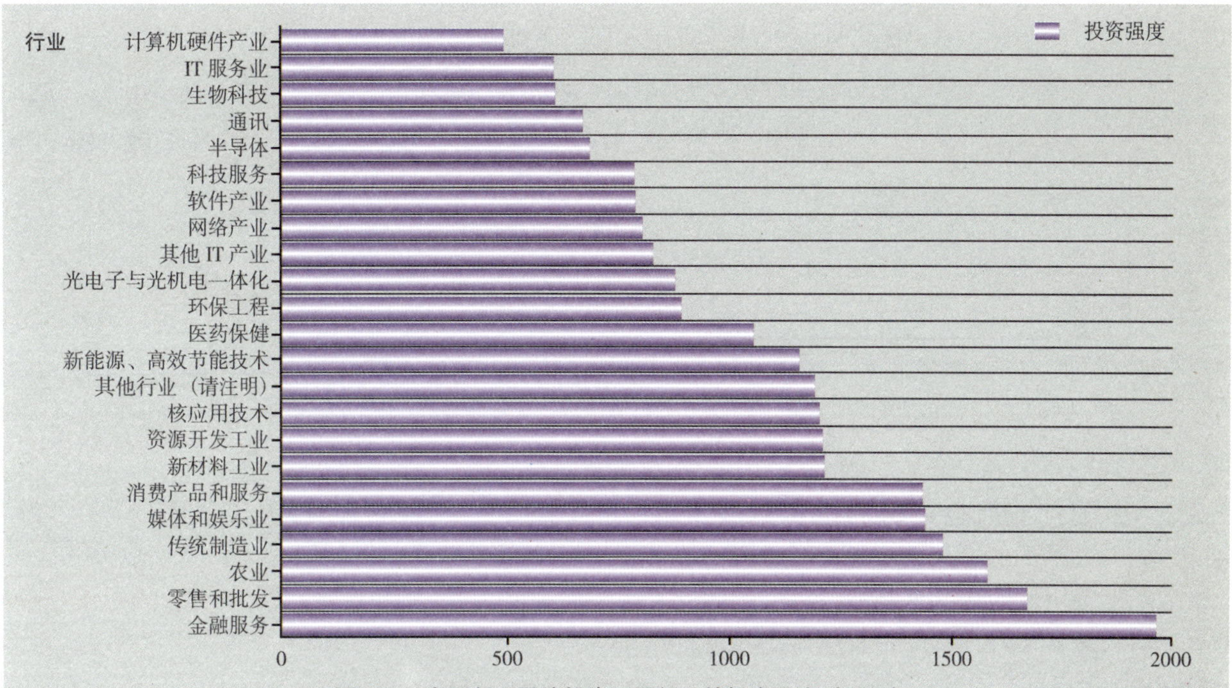

图 2-8 中国创业风险投资不同行业的投资强度（2009）

2.3.2 中国创业风险投资机构单项投资规模分布[①]

2009 年中国创业风险投资机构单项投资金额保持着与近几年来大致相同的分布态势，但是分布的波动幅度比上年明显。其中，100 万~300 万元的投资项目所占比例最大，达 22.4%，单项投资 100 万元以下的投资项目较上年有大幅度下降，500 万~1000 万元的项目比上年有大幅度上升（见表 2-13、图 2-9）。

表 2-13 中国创业风险投资机构单项投资金额分布（2002~2009）

百分比（%） 金额（万元） 年份	100 以下	100~300	300~500	500~1000	1000~2000	2000 以上
2002	16.4	28.0	19.4	17.4	10.6	8.2
2003	22.4	22.6	16.5	14.7	12.8	11.0
2004	25.5	14.6	15.8	18.5	12.2	13.4
2005	23.9	19.7	15.5	20.0	11.0	9.0
2006	24.1	25.1	9.0	19.3	12.0	10.5
2007	16.1	17.6	18.3	18.1	17.4	12.5
2008	17.1	22.0	11.7	15.0	18.9	15.2
2009	11.7	22.4	12.6	20.3	17.3	15.7

① 有效样本数为 1029 份。

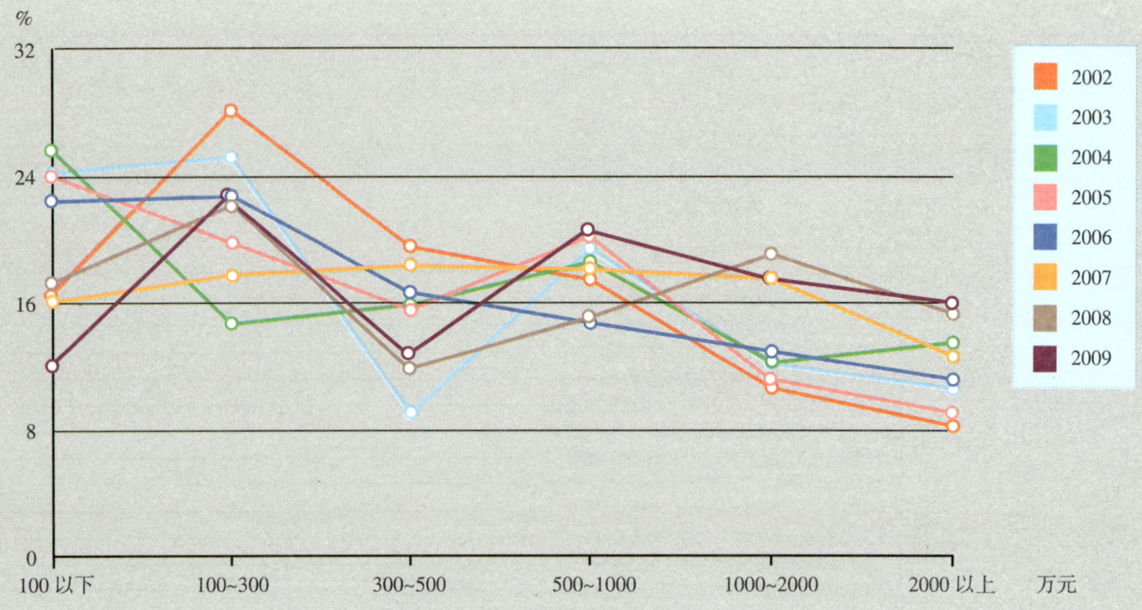

图 2-9 中国创业风险投资机构单项投资金额分布（2003~2009）

2.3.3 中国创业风险投资的投资策略（联合投资）

2009 年，联合投资项目所占比例继续降低，包括各类投资公司以及创业风险投资机构在内的其他投资主体进行的联合投资，41%集中在 500 万元以下的投资区域。这说明，联合投资的策略在被投资项目处于种子期时被较多采用（见表 2-14、图 2-10、表 2-15、图 2-11）。

表 2-14 中国创业风险投资联合投资的单项投资金额分布（2002~2009）①

金额（万元）/ 百分比（%）/ 年份	100 以下	100~500	500~1000	1000~2000	2000 以上
2002	16.9	26.7	18.9	14.8	22.7
2003	15.9	27.1	17.1	12.9	27.0
2004	17.0	29.8	17.7	13.5	22.0
2005	16.5	24.1	19.5	15.0	24.9
2006	13.6	50.0	15.9	11.4	9.1
2007	9.1	39.4	9.1	30.3	12.1
2008	19.0	31.6	13.9	20.3	15.2
2009	13.0	28.0	21.0	19.0	19.0

① 有效样本数为 100 份。

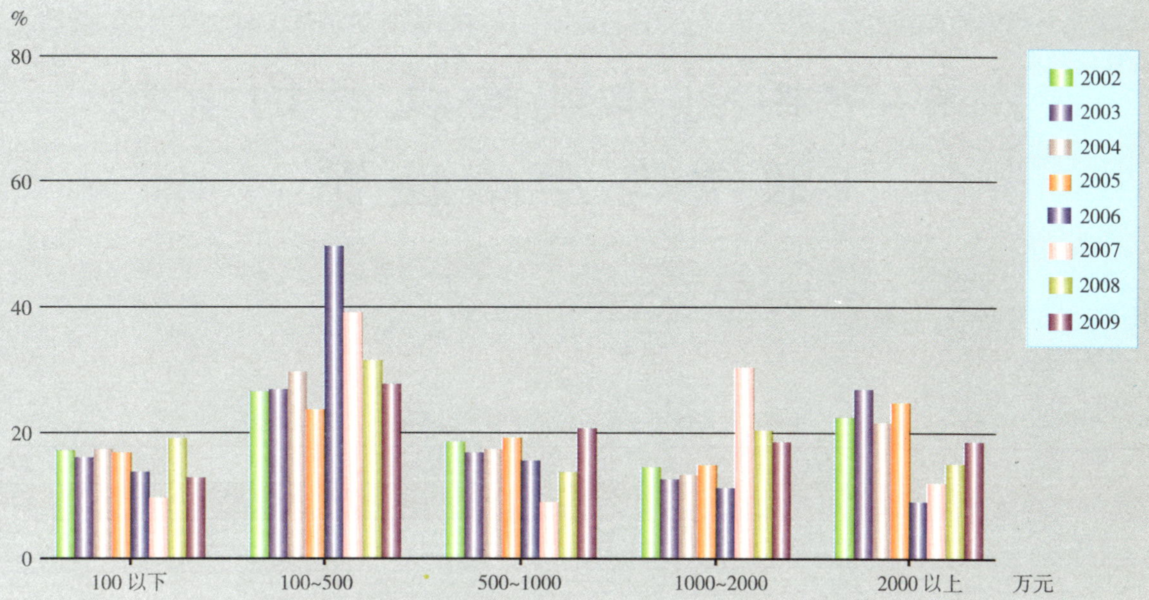

图 2-10 中国创业风险投资联合投资的单项投资金额分布（2002~2009）

表 2-15 中国创业风险投资机构与其他类型投资机构的联合投资（2009）①

金额（万元）/ 百分比（%）/ 投资额分布	100 以下	100~300	300~500	500~1000	1000~2000	2000 以上
创业风险投资机构的投资额	0.8	4.3	5.4	16.0	25.5	48.1
其他类型投资机构的投资额	0.6	2.5	4.4	14.5	25.9	52.1

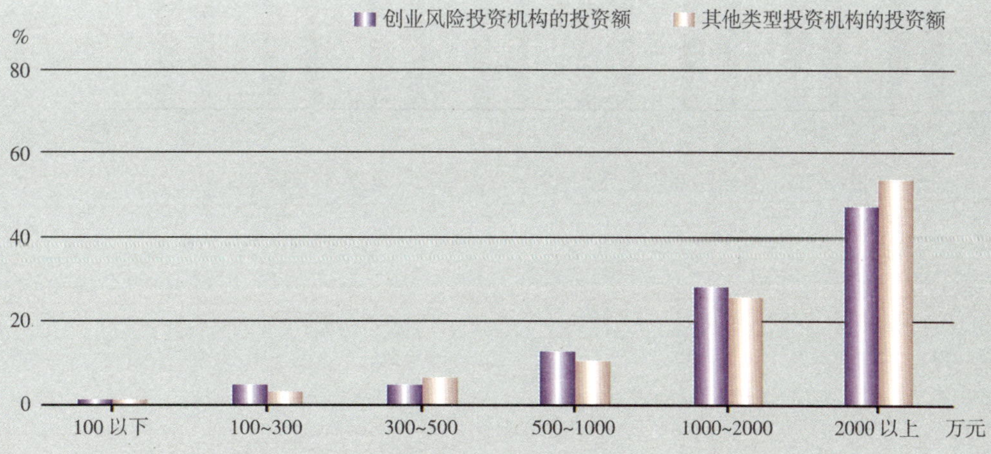

图 2-11 中国创业风险投资机构与其他类型投资机构的联合投资（2009）

① 创业风险投资机构有效样本数为 929 份；其他类型投资机构有效样本数为 100 份。

2.4 中国创业风险投资的首轮投资与后续投资

2009 年，中国创业风险投资项目属于首轮投资和后续投资的分别占 82.7%和 17.3%，绝大多数投资都是首轮投资，基本延续了 2008 年投资轮次的格局。其中，2009 年中国创业风险投资的后续投资比例略有增加（见表 2–16、图 2–12）。

表 2–16 中国创业风险投资的首轮投资和后续投资（2002~2009） 单位：%

年份	2002	2003	2004	2005	2006	2007	2008	2009
首轮投资	83.3	72.1	67.2	70.8	77.0	83.1	84.5	82.7
后续投资	16.7	27.9	32.8	29.2	23.0	16.9	15.5	17.3

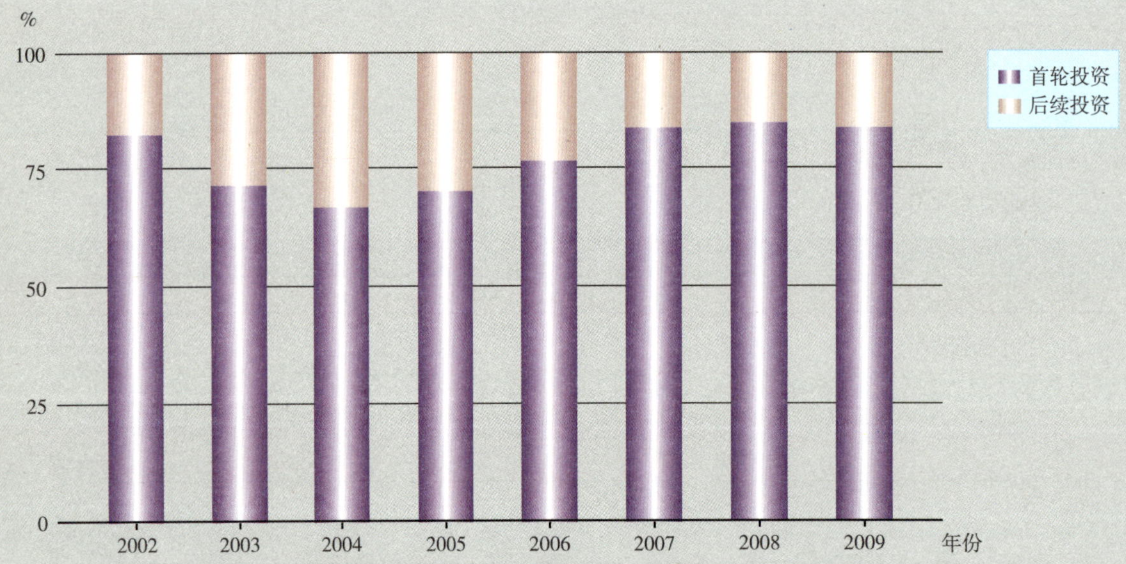

图 2–12 中国创业风险投资的首轮投资和后续投资（2002~2009）

2.5 中国创业风险投资机构持股结构

中国创业风险投资机构的股权结构在总体趋势上没有根本性变化，参股和相对控股方式是创业风险投资机构的主要投资方式。2009 年，投资所占比例在 10%以下的项目所占比例仍然高达 44.5%，较上年有所上升；持股比例在 20%~30%和 50%以上的项目所占比重较上年有所上升，其他类型的均有所下降（见表 2-17、图 2-13）。这一投资持股的趋势说明，不谋求控股的创业风险投资经营策略仍然占主导地位。虽然创业风险投资机构的单项强度不断走高，创业风险投资的投资额度增加，但是所占的股权比例却在下降。

表 2-17 中国创业风险投资机构持股结构分布（2003~2009）

股权比例（%）/ 百分比（%）/ 年份	10 以下	10~20	20~30	30~40	40~50	50 以上
2003	23.2	20.0	20.0	12.0	12.0	12.8
2004	22.2	19.4	17.2	12.2	8.2	20.8
2005	16.7	26.4	14.5	20.3	6.9	15.2
2006	24.9	24.6	20.0	12.3	6.0	10.9
2007	43.3	20.3	14.4	8.4	4.9	8.6
2008	42.7	23.5	10.9	8.6	6.1	7.7
2009	44.5	22.7	13.6	6.0	5.1	7.9

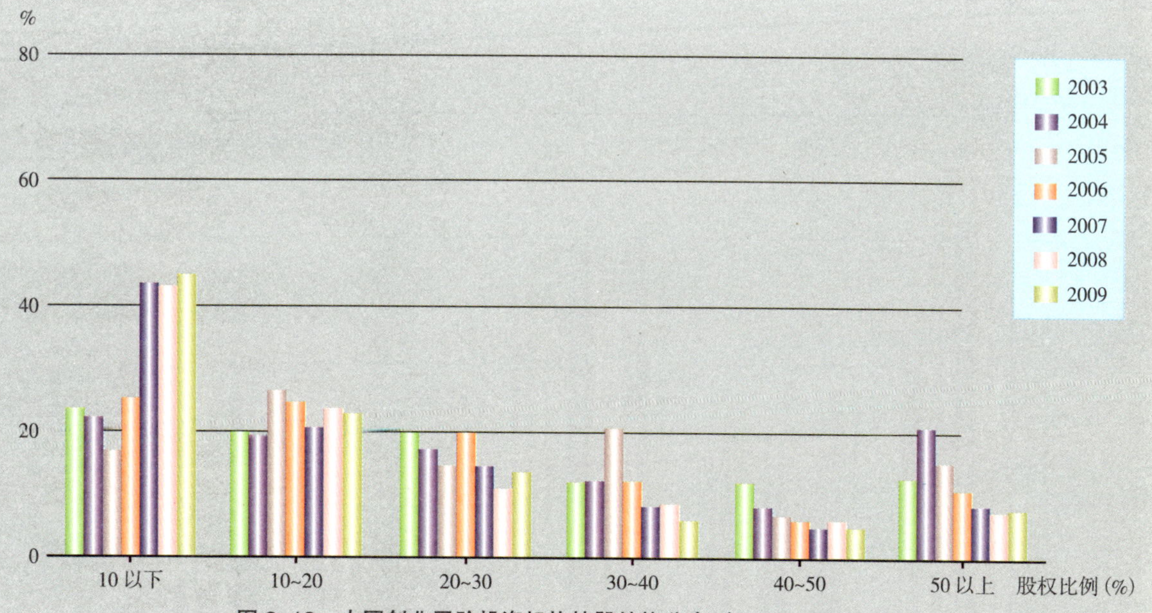

图 2-13 中国创业风险投资机构持股结构分布（2003~2009）

2.6 中国创业风险投资项目的特征

2.6.1 中国创业风险投资项目的资本规模

就被投资机构的资本规模而言，2009 年规模在 1000万~3000 万元和 500 万元以下的企业是中国创业风险投资的重点对象。500 万元以下的中小企业投资项目的投资比例比 2008 年上升了 2.7 个百分点，资本规模在 3000 万~5000 万元的投资项目比上年增加 3.2 个百分点，资本规模在 5000 万元以上的投资比例与上年相比略有下降。总的看来，中国创业风险投资项目的规模分布的基本趋势是对中小企业投资有所增加，但总体仍较为乏力，其他的比例大致稳定（见表 2-18、图 2-14）。这种情形与被投资项目所处的宏观经济环境是相关联的。

表 2-18　　中国创业风险投资项目的实收资本规模分布（2002~2009）

百分比（%）/ 年份 \ 资本规模（万元）	500 以下	500~1000	1000~3000	3000~5000	5000 以上
2002	24.1	17.4	28.6	16.5	13.4
2003	25.8	15.9	27.0	12.3	19.0
2004	27.1	17.1	24.3	9.9	21.6
2005	34.4	12.8	26.1	8.9	17.8
2006	28.2	13.2	27.8	14.1	16.7
2007	26.7	12.8	20.3	13.1	26.7
2008	18.9	15.7	26.5	12.2	26.7
2009	21.6	13.9	23.5	15.4	25.6

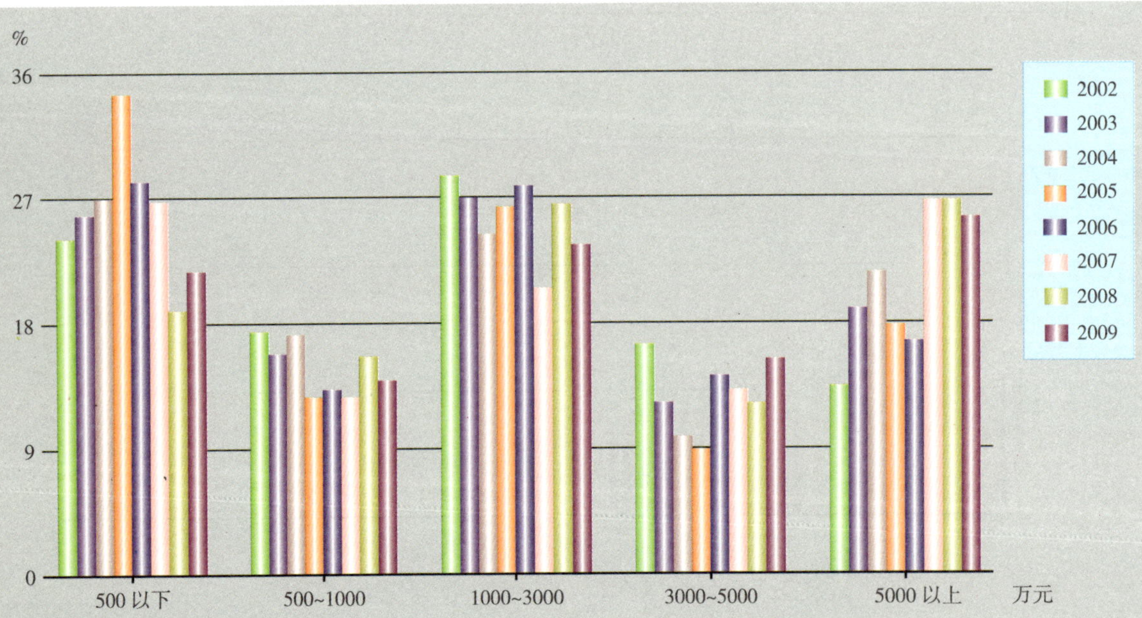

图 2-14　中国创业风险投资项目的实收资本规模分布（2002~2009）

2.6.2 中国创业风险投资项目的雇员规模

50人以下的小企业是2009年创业风险投资的主要对象，占58.5%，其中，10~50人的小企业是创业风险投资机构最感兴趣的投资对象，这种分布状况与前几年基本一致。值得注意的是，雇员规模在200人以上的项目所占的比例下降最快，这可能与创业风险投资的近期投资取向有关（见表2–19、图2–15）。

表2–19 中国创业风险投资项目雇员规模分布（2002~2009）

百分比（%）/ 雇员规模（人）/ 年份	10以下	10~50	50~100	100~150	150~200	200以上
2002	20.6	41.1	15.0	6.8	3.8	12.7
2003	19.8	41.1	13.2	3.5	3.9	18.5
2004	22.9	42.3	9.5	6.5	3.0	15.8
2005	17.7	37.1	13.7	7.4	7.4	16.7
2006	14.1	36.4	13.0	7.1	7.6	20.7
2007	14.7	26.1	12.9	8.5	7.0	30.1
2008	14.6	29.9	14.4	7.5	3.4	29.9
2009	21.8	36.7	9.8	6.2	4.8	19.9

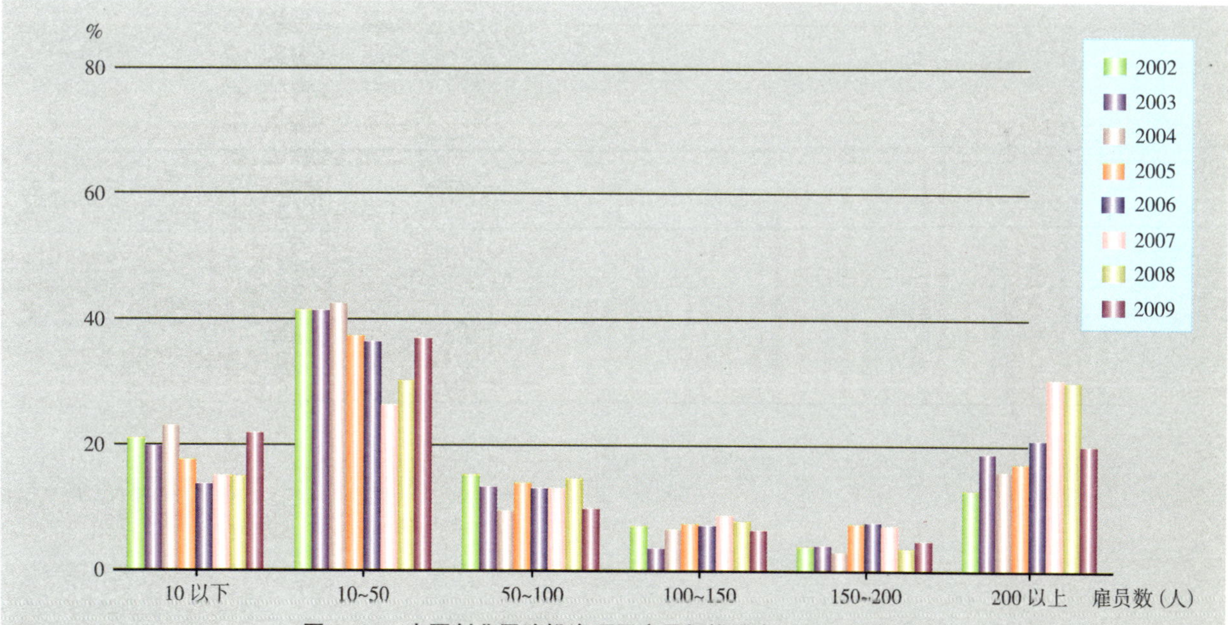

图2–15 中国创业风险投资项目雇员规模分布（2002~2009）

2.6.3 中国创业风险投资项目的经营时间

从被投资机构的经营时间上看，成立时间不满一年的企业接受的创业风险投资大幅度上升。这可能是由于2009年IPO重启以及创业板推出，退出渠道不断完善，催生创业风险投资市场信心稳步回升，创业风险投资机构投资阶段偏好前移，因此增加对成立时间不满一年的企业投资（见表2–20、图2–16）。同时结合投资项目的注册资本金额、雇员分布情况可以发现，这三组数据对2009年中国创业风险投资行为的刻画是高度一致的。

表 2-20 中国创业风险投资项目经营时间分布（2002~2009）

经营时间（年） 百分比（%） 年份	1 以下	1~3	3~5	5 以上
2002	17.2	47.6	22.3	12.9
2003	26.7	42.4	15.7	15.2
2004	27.7	36.4	20.1	15.8
2005	32.0	33.7	16.3	18.0
2006	18.8	32.1	16.5	32.6
2007	24.2	17.4	15.8	42.7
2008	17.3	24.3	19.0	39.4
2009	40.2	16.7	12.3	30.8

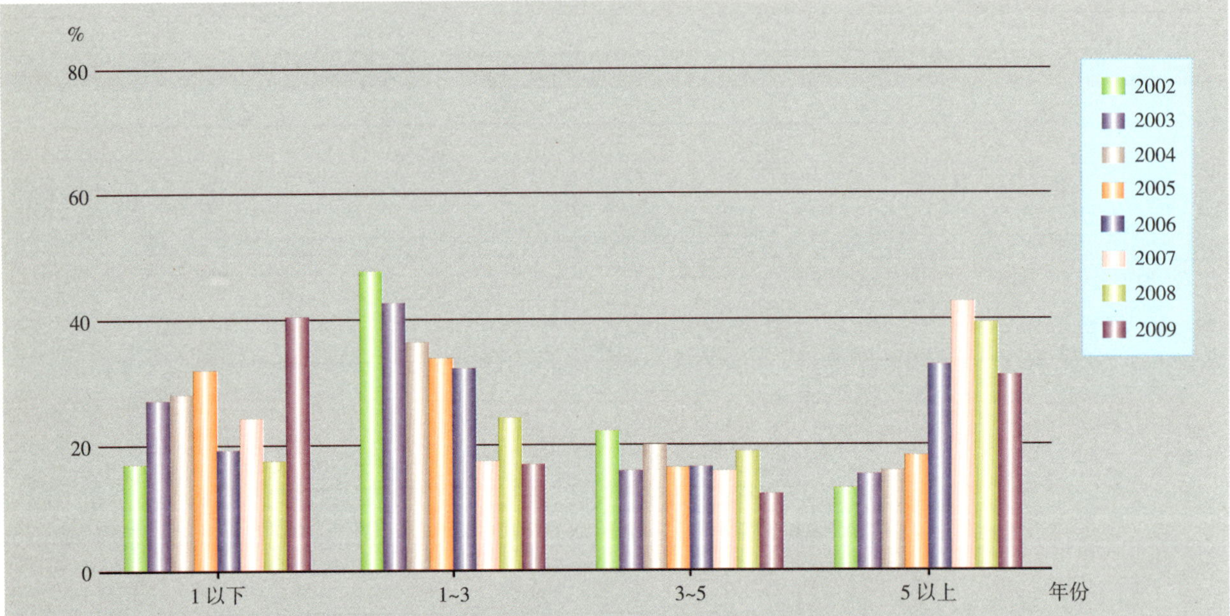

图 2-16 中国创业风险投资项目经营时间分布（2002~2009）

3 中国创业风险投资的退出

3.1 中国创业风险投资退出的基本情况[①]

风险投资的成功退出是实现风险资本增值的基本前提，也是风险投资在时序和空间上不断循环的保证。分析风险投资退出的基本情况，保障创业风险投资退出渠道的畅通，对风险投资活动的各方利益相关者而言至关重要。2009 年 9 月，我国创业板市场正式启动，定位于初创期、规模小，但运作良好、具有高成长性的高新科技企业融资。创业板的启动，不仅是对主板市场的有效补给，同时也为创业风险投资的退出拓展了渠道。

2009 年，中国创业风险投资单个项目退出收入主要集中在 100 万~500 万元，占全部退出项目的 27.5%。从各个收入规模所占比例来看，与 2008 年相比，收入在 100 万元以下的项目比例下降近 10 个百分点，收入在 500 万~1000 万元的项目比例上升 4.6 个百分点，收入在 1000 万~2000 万元的项目比例上升 2.9 个百分点。整体上，创业风险投资项目的退出收入规模较 2008 年有所增长。

2004~2009 年，中国创业风险投资项目退出收入在 500 万元以下的项目所占比例分别为：55.6%、66.4%、62.5%、65.1%、61.1%、54.3%，这表明，尽管中国创业风险投资项目退出收入规模略有增长，但总量仍然普遍偏小（见表 3-1、图 3-1）。

表 3-1　中国创业风险投资项目退出的收入分布（2004~2009）

收入规模（万元）/ 百分比（%）/ 年份	100 以下	100~500	500~1000	1000~2000	2000 以上
2004	27.3	28.3	14.8	8.0	21.6
2005	32.7	33.7	15.3	11.2	7.1
2006	38.9	23.6	9.7	12.5	15.3
2007	37.2	27.9	9.3	11.6	14.0
2008	36.5	24.6	11.1	9.5	18.3
2009	26.8	27.5	15.7	12.4	17.6

① 有效样本数为 189 份。

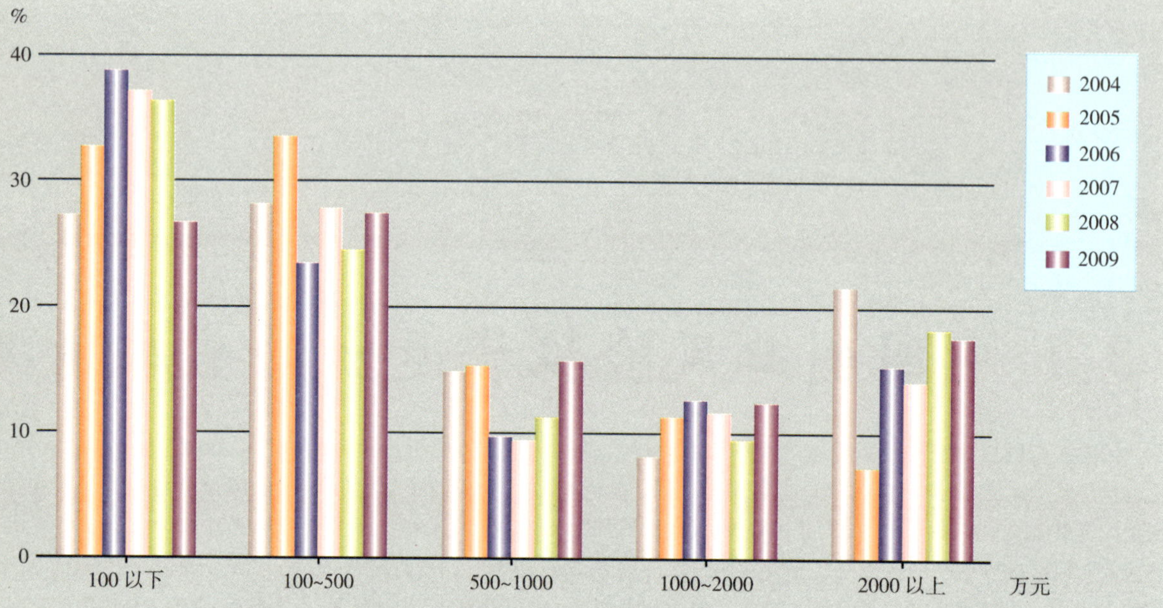

图 3-1 中国创业风险投资项目退出的收入分布（2004~2009）

3.2 中国创业风险投资的退出方式①

3.2.1 中国创业风险投资的主要退出方式

国际经验表明，风险投资退出主要采取四种方式：企业首次公开发行（IPO）、企业兼并和收购（M&A）、股权回购、公司清算。通常认为，IPO 是风险投资退出最理想的方式，其收益率较高，并且往往能掌握企业的控制权，有利于激励核心层考虑企业长远发展；兼并收购的投资收回最迅速、操作便捷，并且可选择股票交换作为支付形式，可减少收购方的财务压力；股权回购方式作为一种备用手段是风险投资能够收回的基本保障，其优势在于：这种方式可将外部股权全部内部化，使创业企业保持充分的独立性；破产清算则是在风险投资失败时减小并停止投资损失的有效方法（见表 3-2）。

表 3-2 创业风险投资的退出方式比较

	优 点	缺 点
上市	1. 实现盈利性和流动性，收益率较高； 2. 能够在较大程度上保留对风险企业的控制权； 3. 有利于激励企业家提高绩效，减少代理成本，留住核心人员； 4. 有助于为企业发展提供后续资金，分担投资风险。	1. 上市限制条件严格，所需时间较长； 2. 上市成本高，退出手续繁琐，涉及法律问题较多； 3. 由于监管的原因，风险资本退出需要等待一段时间； 4. 受市场行情状况影响较大。
收购	1. 手续便捷，回收投资迅速，且适用于大多数不能上市的创业企业； 2. 可选择股票交换作为支付形式，大大减少收购方的财务压力。	1. 采用出售方式，管理层可能失去风险企业的控制权； 2. 由于收购方太少，收购价值被低估。
回购	1. 产权关系明晰，操作简便易行，风险资本可迅速退出； 2. 可以将外部股权全部内部化，使创业企业保持充分的独立性。	1. 涉及变现及违约风险问题； 2. 涉及法律法规限制问题。
清算	降低了风险投资失败项目的机会成本，减少损失。	1. 承担投资失败的经济损失； 2. 受到一定的法律限制，可能延误退出时机。

① 有效样本数为 221 份。

2009 年，中国创业风险投资的退出方式的主要变化表现为（见表 3-3、图 3-2）：

（1）通过上市退出的比例达到历史最高水平，较 2008 年有较大幅度增加，达到 25.3%。创业板的开启在一定程度上拓展了上市退出通道。

（2）通过收购实现退出的比例较 2008 年明显大幅提升，达到 33.0%。场外资本市场进一步完善。

（3）通过回购实现退出的方式仍然是最主要的退出方式，达到 35.3%。

2009 年我国创业风险投资退出方式的变化在一定程度上表明，我国多层次资本市场的构建进一步完善，实现上市及并购的比例明显提高。

表 3-3　　中国创业风险投资的退出方式分布（2003~2009）

退出方式 / 百分比（%） / 年份	上市	收购	回购	清算	其他
2003	5.4	40.4	36.3	14.9	3.0
2004	12.4	55.3	27.6	4.7	0.0
2005	11.9	44.4	33.3	10.4	0.0
2006	12.7	28.4	30.4	7.8	20.6
2007	24.2	29.0	27.4	5.6	13.7
2008	22.7	23.2	34.8	9.2	10.1
2009	25.3	33.0	35.3	6.3	0.0

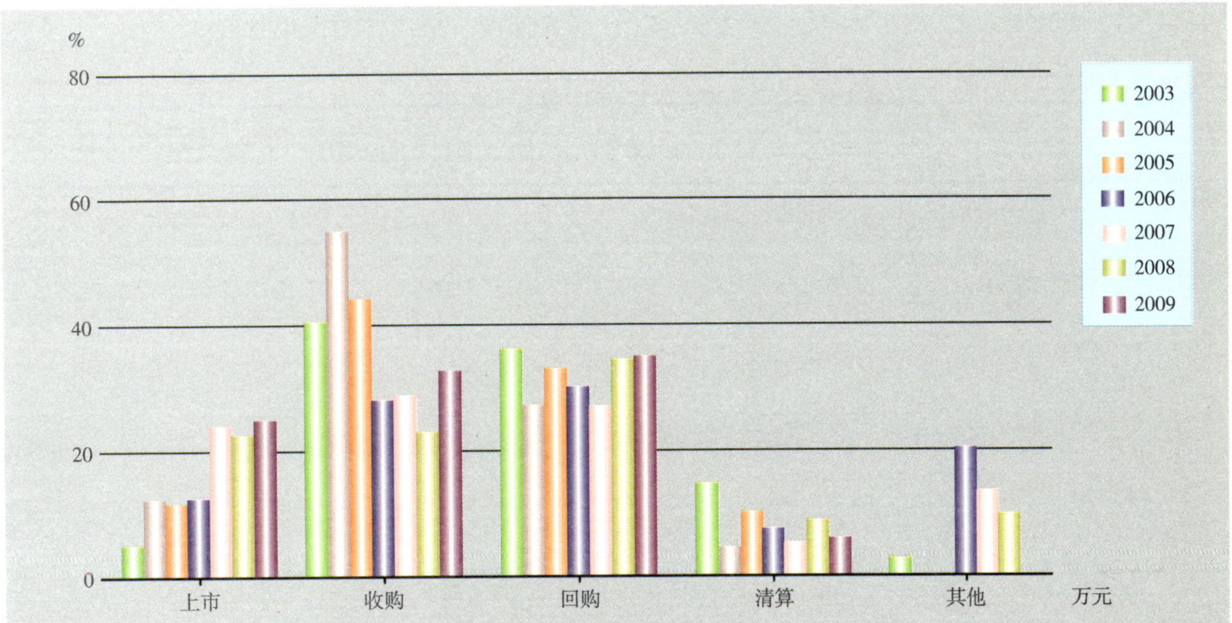

图 3-2　中国创业风险投资的退出方式分布（2003~2009）

3.2.2　中国创业风险投资 IPO 退出的主要渠道

一般而言，IPO 是风险投资退出最理想的方式。目前，我国多层次资本市场已初步形成主板、中小板、创业板以及代办股份转让系统的构架，尤其是中小板、代办股份转让系统以及 2009 年启动的创业板有效拓展了风险投资企业上市退出渠道。

（1）中小板。2004 年中小板的启动，在推进我国自主创新战略的同时，也为风险投资企业提供了更为广阔的退出渠道，打开了风险企业上市退出的闸门。中小板的上市标准无异于主板市场，但更倾向于面向高新技术企业。截至 2009 年底，327 家登录中小板的企业中共有 103 家企业受到 VC 支持，占比为 31.5%，相比 2004~2008 年，受到 VC 支持的企业数占比逐年提升。[①]

（2）创业板。2009 年 9 月，我国创业板市场正式启动。据调查统计，首批申报创业板上市的企业达 108 家，有信息披露的 94 家企业中共有 38 家企业获得 VC/PE 支持，占比为 40.4%，分布在北京、深圳、浙江、湖北等 13 个省市。从行业分布看，108 家企业主要集中在新能源、新材料、电子信息、生物医药、环保节能、现代服务等六大行业，制造业企业仅占 13%，远低于中小板制造业公司占比 70%的水平。截至 2009 年 10 月 30 日，28 家上市企业中有 23 家企业获得 46 家 VC 支持，24 家被认定为高新技术企业，IPO 平均市盈率为 56 倍。[②]创业板市场的开启为已具备一定规模和实力的技术创新型企业的进一步发展提供了方便的融资渠道，也为风险投资提供了成功退出的市场渠道。

（3）代办股份转让系统。2006 年 1 月，为探索我国多层次资本市场体系中场外市场的建设模式，探索利用资本市场支持高新技术等创新型企业发展的具体途径，科技部、中国证监会和北京市政府共同开展了“中关村非上市公司代办股份转让系统试点”工作。代办股份转让系统与主板、创业板市场的定位不同，主要针对处于创业初期、有产品和盈利模式的科技企业，实行更为市场化的备案制，有效填补了市场空白，使广大中小企业进入资本市场成为可能。经过三年多的试点运行，代办股份转让系统已有 58 家企业挂牌，并且从制度上日臻完善。根据已有挂牌企业的年度公告中数据显示，在已有信息披露的 33 家企业中，12 家企业获得 VC 资助，获得 VC 资助企业占 40%左右，[③]代办股份转让系统为我国风险企业退出提供了有效通道。

（4）境外资本市场。境外证券市场的开放为我国企业上市退出提供了有利的退出通道。2004~2008 年，我国共有 407 家企业赴海外上市，其中 90 家企业获得创投支持，占比 22.1%，包括 84 家企业获得外资创投投资，6 家企业获得内资创投投资（见表 3-4）。据统计，创投所投资企业，平均投资时间为 4.36 年，以 2008 年 12 月 31 日收盘价为准计算，平均投资回报 10.08 倍。

表 3-4　外资创投所投企业在海外上市的数量及交易所分布 (2004~2008)

国家或地区	交易所	海外上市企业的数量（家）	外资创投投资企业的数量（家）	外资创投投资企业的数量占比（%）
中国香港	香港主板	174	27	16
	香港创业板	32	2	6
美国	NASDAQ	36	26	72
	美国纽交所	27	13	48
英国	AIM	11	—	—
	PLUS	1	1	100
亚洲其他国家	新加坡主板	109	10	9
	新加坡凯利板	14	3	21
	韩国 KOSDAQ	1	1	100
	日本东交所 Mothers	2	1	50
总计		407	84	21

资料来源：深圳证券交易所。

2009 年，全国创业风险投资调查统计上市退出企业中，境内退出项目占比 70.9%，境外退出项目占比 29.1%。

① 资料来源：根据上市公司统计年报数据收集整理。据统计，2004~2008 年，每年分别有 8 家、11 家、21 家、48 家和 72 家中小板上市公司具有明确的创投背景，企业数占比分别为 21.1%、22.0%、20.6%、23.8%和 26.3%。
② 张俊芳. 创业板市场国有股转持政策对国有创投机构的影响. 调研报告，2009 年第 12 期。
③ 资料来源：根据中国证券协会网站公布的代办转让公司年报公告数据收集整理。

3.3 中国创业风险投资退出项目的行业分布①

2009 年，中国创业风险投资实现项目退出最多的 10 个行业是：软件产业（18.1%）、传统制造业（12.2%）、其他行业（9.5%）、新材料工业（7.7%）、通信（7.7%）、医药保健（4.5%）、生物科技（4.5%）、光电子与光机电一体化（4.1%）、半导体（3.6%）、IT 服务业（3.6%），10 个行业中实现退出的项目占全部退出项目的 75.5%（见图 3–3）。

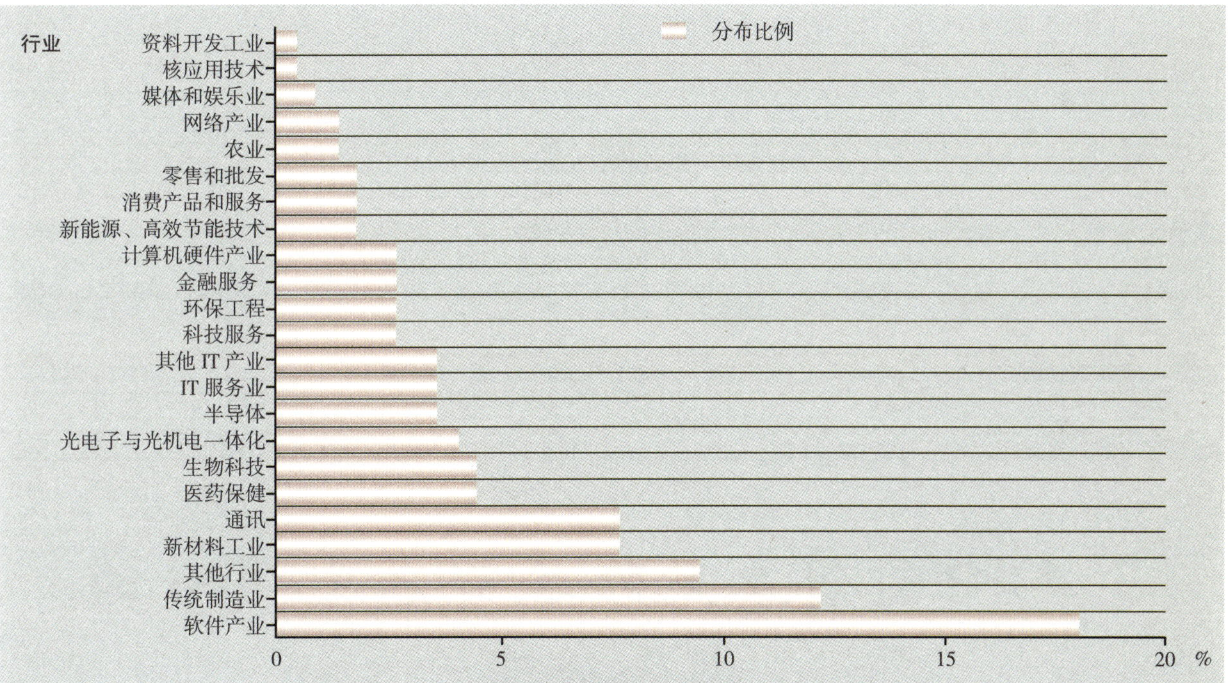

图 3–3 中国创业风险投资的退出项目的行业分布（2009）

通过 2004~2009 年十大退出行业的历史数据可以看出：软件产业与传统制造业依然是风险投资较为集中的两大行业领域，且前五位行业基本上在历年的退出中都占有 5%以上的比例，这表明 2004~2009 年中国创业风险投资退出项目的行业分布具有相对的稳定性，行业集中度较高（见表 3–5）。

2009 年，从单个行业退出项目所占的比例来看，一个明显的变化趋势是：生物科技业、医疗保健业的退出比例较 2008 年有较大下滑，新材料工业与通信业的退出比例有较大幅度提升，这与前两年投资的行业领域高度一致，在一定程度上反映了新一轮 VC 投资方向的转移。

① 有效样本数为 221 份。

表 3-5　　中国创业风险投资的退出项目的行业分布（2004~2009）　　单位：%

年份	2004	2005	2006	2007	2008	2009
IT 服务业	13.6	7.8	1.0	2.4	1.40	3.6
半导体	0.0	0.0	5.9	1.6	2.4	3.6
传统制造业	9.7	12.9	6.9	8.1	13.0	12.2
光电子与光机电一体化	9.7	4.3	3.9	5.6	8.7	4.1
核应用技术	0.0	0.0	1.0	0.8	0.5	0.5
环保工程	0.0	0.0	2.9	1.6	2.9	2.7
计算机硬件产业	0.0	0.0	2.9	0.8	1.0	2.7
金融服务	0.0	0.0	4.9	0.8	2.4	2.7
科技服务	3.9	0.0	2.9	1.6	3.4	2.7
零售和批发	0.0	0.0	0.0	0.0	0.5	1.8
媒体和娱乐业	0.0	0.0	1.0	0.8	0.5	0.9
农业	4.9	0.0	1.0	0.0	2.4	1.4
其他 IT 产业	0.0	4.3	2.9	0.0	4.3	3.6
其他行业	0.0	6.9	16.7	14.5	10.6	9.5
软件产业	16.5	6.0	7.8	27.4	16.9	18.1
生物科技	5.8	9.5	7.8	10.5	9.2	4.5
通讯	3.9	9.5	5.9	0.8	3.9	7.7
网络产业	0.0	0.0	2.0	2.4	1.9	1.4
消费产品和服务	0.0	0.0	2.0	1.6	1.0	1.8
新材料工业	5.8	6.9	10.8	7.3	5.3	7.7
新能源 / 高效节能技术	0.0	0.0	1.0	3.2	1.4	1.8
医药保健	9.7	8.6	7.8	8.1	6.3	4.5
资源开发工业	0.0	0.0	1.0	0.0	0.0	0.5

3.4 中国创业风险投资退出项目的地区分布[①]

2009 年，中国创业风险投资退出项目的地区分布总体上呈现出“东强西弱”的走势格局，东部地区因创业风险投资发展相对成熟，退出环境相对较好，成为风险投资项目退出的主要聚集地。

2009 年，中国创业风险投资退出项目最多的地区仍然是江苏省，占全部退出项目的 26.4%，且比 2008 年有较大幅度的提升。整体上，江苏、广东、浙江等地区在项目退出方面长期处于领先地位，值得一提的是，江苏省在近年来扶持风险投资业的发展方面出台了很多举措，风险投资业发展迅猛，西部地区的陕西省也在营造风险投资退出环境方面取得了一定成效，退出分布比例有较大幅度提升。

2004~2009 年，各年中国创业风险投资退出项目的地区分布前 10 名所占的比例之和分别为：85.7%、77.8%、80.9%、79.2%、86.0%和 86.8%，在一定程度上表明，中国创业风险投资项目退出的“地区聚集”作用非常明显（见表 3-6、图 3-4）。

① 有效样本数为 201 份。

表 3-6　　中国创业风险投资的退出项目的地区分布前 10 名（2004~2009）　　单位：%

2004 年	地区	上海	深圳	北京	浙江	江苏	山东	天津	黑龙江	湖北	广东
	比例	17.3	17.3	10.6	8.7	7.7	5.8	5.8	4.8	4.8	2.9
2005 年	地区	上海	江苏	深圳	山东	北京	海南	湖北	浙江	河北	四川
	比例	18.9	11.5	9.8	6.6	5.7	5.7	5.7	5.7	4.1	4.1
2006 年	地区	广东	江苏	浙江	上海	北京	黑龙江	深圳	陕西	安徽	四川
	比例	16.0	11.7	11.7	9.6	8.5	7.4	6.4	5.3	4.3	4.3
2007 年	地区	江苏	上海	广东	浙江	山东	湖北	安徽	云南	山西	辽宁
	比例	24.2	11.0	9.9	5.5	5.5	5.5	4.4	4.4	4.4	4.4
2008 年	地区	江苏	广东	上海	浙江	山东	安徽	湖南	北京	湖北	四川
	比例	15.9	14.0	13.4	10.8	6.4	6.4	5.7	5.1	4.5	3.8
2009 年	地区	江苏	广东	浙江	北京	陕西	安徽	上海	四川	湖北	天津
	比例	26.4	17.4	10.0	7.5	5.5	5.0	4.5	4.0	3.5	3.0

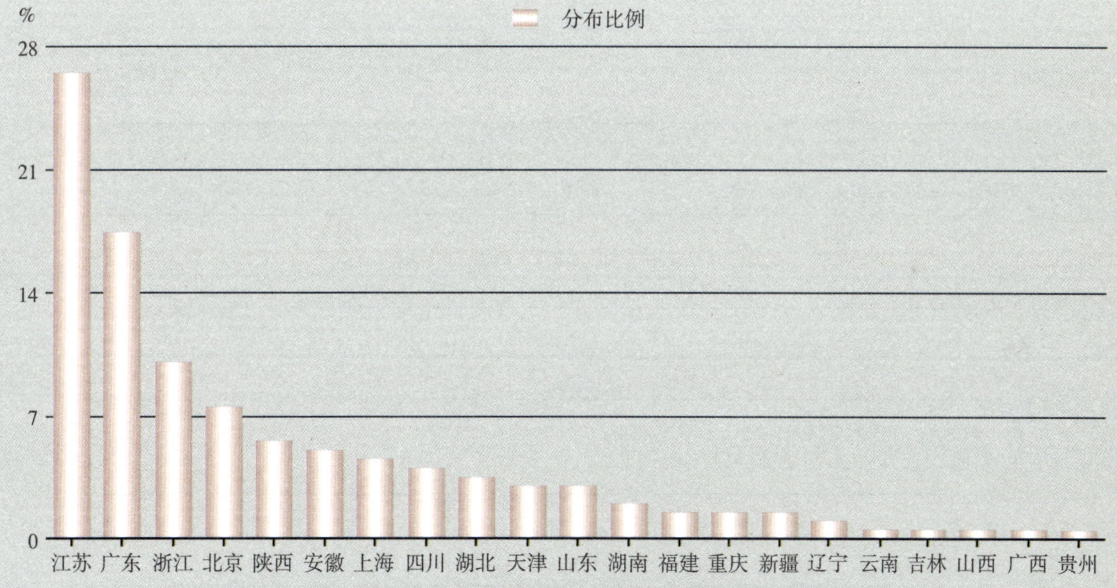

图 3-4　中国创业风险投资的退出项目的地区分布（2009）

3.5 中国创业风险投资项目的退出效果

3.5.1 中国创业风险投资项目退出的总体绩效表现

整体上，我国创业风险投资退出项目的投资收益率呈上升态势，2009 年退出项目的平均收益率达到 144.89%，较 2005~2007 年有大幅增长，但相比 2008 年有较大幅度下滑（见表 3–7、图 3–5）。

表 3–7 中国创业风险投资退出的投资收益率（2005~2009）[①] 单位：%

年份	2005	2006	2007	2008	2009
平均收益率	58.80	56.62	77.12	240.36	144.89

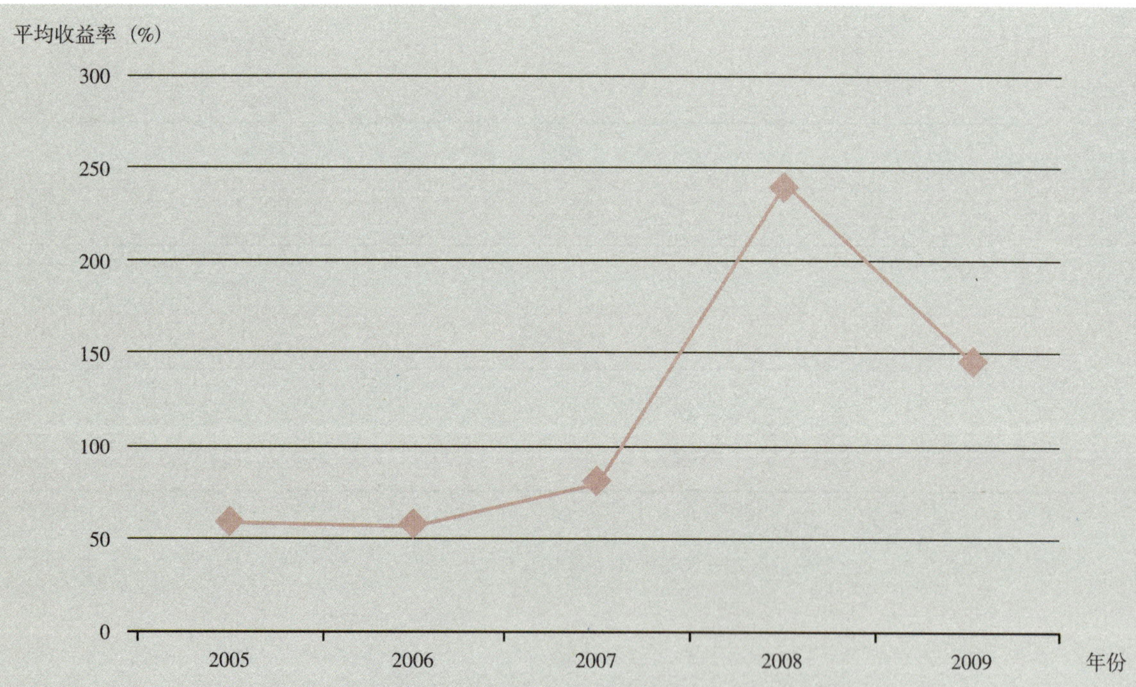

图 3–5 中国创业风险投资退出的平均收益率（2005~2009）

① 有效样本数为 437 份。

退出项目的投资收益分布情况显示，2009 年，中国创业风险投资退出的项目中有 63.0%处于亏损状态，略好于 2008 年，呈现出“成三败七”的特点。其中，收益率占 20%~50%的项目比例明显提高，占 10.6%，但收益率在 100%以上的项目有所减少，占 14.3%（见表 3-8、图 3-6）。

表 3-8 中国创业风险投资退出收益率分布（2004~2009）①

年份 \ 百分比(%) \ 退出收益率(%)	亏损	0~15	15~20	20~50	50~100	100 以上
2004	58.1	2.3	3.5	16.3	8.1	11.6
2005	58.1	4.3	5.4	5.4	8.6	18.3
2006	73.8	6.0	0.0	3.6	2.4	14.2
2007	61.2	9.2	5.1	6.1	8.2	10.2
2008	65.1	3.4	1.4	4.1	8.9	17.1
2009	63.0	4.8	3.2	10.6	4.2	14.3

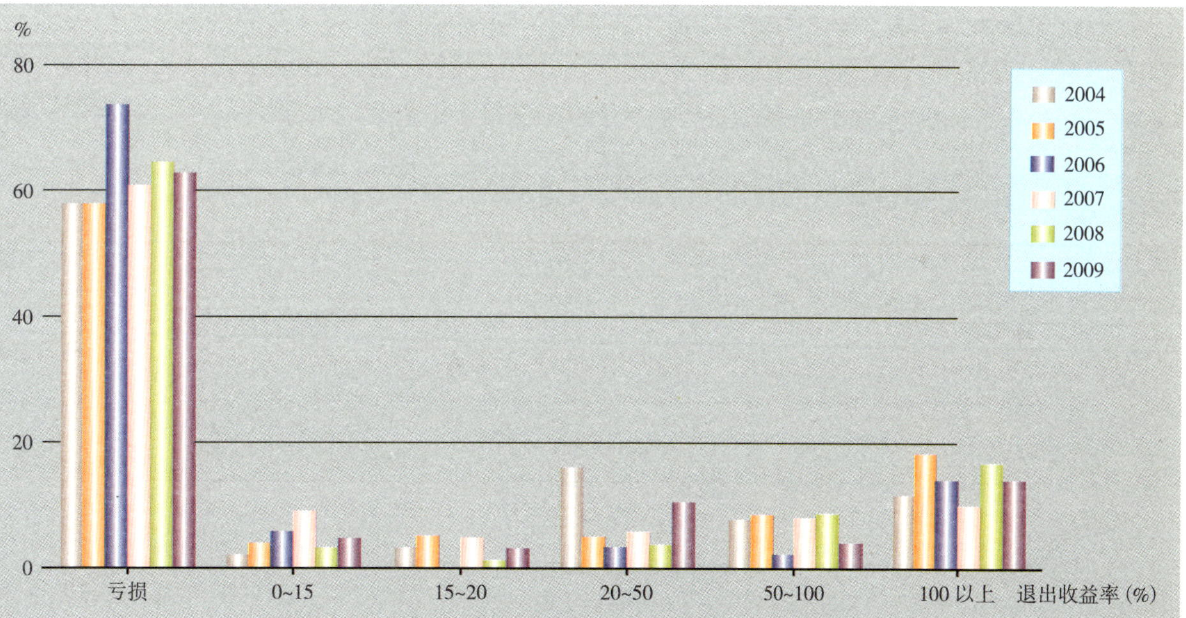

图 3-6 中国创业风险投资退出收益率分布（2004~2009）

① 有效样本数为 189 份。

3.5.2 中国创业风险投资不同退出方式的绩效表现

2009 年，全国创业风险投资调查增加了对不同退出渠道的绩效表现调查分析。整体而言，上市退出的收益最为可观，投资收益约为投资总额的 5 倍，最高实现收益高达 9 倍；收购退出收益居次，约为 20%，由于存在收购企业价值被低估的情况，部分年份收购退出未能获得收益；在大部分情况下，股份回购未能实现收益，投资收入损失在 30%左右；而清算退出投资损失则在 50%左右（见表 3-9、图 3-7）。

从不同退出方式收益情况来看，风险投资业的投资收益主要由少数成功上市退出项目来实现，以弥补多数失败项目的损失。

表 3-9 不同渠道的创业风险投资退出项目收益率情况（2004~2009）

退出渠道 / 百分比（%） / 年份	上市	收购	回购	清算
2004	159.81	9.23	–38.18	–41.03
2005	419.25	–20.56	20.53	–61.40
2006	491.45	27.35	–30.81	–53.63
2007	436.07	–15.37	–26.80	–42.63
2008	916.66	28.35	–41.98	–29.13
2009	627.47	4.74	–29.47	–42.66

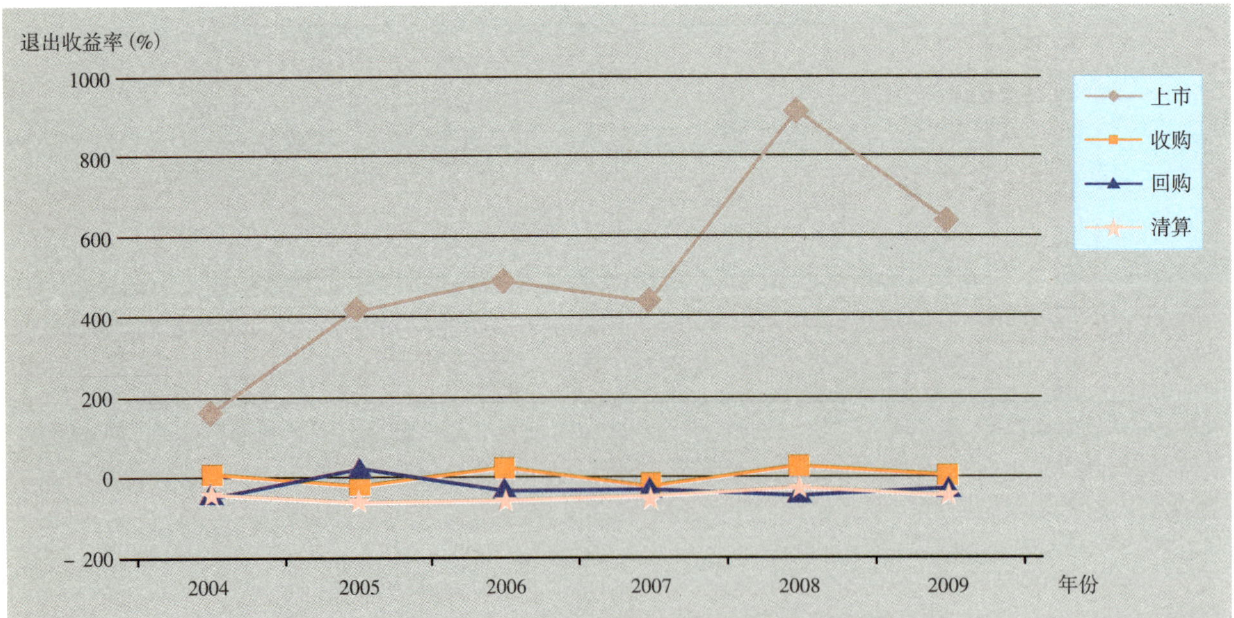

图 3-7 不同渠道的创业风险投资退出项目盈亏情况（2004~2009）

3.5.3 中国创业风险投资不同行业退出的绩效表现

2009 年，比较传统行业与高新技术行业，在亏损退出项目中高新技术行业占 66%，在盈利的项目中高新技术行业占 71%，与前两年无明显差异，体现了“高风险、高收益”的特点（见表 3-10、图 3-8、表 3-11、图 3-9）。

值得关注的是，从 2007 年起，在高新技术行业的退出项目中，盈利比例开始超过亏损比例，这说明，尽管高新技术行业面临着比传统行业更高的风险，但相对获益的可能性更大。

表 3-10　不同行业创业风险投资退出项目盈亏状况—亏损（2004~2009）[①]

年份 / 百分比（%） / 行业	2004	2005	2006	2007	2008	2009
传统行业	20.8	26.0	32.0	32.0	33.0	34.0
高新技术行业	79.2	74.0	68.0	68.0	67.0	66.0

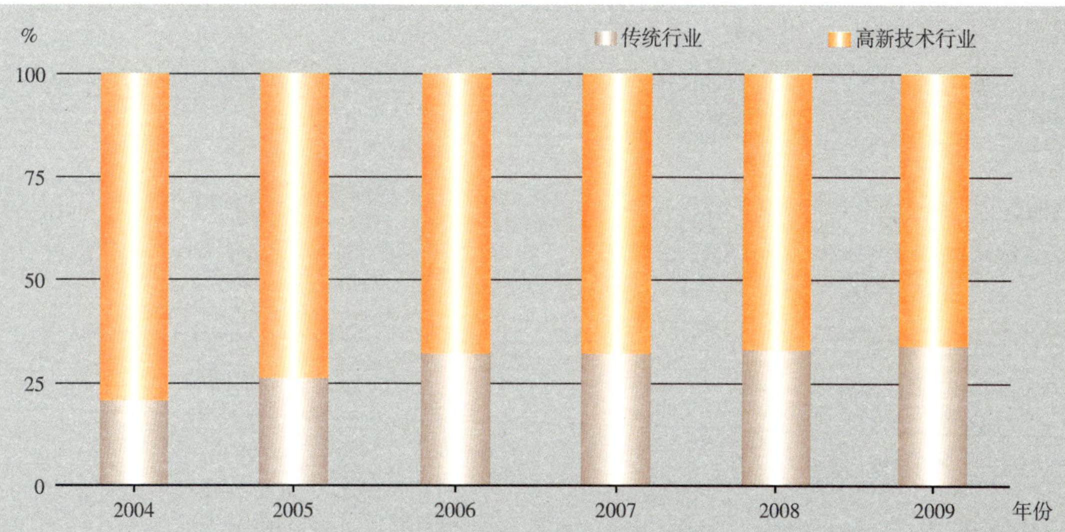

图 3-8　不同行业创业风险投资退出项目盈亏状况—亏损（2004~2009）

表 3-11　不同行业创业风险投资退出项目盈亏状况—盈利（2004~2009）[②]

年份 / 百分比（%） / 行业	2004	2005	2006	2007	2008	2009
传统行业	25.7	30.8	41.0	24.0	24.0	29.0
高新技术行业	74.3	69.2	59.0	76.0	76.0	71.0

①② 高新技术行业样本数：128 份；传统行业样本数：61 份。

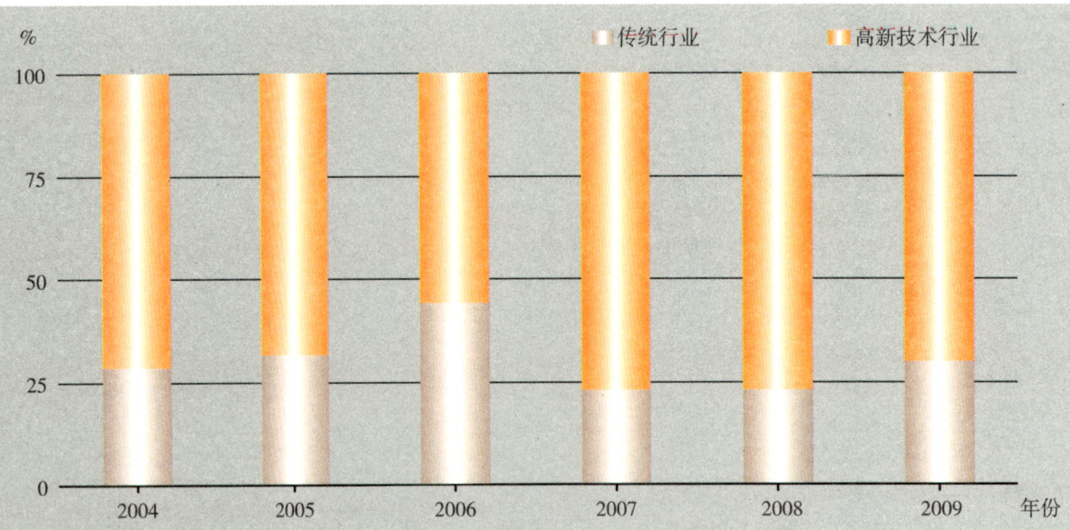

图 3-9 不同行业创业风险投资退出项目盈亏状况—盈利（2004~2009）

4 中国创业风险投资的绩效

4.1 中国创业风险投资机构的收入

4.1.1 中国创业风险投资机构当年收入的最大来源①

据 2009 年统计调查显示（见图 4-1），33.8%的创业风险投资机构以股权收益为最大收入来源，相比 2008 年的 44.0%有所下降；以分红为最大收入来源的创业风险投资机构仅有 17.4%，低于 2008 年的 23.4%；以管理（顾问）费为最大收入来源的创业风险投资机构比例有所增加，达到 20.7%的历史最高水平；以咨询服务收入和其他收入为最大收入来源的风险投资机构占到总样本的 9.1%和 18.9%。

与往年相比（见表 4-1），创业风险投资机构的最大收入来源更趋多元化，虽然股权收益和分红依然是大部分企业的最大收入来源，但将股权收益和分红作为自身的最大收入来源的创业风险投资机构占比有所减少。

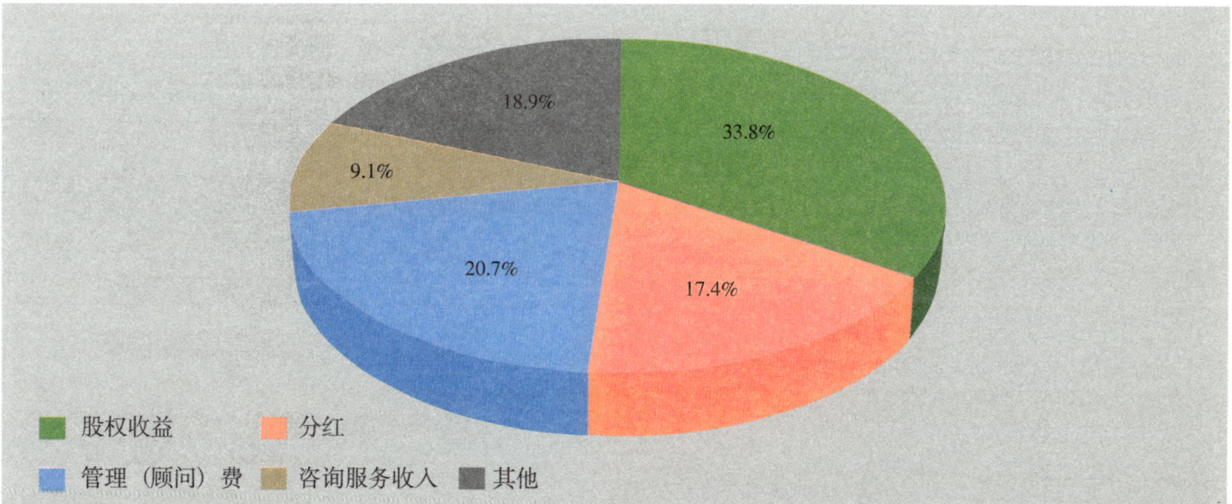

图 4-1 中国创业风险投资机构的最大收入来源（2009）

表 4-1 中国创业风险投资机构的最大收入来源（2006~2009） 单位：%

收入来源	股权收益	分红	管理（顾问）费	咨询服务费	其他
2006 年所占比重	31.5	28.7	5.6	16.1	18.1
2007 年所占比重	42.9	14.9	19.9	11.8	10.6
2008 年所占比重	44.0	23.4	12.0	10.5	10.0
2009 年所占比重	33.8	17.4	20.7	9.1	18.9

① 有效样本数为 396 份。

4.1.2 中国创业风险投资机构的收入来源结构①

2009 年，中国创业风险投资机构的收入来源总数约为 61 亿元，其中分红收入和股权转让增值收入分别占创业风险投资机构收入的 18.2%和 12.7%，其他（管理费、咨询费等）收入占 69.1%，继 2008 年之后再次提高（见图 4-2）。

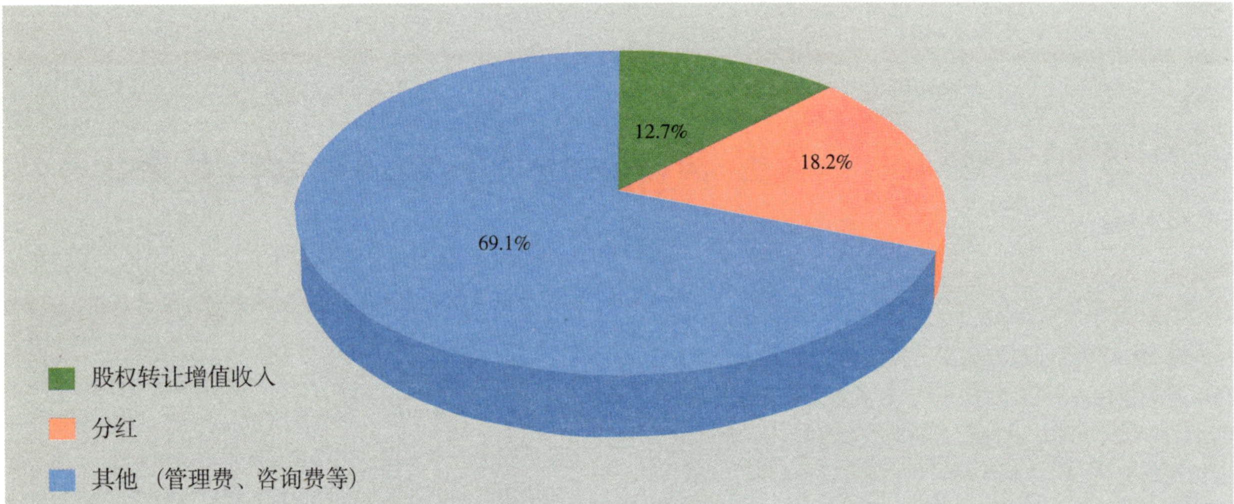

图 4-2 中国创业风险投资机构收入来源比例（2009）

与前期相比（见表 4-2），创业风险投资机构的收入结构中股权转让增值收入所占比例连续下降，同时其他（管理费、咨询费等）逐年上升。虽然较高比例的创业风险投资机构最大收入来源是股权收益和分红，然而这两种来源在收入结构中并不占主要部分。这说明，股权收益和分红在创业风险投资机构业务中的绝对优势地位在降低，即创业风险投资机构的收入的分散程度在提高，更多的创业风险投资机构以管理、咨询服务为主要业务模式。

表 4-2 中国创业风险投资机构收入结构（2006~2009）

项目 / 百分比（%） / 年份	股权转让增值收入	分红	其他（管理费、咨询费等）
2007	20.6	24.5	54.9
2008	17.0	16.5	66.5
2009	12.7	18.2	69.1

4.1.3 中国不同规模创业风险投资机构的收入特征②

按照规模将创业风险投资机构分为五类，统计发现不同规模创业风险投资机构的收入具有以下特点（见表 4-3）：

（1）2009 年，按规模从低到高划分的创业风险投资机构的年平均收入呈现倒 V 形状，其中规模在 1 亿~2 亿元的机构平均收入达到 17038.1 万元，远远高于其他四个组别，同时此类机构收入也占到总体收入的 44.7%。

（2）各年度创业风险投资机构的收入规模分布差异显著。2006 年，规模 5 亿元以上的机构平均收入最多；2007 年，规模 0.5 亿~1 亿元的机构收入最多；2008 年则呈现为 U 形；2009 年规模在 1 亿~2 亿元的中型机构收入最高，最小型机构次之。综合各年情况，可以认为创业风险投资机构的平均收入并不会因其规模大小而有某种必然的趋势。

① 收入来源有效样本数为 321 份，股权转让增值收入有效样本 77 份，分红收入有效样本 130 份，其他收入有效样本 147 份。

② 有效样本数为 531 份。

表 4–3　　中国创业风险投资机构收入的规模分布（2006~2009）

机构规模		5000 万元以下	5000 万 ~ 1 亿元	1 亿 ~ 2 亿元	2 亿 ~ 5 亿元	5 亿元以上
2006	平均收入（万元）	1074.6	1543.8	1218.8	2765.8	4594.1
	占总收入比重（%）	16.1	26.9	15.7	18.4	22.9
2007	平均收入（万元）	412.0	12035.4	1151.4	2566.9	5870.4
	占总收入比重（%）	1.7	72.4	3.3	9.4	13.1
2008	平均收入（万元）	13258.6	1309.8	1040.4	30051.8	5777.1
	占总收入比重（%）	28.9	3.5	2.2	53.9	11.4
2009	平均收入（万元）	9163.5	1090.1	17038.1	4774.5	5021.8
	占总收入比重（%）	26.8	3.5	44.7	13.6	11.4

总结 2009 年情况，对中国创业风险投资机构统计进行分析可发现：

（1）2009 年，中国创业风险投资最大收入来源虽然依然以股权收入和分红为主，但是与企业上市前期密切相关的其他业务，如管理费、咨询费等，占比大幅提高，这反映出中国创业风险投资仍然处于发展初期阶段。

（2）全球金融环境的持续低迷也加深了机构的投资风险，创业风险投资机构在一定程度上为规避风险而改变投资行为，主动开展管理、咨询业务，股权和分红收入所占比例再创新低。

（3）2009 年，规模在 1 亿~2 亿元的创业风险投资机构在行业内获得了最高的平均收入，同时这类机构的收入也占到总体的 44.7%，与往年相比都有了大幅度提高。

4.2 中国创业风险投资机构的总体运行情况评价

4.2.1 中国创业风险投资机构对自身发展状况的评价①

2009 年，统计数据表明，创业风险投资机构对自身发展状况有了较为乐观的评价。从表 4–4、图 4–3 可以看出，2009 年创业风险投资机构对自身发展状况的评价较 2008 年有所改善。2008 年，超过半数机构认为自身状况一般或者不好，而 2009 年半数以上机构认为自身状况较好，而且有 12.1%认为很好，这一比例仅次于资本市场高涨的 2007 年。此外，认为自身发展状况不好的比例也由 2008 年的 7.5%降至 3.9%。

表 4–4　　创业风险投资机构对自身状况的评价（2006~2009）

百分比（%） 整体评价 / 年份	很好	较好	一般	不好
2006	10.0	52.4	34.1	3.5
2007	13.5	56.3	27.1	3.1
2008	7.9	39.8	44.9	7.5
2009	12.1	50.9	33.1	3.9

① 有效样本数为 414 份。

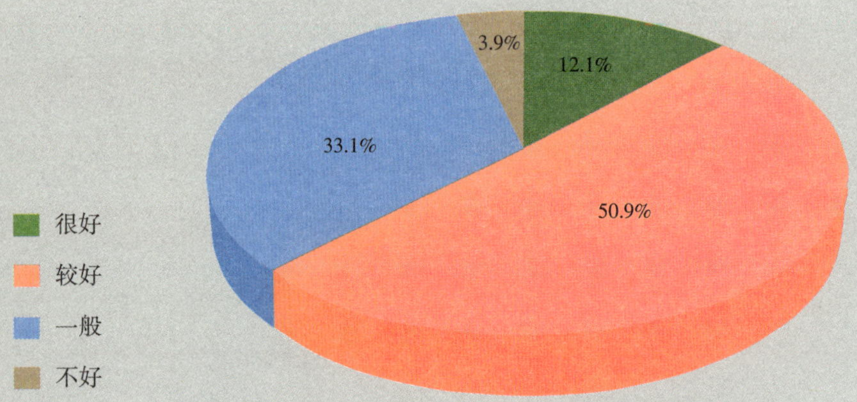

图 4-3 创业风险投资机构对自身发展状况的评价（2009）

4.2.2 中国创业风险投资机构对全行业发展情况的评价①

2009 年，创业风险投资机构全行业发展情况的评价显示，48.8%的机构认为 2009 年中国创业风险投资行业发展情况好，虽然低于 2007 年的水平，但已经远高于上年 21.4%的水平。同时，认为 2009 年行业发展情况差的机构只占到总数的 9.0%，已经接近金融危机前的水平（见表 4-5、图 4-4）。

比较 2007~2009 年的数据，可以清晰地发现金融危机对创业风险投资机构行业发展产生了严重的影响。

表 4-5 中国创业风险投资机构对全行业的整体评价（2006~2009）

整体评价 百分比（%） 年份	好	持平	差
2006	44.8	51.6	3.6
2007	60.0	34.3	5.7
2008	21.4	51.4	27.2
2009	48.8	42.2	9.0

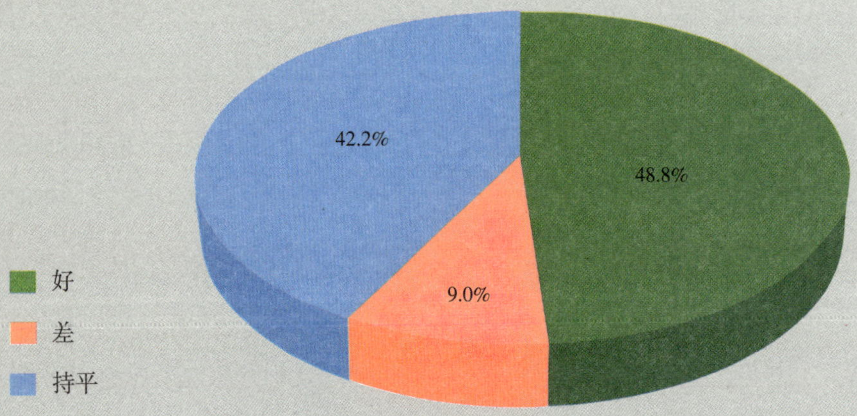

图 4-4 创业风险投资机构对全行业的整体评价（2009）

① 有效样本数为 410 份。

4.2.3 中国创业风险投资机构对 2010 年投资前景的预测①

受经济总体形势向好的影响，2009 年有 51.6%的企业看好 2010 年的投资前景，虽然看好未来投资前景的投资机构比例低于 2008 年的水平，但认为 2010 年可能出现投资衰退的只有 0.7%，远低于 2008 年的水平。

表 4-6 显示，随着整体经济形势的变化，对未来一年投资环境的预期有显著变化。特别是最乐观和最悲观的比例在 2008 年和 2009 年有了非常明显的变化，这一方面源于 2008 年金融危机对创业风险投资机构产生的深层次影响；另一方面，2009 年创业板开启带来的机遇以及对未来中国多层次资本市场日益完善的预期，刺激了创业风险投资机构对未来持有乐观的评价。

表 4-6 创业风险投资机构对未来一年投资前景的预测（2006~2009）

整体评价 百分比（%） 年份	将明显好转	继续处于调整阶段	没有多大改善	可能会衰退
2006	48.6	39.9	11.0	0.5
2007	59.6	33.2	6.7	0.5
2008	24.7	63.5	5.7	6.1
2009	51.6	37.8	9.9	0.7

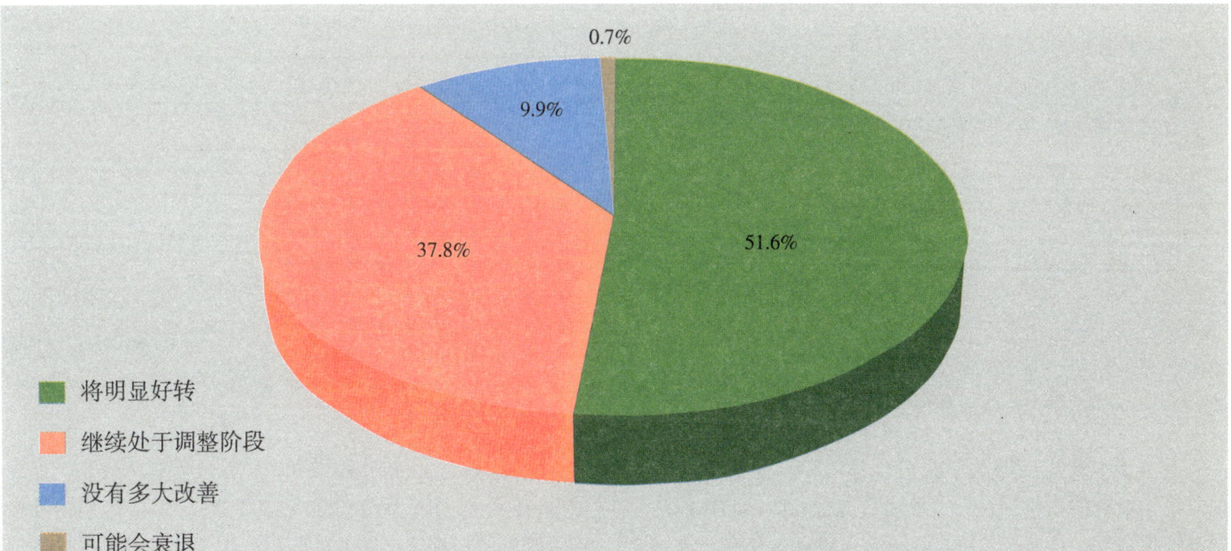

图 4-5 创业风险投资机构对 2010 年创业投资前景的评价

① 有效样本数为 415 份。

4.3 中国创业风险投资项目的总体运行情况

截至 2009 年底，377 家创业风险投资机构投资项目中，已上市和准备上市项目分别占 6.4%和 10.4%，已上市项目包括 4.6%境内上市和 1.8%境外上市。另外，原股东（创业者）回购、管理层收购以及其他机构收购分别占 13.2%、1.0%和 4.9%，另有 3.3%进行了清算，其他的 60.8%均处于继续运行状态（见图 4-6）。

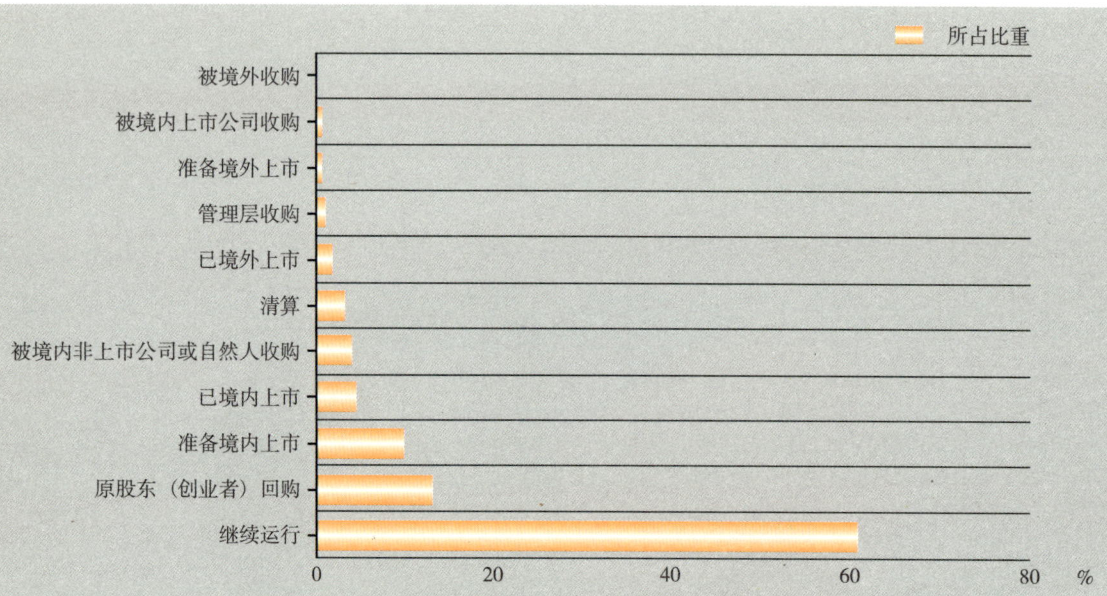

图 4-6 截至 2009 年年底累计被投资项目的总体运行状况

得益于 IPO 重启以及创业板开启，2009 年创业风险投资机构投资的项目中，已上市项目占所有项目的比例达到近年来最高，准备上市的项目占比也处于近年来较高水平。同时，各类收购也有了普遍提高，这说明 2009 年资本市场的活跃。在被收购类别中，被境外收购的比例已经由 2005 年的 1.1%降至 2009 年的 0.3%，是各分项中唯一连续降低的一项，这很可能与国内投资环境相对国外投资环境的改善有关（见表 4-7）。

表 4-7 截至 2009 年底累计被投资项目的总体运行状况（2005~2009） 单位：%

被投资项目运行情况 / 年份	已上市		准备上市		被收购			原股东收购	管理层收购	继续运行	清算
	境内	境外	境内	境外	境内上市公司	境内非上市公司	境外收购				
2005	2.2	2.1	4.6	1.9	1.3	8.5	1.1	5.8	2.1	66.6	3.8
2006	2.5	1.8	4.0	1.2	0.7	6.7	0.7	4.9	1.2	73.4	3.0
2007	3.7	2.0	10.3	0.6	0.7	6.0	0.6	13.0	1.7	59.1	2.2
2008	1.8	1.1	5.1	0.3	0.2	2.9	0.4	6.2	0.6	79.9	1.6
2009①	4.6	1.8	9.9	0.5	0.5	4.0	0.3	13.2	1.0	60.8	3.3

① 有效样本数为 377 份。

4.4 中国创业风险投资项目的收益情况

4.4.1 中国创业风险投资项目的销售收入①

统计表明，2009 年中国创业风险投资项目的销售收入具有以下特征（见表 4-8、图 4-7）：

（1）中国创业风险投资项目的销售收入依旧表现为"两端高"的 U 形分布，其中，销售收入 100 万元以下和 5000 万元以上的项目分别占到 33.9%和 34.9%，其他四类销售收入规模的项目占比均未超过 10%。

（2）销售收入大于 5000 万元的项目比例依然最高，延续了近两年的趋势，但其所占的比例出现 2003 年以来的第二次下降。

（3）销售收入小于 100 万元的项目比例增长较快，达到 2003 年以来的最高点，同时低收入创业风险投资项目比例近年来波动较大。

（4）最低销售收入项目和最高销售收入项目的比例呈现互补特征。2003~2009 年，销售收入 100 万元以下的项目比例下降与销售收入 5000 万元以上的项目比例上升始终同时出现。

（5）虽然其他销售收入规模的创业风险投资项目占比也有变化，但相对最低和最高收入项目来讲相对稳定，而且这四类项目占比也有缓慢下降的趋势。

表 4-8　创业风险投资项目的销售收入分布（2003~2009）

收入规模（万元）/ 百分比（%）/ 年份	100 以下	100~500	500~1000	1000~3000	3000~5000	5000 以上
2003	29.7	14.9	9.7	17.2	5.1	23.4
2004	26.8	11.8	11.0	19.7	6.3	24.4
2005	20.3	17.1	6.5	18.7	6.5	30.9
2006	29.0	16.7	7.4	14.8	4.3	27.8
2007	24.6	11.9	5.2	17.2	5.2	35.8
2008	18.8	12.1	8.1	15.1	5.6	40.3
2009	33.9	9.4	7.1	7.6	7.0	34.9

① 有效样本数为 604 份。

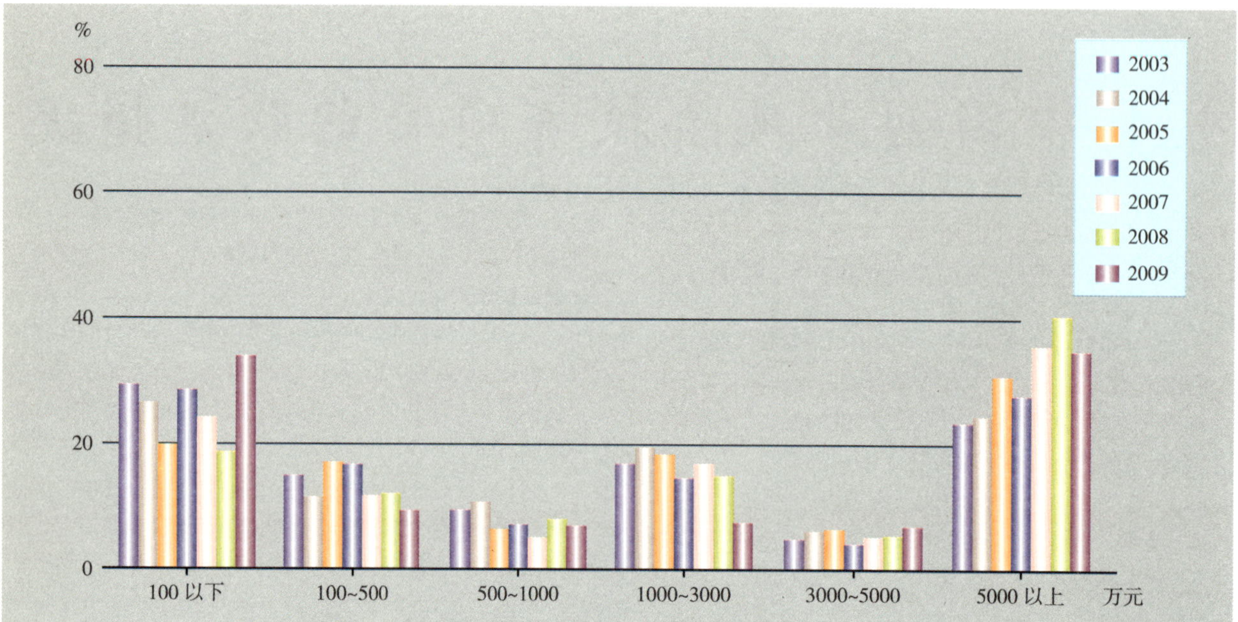

图 4-7 创业风险投资项目的销售收入分布（2003~2009）

4.4.2 中国创业风险投资项目的利润①

2009 年，中国创业风险投资项目的利润分布具有以下主要特征（见表 4-9、图 4-8）：

（1）亏损项目比例大幅上升，达到 38.6%，成为 2004 年以来的最高值。这与很多项目还未能从金融危机的负面影响中走出不无关系。

（2）除亏损项目外，所有项目的利润与销售收入一样呈现“两端高”的 U 形分布，利润小于 100 万元和大于 1000 万元的项目占比分别为 13.3%和 34.6%，其他三类占比均未超过 6%。

（3）与 2008 年相比，除亏损项目外所有盈利项目占比均有不同程度的下降，其中利润大于 1000 万元的项目占比下降幅度较小。整体上，2009 年创业投资项目的运营绩效并不理想。

表 4-9 中国创业风险投资项目的销售收入分布（2003~2009）

利润（万元） 百分比（%） 年份	亏损	0~100	100~300	300~500	500~1000	1000 以上
2004	13.2	36.4	14.1	10.7	7.4	18.2
2005	17.9	35.8	10.5	8.2	9.7	17.9
2006	33.8	23.2	11.9	7.3	7.3	16.6
2007	29.5	18.1	9.8	2.0	6.7	33.9
2008	24.2	17.1	9.9	5.5	7.7	35.5
2009	38.6	13.3	5.9	2.8	4.8	34.6

① 有效样本数为 609 份。

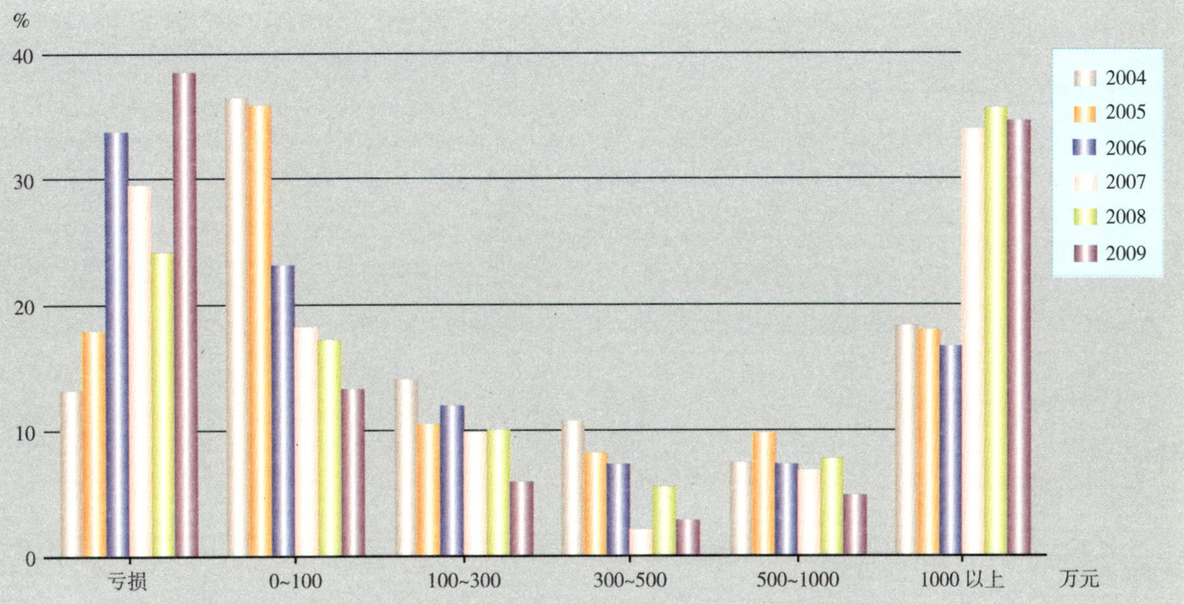

图 4-8 创业风险投资项目的销售利润分布（2004~2009）

4.4.3 中国创业风险投资项目销售收入与利润的关联①

2009 年，销售收入在 100 万~500 万元的创业投资项目的平均利润率由 2008 年的 2.4%降至–13.6%，销售收入在 500 万~1000 万元的创业投资项目平均利润率为 23.8%，是根据销售规模划分的五组创业风险投资项目中平均利润率最高的一组，并且高于上年平均利润率（见图 4-9）。

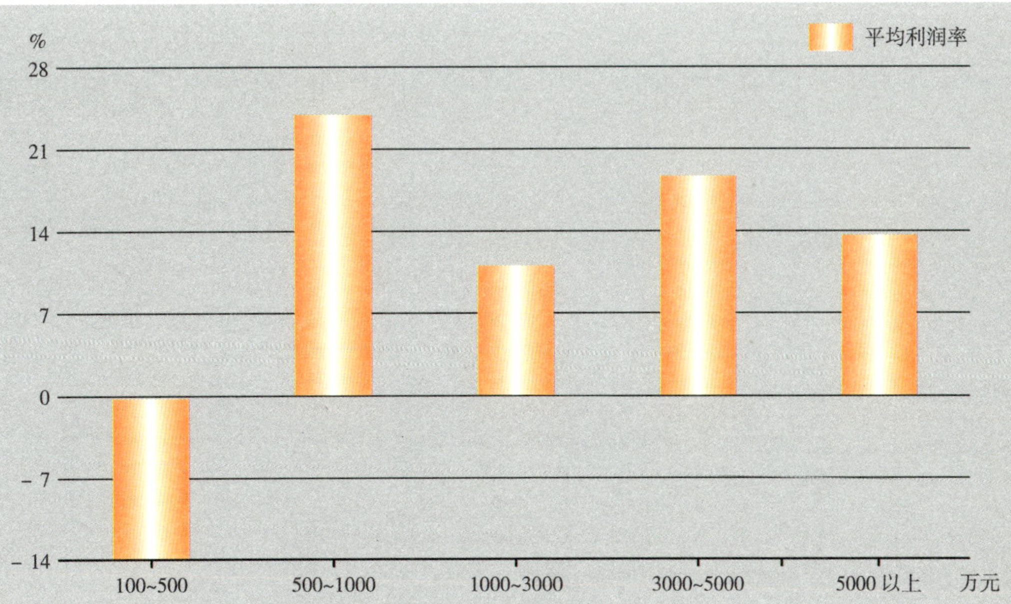

图 4-9 不同销售收入的创业风险投资项目平均利润率（2009）

① 有效样本数为 596 份。

表 4-10 为 2005~2009 年不同销售收入规模创业风险投资项目的平均销售收入和平均利润，从中可以发现以下特点：

（1）规模较小的项目出现亏损的可能更大，其中销售收入 100 万元以下的项目只有 2007 年平均利润为正，销售收入 100 万~500 万元的项目也在 2007 年、2009 年出现负的平均利润，而销售收入在 1000 万元以上的项目平均利润均为正值。

（2）中等销售收入规模的项目与宏观经济环境的关系最密切，销售收入 500 万~5000 万元的项目基本上都在 2007 年实现平均利润最大增幅，随后则分别出现平均利润下降或增速放缓。

（3）2005~2008 年，销售规模在 5000 万元以上的项目平均销售收入和平均利润加速增长，2009 年则出现大幅回落。

表 4-10　不同销售收入的创业风险投资项目的平均销售收入和平均利润（2005~2009）　单位：万元

销售收入（万元）		100 以下	100~500	500~1000	1000~3000	3000~5000	5000 以上
2005 年	平均销售收入	41.2	288.3	883.4	1804.0	4020.4	16837.8
	平均利润	-10.0	32.4	103.2	140.2	468.6	2140.0
2006 年	平均销售收入	20.0	304.0	833.0	1989.0	4075.0	21118.0
	平均利润	-43.0	33.0	-84.0	135.0	534.0	2509.0
2007 年	平均销售收入	11.0	276.0	753.0	1912.0	3925.0	35325.0
	平均利润	18.0	-80.0	168.0	470.0	920.0	3543.0
2008 年	平均销售收入	17.0	318.0	715.0	1792.0	3995.0	116816.0
	平均利润	-118.0	8.0	89.0	502.0	901.0	7427.0
2009 年	平均销售收入①	10.0	270.0	785.0	1986.0	3975.0	51668.0
	平均利润②	-45.0	-37.0	185.0	218.0	743.0	7007.0

① 有效样本数为 604 份。

② 有效样本数为 609 份。

5 中国创业风险投资的经营管理

5.1 中国创业风险投资的项目来源

据 2009 年的统计调查显示①（见图 5-1），中国创业风险投资机构的项目来源渠道与 2008 年相比没有重大变化，其主要特征为：

（1）“政府部门推介”是创业风险投资机构获得项目信息的最主要渠道，其中近三年政府部门推介渠道占所有信息渠道的比例分别为 28.9%、25.7%和 25.9%。

（2）“朋友介绍”、“项目中介机构”、“股东推荐”和“项目业主”四个信息渠道占比接近，且长期占据全部渠道的主体部分，近三年的比重分别为 60.6%、62.9%和 61.6%。

（3）来自“项目业主”的比重逐年递减，已经从 2004 年的 20.7%连续降至 2009 年的 13.0%；同时，来自“朋友介绍”的比重已从 2006 年的 12.9%连续提高至 2009 年的 19.1%，说明大众对创业风险投资行为的认知与参与程度在逐年提高。

（4）“银行介绍”、“媒体宣传”的比重相对较低，2009 年二者比重均较 2008 年有所提高。

（5）“政府部门推介”的主导地位以及“朋友介绍”比重的逐年提高是近年来最明显的特征，分别代表了“公”和“私”对创业风险投资行业的介入，中国的创业风险投资行业已经成为政府和个人都热衷参与和推动的重要经济活动。

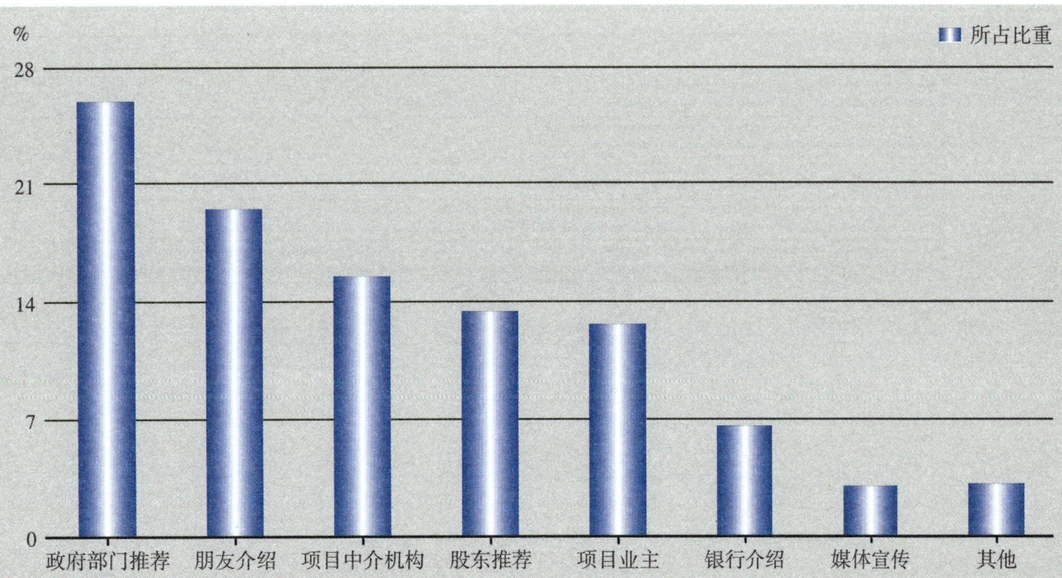

图 5-1 创业风险投资机构获取项目信息的渠道（2009）

① 有效样本数为 426 份。

5.2 中国创业风险投资的决策要素

根据 2009 年的调查显示①，影响中国创业风险投资决策的因素有如下基本特征（见图 5–2）：

（1）在众多因素中，影响中国创业风险投资机构决策的最重要因素依然是“市场前景”和“管理团队”，其中“市场前景”再次超过“管理团队”成为首要的影响因素，二者比重分别为 24.4%和 22.9%。这一方面体现出创业风险投资行业与市场环境息息相关的基本特征，另一方面也说明目前中国创业风险投资行业整体上还没有达到专业化、技术化的高级阶段，当前的投资决策行为更依赖“市场前景”而不是专业化的“管理团队”。

（2）“技术因素”、“盈利模式”和“财务状况”三项影响因素的重要程度比重较接近，分别为 12.4%、12.1%和 10.1%。由于“技术因素”、“盈利模式”和“财务状况”不仅对企业经营效果有重要影响，也是评价企业未来发展前景的重要因素，因此创业风险投资机构对其尤为看重。

（3）“公司治理结构”、“投资地点”、“股权价格”、“资信状况”、“竞争对手情况”以及“中介服务质量”等因素虽然也会对选择被投资企业决策产生影响，但创业风险投资机构对这些因素的重视程度较低。

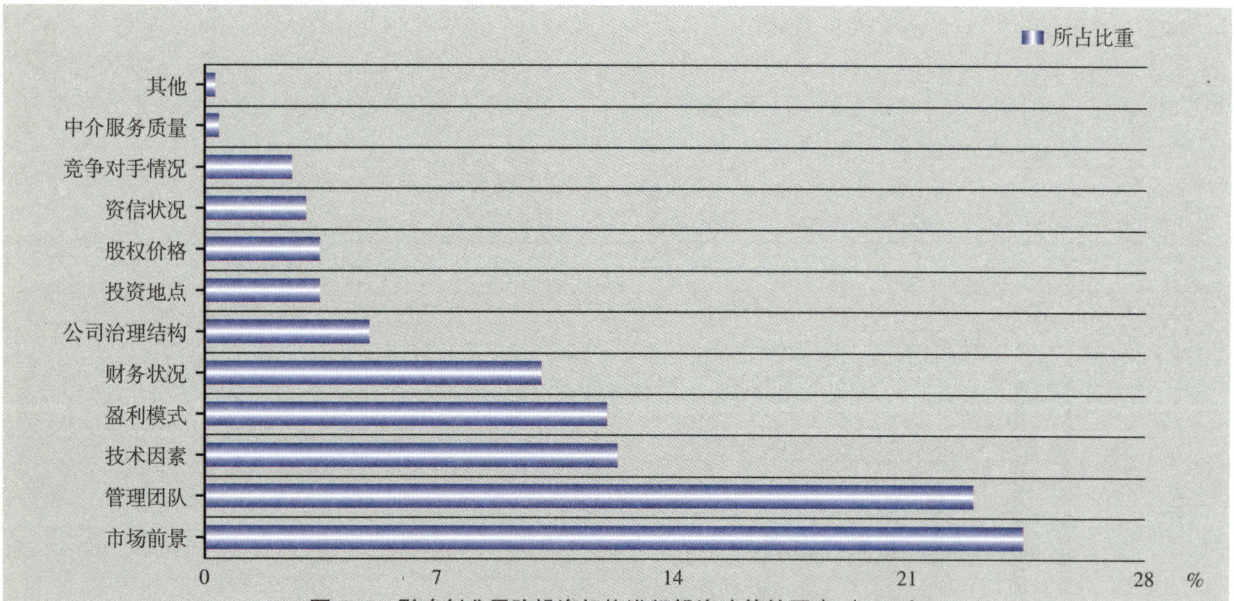

图 5–2 影响创业风险投资机构进行投资决策的因素（2009）

① 有效样本数为 425 份。

5.3 中国创业风险投资对被投资项目的监管方式

2009 年的调查显示①，创业风险投资机构对被投资企业的监管方式主要以“提供管理咨询”和“董事会席位”的方式实施，两种方式的比重分别为 33.3%和 31.2%，其中“提供管理咨询”始终在所有方式中居于首位，加上“财务咨询”以及“只限监管”，说明中国创业风险投资机构在监管被投资企业方面更倾向于间接监管方式（见图 5-3）。

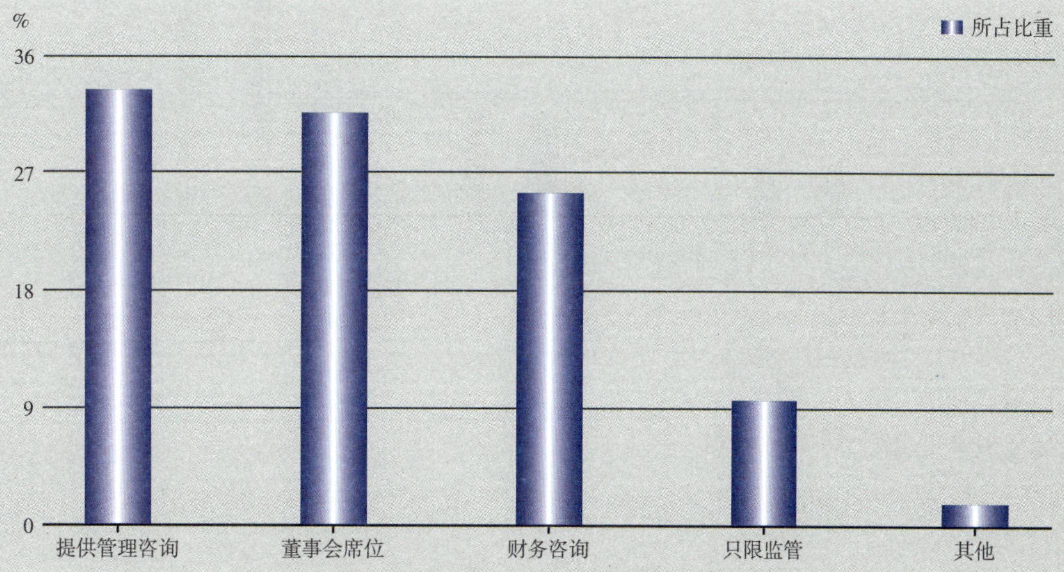

图 5-3 创业风险投资机构对被投资企业的监管方式（2009）

① 有效样本数为 424 份。

从创业风险投资机构的股权参与程度看[1]（见图 5-4），一般参股依然是创业风险投资机构股权参与的主要模式，占到 76.3%，比 2008 年有所下降，但依然高于 2006 年和 2007 年。相应地，绝对控股和相对控股同时有小幅增加，分别达到 7.7%和 16.0%。

从监管方式和股权参与程度来看，中国创业风险投资行业具有不直接参与企业经营、不寻求高比例控股的基本特征。

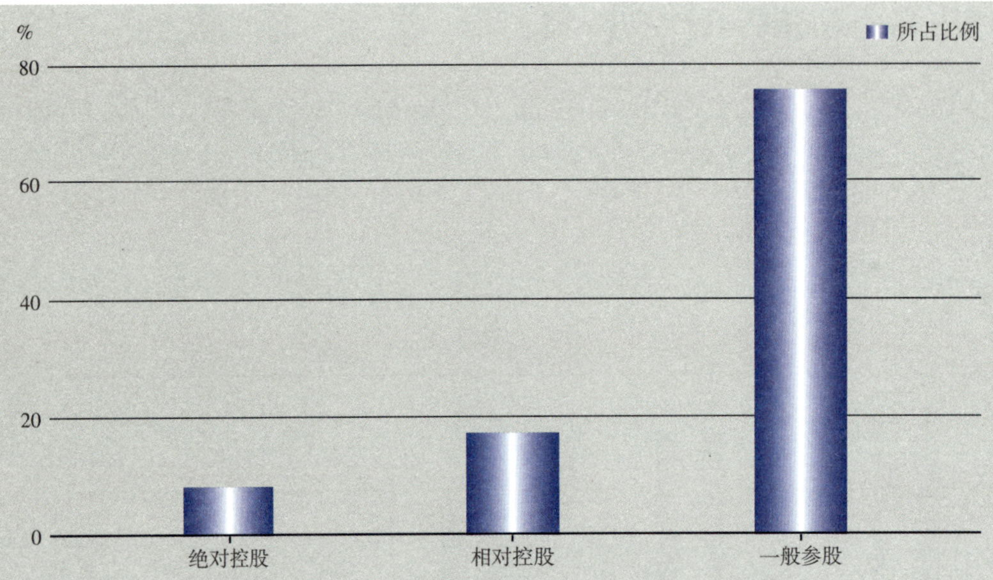

图 5-4 创业风险投资机构的股权参与程度（2009）

① 有效样本数为 953 份。

5.4 与创业风险投资经营管理有关的人力资源因素

2009 年的调查显示[①]，创业风险投资机构最为关心的合格创业风险投资人员的能力和素质具有以下特征（见图 5-5）：

（1）“资本运作能力”和“判断力和洞察力”被认为是最重要的两项能力和素质，比重分别为 22.9%和 21.0%。近三年来，这两项指标始终排在首位，说明创业风险投资机构更加重视项目筛选以及捕捉机会的能力。

（2）创业风险投资人员的“人际关系网络和协调能力”、“商务谈判能力”和“财务管理能力”也为创业风险投资机构所重视，比重均在 15%左右。与上年相比，“财务管理能力”的重要性有下降的趋势。

（3）“技术背景”的重要性再次降低，由 2008 年的 11.3%降至 2009 年的 8.7%，作为专业的创业风险投资人员，其技术背景重要性的降低说明中国创业风险投资行业还处于粗放阶段，创业风险投资机构在选择投资项目时对其所属领域的要求不高，而在管理阶段也没有掌握投资项目相关技术的要求。

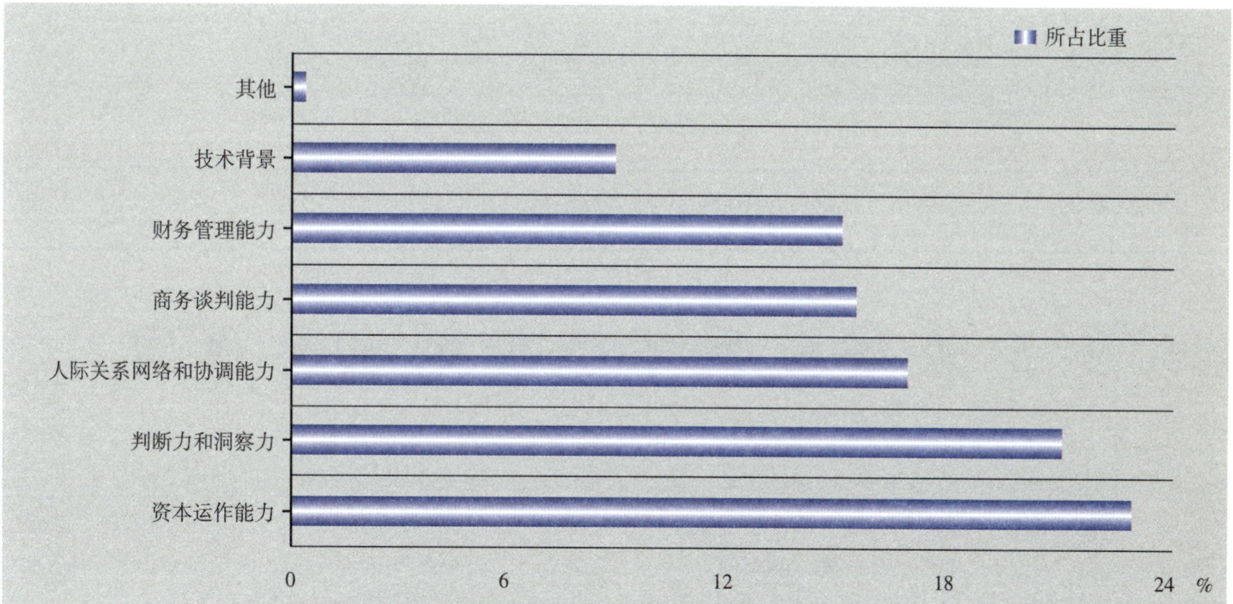

图 5-5 合格的创业风险投资人员应该具备的素质（2009）

① 有效样本数为 427 份。

与创业风险投资人员应该具备的素质相对应的是创业风险投资人员缺乏的素质，2009 年调查显示，最应具备的能力和素质与最缺乏的能力和素质存在一定程度的重叠①（见图 5-6）。“技术评估”和“资本运作”被认为是最缺乏的两项专业知识，二者比重均为 16.8%。同时，“项目识别”、“企业管理”、“技术背景”和“法律知识”也被认为是创业风险投资人员所缺乏的知识，各项缺乏程度依次降低。创业风险投资机构认为“财务管理能力”和“商务谈判能力”是众多创业投资人员素质中相对最不缺乏的。总体上，2009 年与 2008 年相比，创业风险投资机构对创业投资人员专业素质的基本评价没有明显变化。

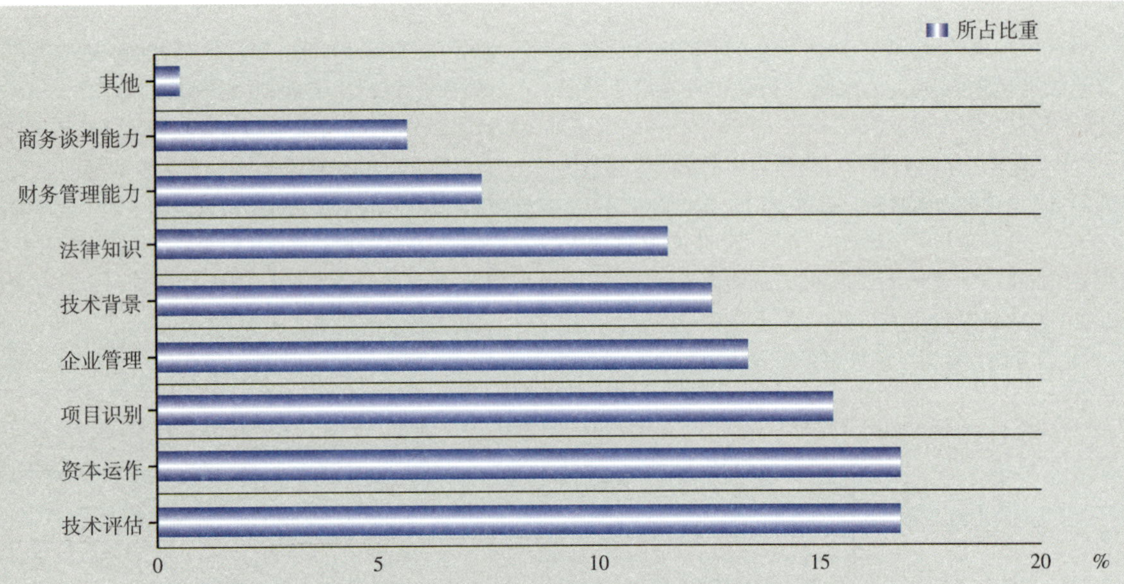

图 5-6 创业风险投资人员缺乏的专业知识（2009）

5.5 投资效果不理想的主要原因

2009 年的调查统计表明②，创业风险投资机构认为投资效果不明显的原因包括以下几个方面（见图 5-7）：

（1）“内部管理水平有限”是创业风险投资机构投资效果不理想的首要原因，占比达到 20.1%，虽然低于往年水平，但是连续排在首位。值得注意的是，中国创业风险投资机构在决策时非常重视被投资企业的“管理团队”，同时创业投资风险机构自身的“内部管理水平有限”被认为是引起投资效果不理想的首要原因。因此，投资项目双方的管理水平对项目效果有较大影响。此外，创业风险投资机构通常以“提供管理咨询”的方式对被投资企业进行监管，因此，提高管理水平是创业风险投资机构亟待解决的重要问题。

（2）“政策环境变化”的影响比重在经历了 2008 年的提高后回落到 2007 年的水平，占比 16.1%。这一方面得益于中国宏观经济的整体趋稳，另一方面也暗示出创业风险投资机构对未来政策预期较为乐观。

（3）“市场竞争”、“技术不成熟”、“退出渠道不畅”、“后续融资不力”以及“缺乏诚信”等因素的占比相对接近，分别为 13.4%、12.8%、12.6%、12.5%和 11.8%。其中“缺乏诚信”的比重已经连续三年降低，在说明被投资企业整体信用状况改善的同时，也暗示了创业风险投资能够为企业带来的长效利益更被投资企业所看重。

①② 有效样本数为 418 份。

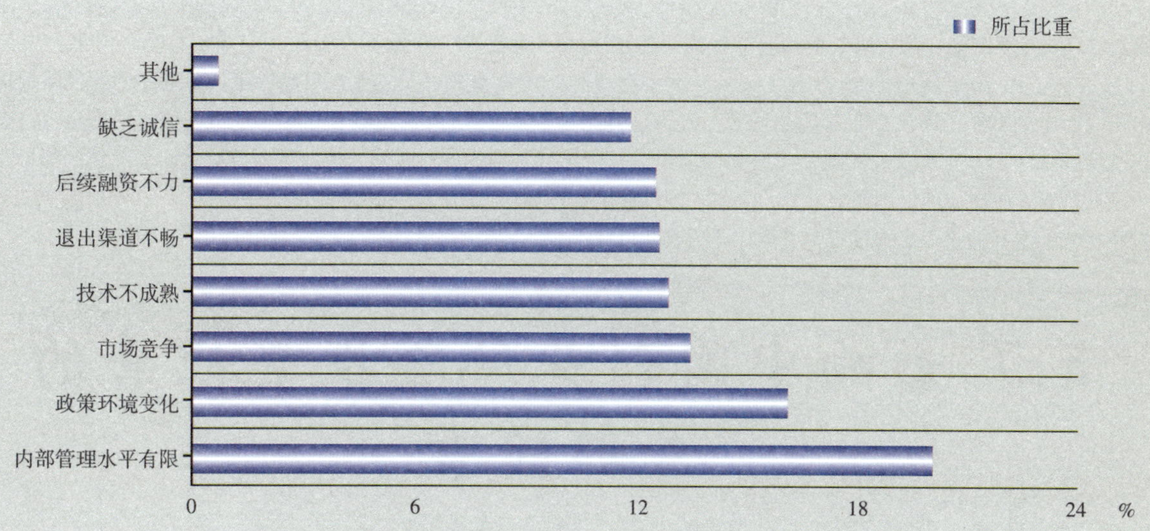

图 5-7 创业风险投资机构投资效果不理想的主要原因（2009）

5.6 中国创业风险投资机构的预期持股时间

2009 年的统计调查表明①，创业风险投资机构预期持股时间最多的是 3~5 年，比例达到 55.4%；其次是 2~3 年和 5 年以上，比例分别为 27.3%和 14.6%（见图 5-8）。

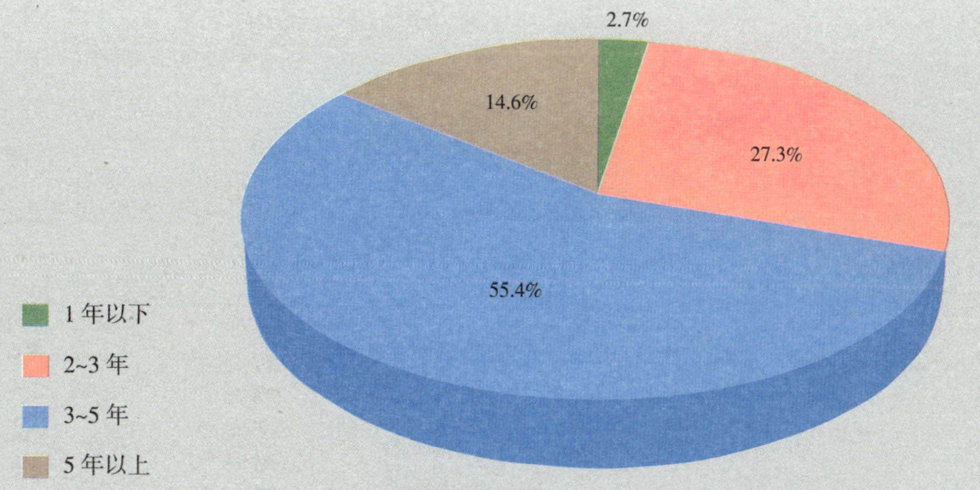

图 5-8 创业风险投资机构对被投资企业的预期持股时间（2009）

① 有效样本数为 411 份。

与往年相比，预期持有 3~5 年的比例有所下降，预期持有 2~3 年的比例有较小幅上升，而预期持有 5 年以上的则明显增加，由 2008 年的 6.1%升至 14.6%，甚至超过 2007 年 12.6%的水平。持有 1 年以下的比例经过连续降低后出现反弹。

预期持有 5 年以上的比例明显上升，表明中国创业风险投资机构在选择被投资机构过程中可能在逐渐改变以往追逐短期收益的特征，开始关注企业的长期收益，创业风险投资行业投资重心正在向前端移动。但另一方面，受 IPO 重启以及创业板启动的正面影响，创业风险投资机构所投资的 Pre-IPO 项目提早上市的可能性提高，这会缩短预期的持股时间，因此预期持有时间 2~3 年的项目比例也略有提升，从 2008 年的 22.9%上升到 2009 年的 27.3%。

5.7 影响中国创业风险投资经营的外部因素

2009 年的统计调查表明①，以下外部因素会影响创业风险投资机构的经营状况（见图 5-9）：

（1）“多层次市场不完善”在影响创业风险投资经营的外部因素中占到 27.9%的比重。虽然该因素依然被认为是最大的外部影响因素，但首次降至 30%以下，这说明“中小企业板”（2004 年）、“中关村非上市高新技术企业股权代办转让系统”（2006 年）、“创业板”（2009 年）等市场的形成在很大程度上有效促进了多层次资本市场的完善，创业风险投资机构对该因素的关注度有所下降。

（2）“缺乏创业投资行业法律法规”、“政策不明朗”也被认为是非常重要的外部影响因素。虽然《科技型中小企业创业投资引导基金管理暂行办法》（2007）、《关于创业投资引导基金规范设立与运作的指导意见》（2008）等法律法规在一定程度上为创业风险投资行业发展提供了法律环境基础，但由于未能建立起系统的法律法规，以及相关的政策还不确定，二者所占的比例分别达到 19.3%和 19.0%，与往年相比变化不明显。

（3）“企业管理水平”、“缺乏好项目”和“创业投资人员的素质低”也是重要的外部影响因素，其比例均在 10%左右。

（4）比较宏观外部因素和微观外部因素发现，创业风险投资机构认为前者成为影响行业发展的主要不利因素。这也说明目前我国创业风险投资行业发展还处于初级阶段，促进行业发展的市场环境还没有真正培育成熟。

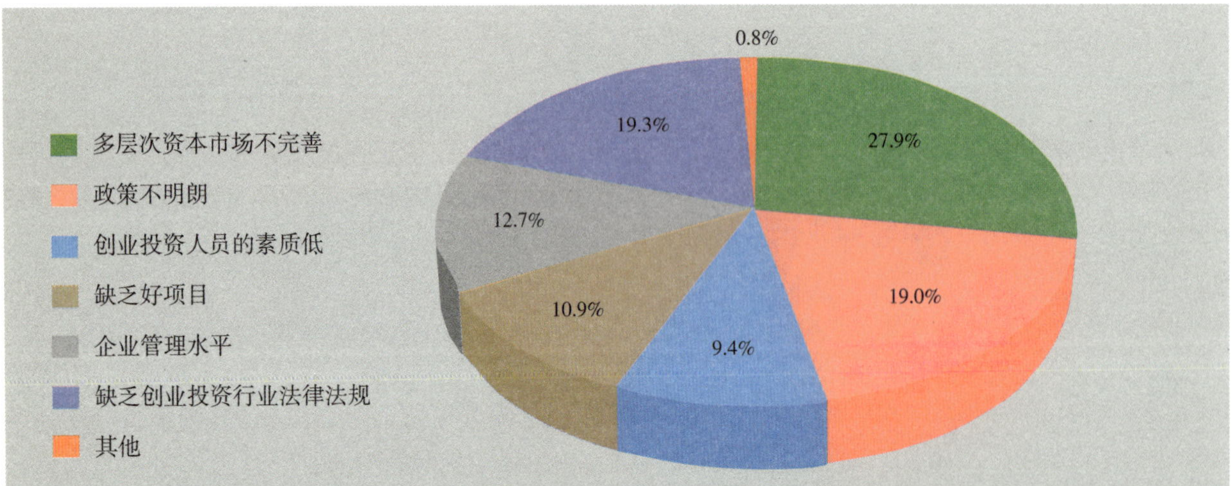

图 5-9 影响创业风险投资发展的主要困难（2009）

① 有效样本数为 414 份。

6 中国创业风险投资区域运行情况

6.1 部分地区的创业风险投资机构数量和管理资本额

2009 年中国部分地区创业风险投资机构数量和管理资本总额情况分别见图 6-1、图 6-2。

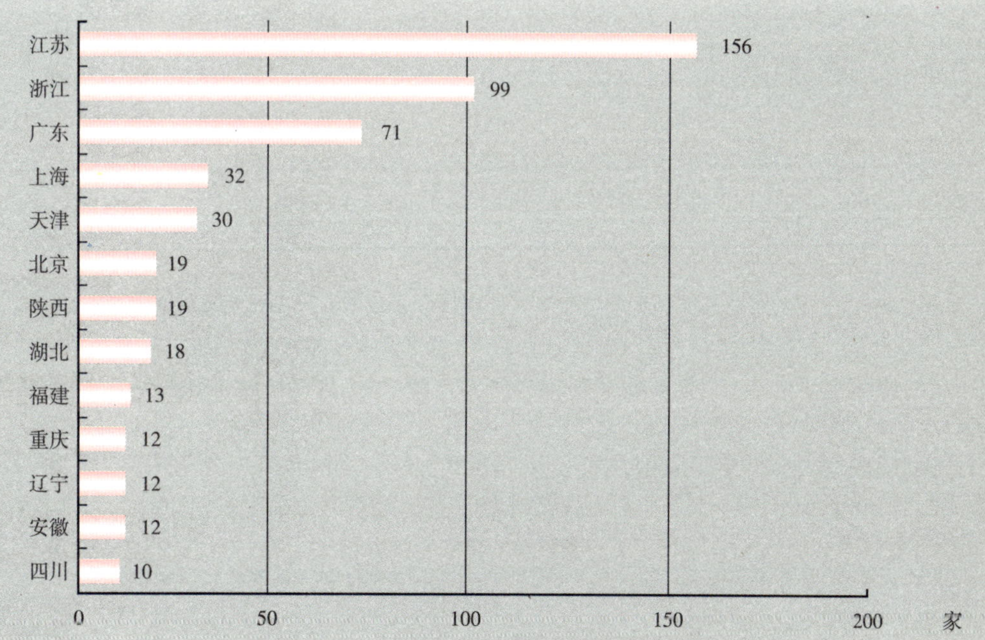

图 6-1 全国部分地区创业风险投资机构数量分布（2009）

从图 6-1 看出，2009 年，全国创业风险投资机构数量排在前三位的地区依次是江苏省、浙江省和广东省，上海和天津也相对较多。与 2008 年相比，机构数量最多的仍然是江苏省，从事创业风险投资的机构数量达到 156 家，比 2008 年增加了 74 家，浙江省的创业风险投资机构数量排名第二位，由 2008 年的 61 家增加到 2009 年的 99 家，广东省则由 2008 年的 53 家增加到 2009 年的 71 家。

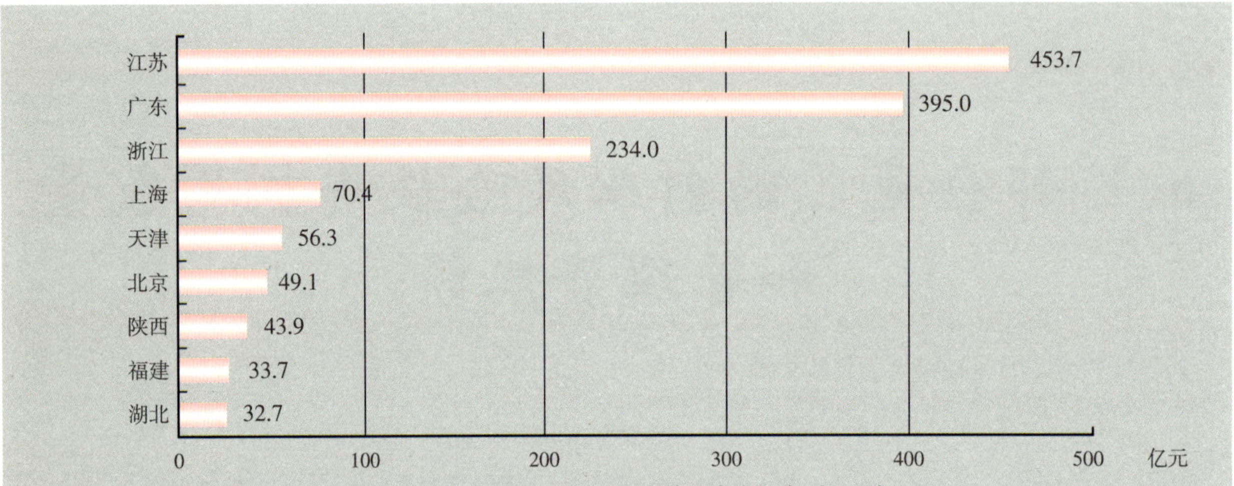

图 6-2 部分地区创业风险投资管理资本分布（2009）

从图 6-2 显示的管理资本分布来看，2009 年，创业风险投资管理资本总额排在前三位的依次是江苏省、广东省和浙江省。与 2008 年相比，2009 年江苏省创业风险投资管理资本总额增加了 100 多亿元，达到 453.7 亿元，资本总量超过广东省。

2009 年，江苏省的创业风险投资业发展迅猛，无论在管理资本规模还是现存机构数目上都位居全国前列，这与江苏省政府、各级地方政府对创业风险投资的重视程度和大力支持密切相关。2008 年底，江苏省政府出台了《关于加快创业投资发展的若干意见》，通过给予启动补贴、设立引导基金、加大税收扶持等，推动创业投资机构进一步扩大，吸引国内外创业投资入住江苏省。其中，设立创业投资引导基金所产生的效果明显。

为鼓励创新创业，江苏省于 2008 年设立创业投资引导基金，其支持方式以对创业投资机构的风险补助为主，创业投资机构在完成投资后，可以申请风险补助，引导资金按照最高不超过创业投资机构实际投资于科技型创业项目金额的 3%给予风险补助，补助金额最高不超过 300 万元。

除此之外，江苏省还抓点上突破，做大做强创投的龙头企业。江苏高科技投资集团作为国内较早的国有创投公司，在全省起到了示范带头作用，建立了覆盖全省的网络，组建了 27 只创投基金，管理资金规模达 60 亿元，累计投资 220 个项目，成为国内管理规模较大、实力较强的本土创投机构之一。

6.2 各地区创业风险投资机构的规模分布

2009年，不同规模的创业风险投资在全国的地区分布见表6-1和图6-3。整体上看，全国各地区的创业风险投资机构以规模为1亿~2亿元的居多，其次是规模为2亿~5亿元的。值得注意的是：广东省和山西省的创业风险投资机构以管理资本规模在5000万元以下和5亿元以上的居多，北京市的创业风险投资机构的管理资本规模都在5000万元以上。

表6-1　　各地区不同规模创业风险投资机构的数量分布（2009）①

金额 百分比 省份　（%）	5000万元以下	5000万~1亿元	1亿~2亿元	2亿~5亿元	5亿元以上
福建	30.0	20.0	10.0	10.0	30.0
四川	50.0	0.0	12.5	25.0	12.5
安徽	22.2	22.2	22.2	33.3	0.0
吉林	25.0	25.0	25.0	25.0	0.0
海南	25.0	0.0	50.0	25.0	0.0
山西	50.0	0.0	0.0	0.0	50.0
湖北	7.1	28.6	21.4	42.9	0.0
广东	24.0	10.0	18.0	18.0	30.0
浙江	31.2	15.6	19.5	20.8	12.9
甘肃	40.0	40.0	20.0	0.0	0.0
宁夏	20.0	40.0	20.0	20.0	0.0
河南	14.3	28.6	42.8	14.3	0.0
辽宁	11.1	11.1	55.6	22.2	0.0
天津	34.8	17.4	17.4	21.7	8.7
山东	14.3	28.6	42.8	0.0	14.3
贵州	100.0	0.0	0.0	0.0	0.0
上海	36.0	12.0	20.0	16.0	16.0
重庆	11.1	22.2	11.1	33.3	22.2
江苏	14.9	19.0	37.2	19.8	9.1
河北	40.0	0.0	20.0	0.0	40.0
新疆	33.3	50.0	0.0	0.0	16.7
陕西	20.0	13.3	40.0	6.7	20.0
北京	0.0	21.4	35.7	28.6	14.3
黑龙江	0.0	16.7	50.0	16.7	16.6
内蒙古	0.0	0.0	100.0	0.0	0.0
湖南	0.0	0.0	50.0	50.0	0.0
广西	0.0	0.0	0.0	0.0	100

① 有效样本数为441份。

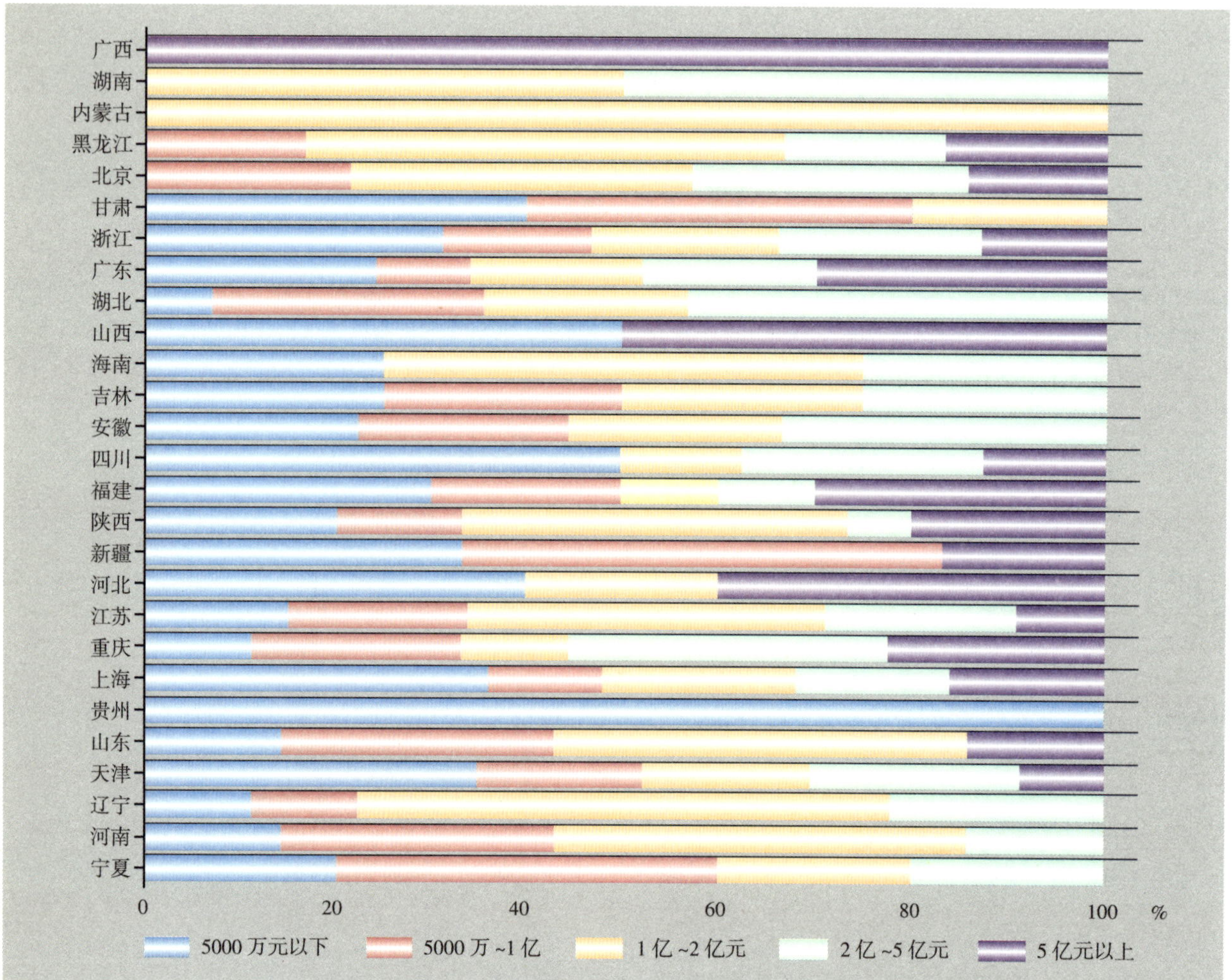

图 6-3 各地区不同规模创业风险投资机构的数量分布（2009）

6.3 各地区创业风险投资机构的资本来源

2009 年，全国各地区创业风险投资机构的资本来源见图 6-4。整体上看，2009 年全国大部分地区创业风险投资机构的资本来源以国有独资投资机构和政府出资为主，仅部分地区以企业出资为主，如北京、广东、浙江、湖北、内蒙古、宁夏等地。

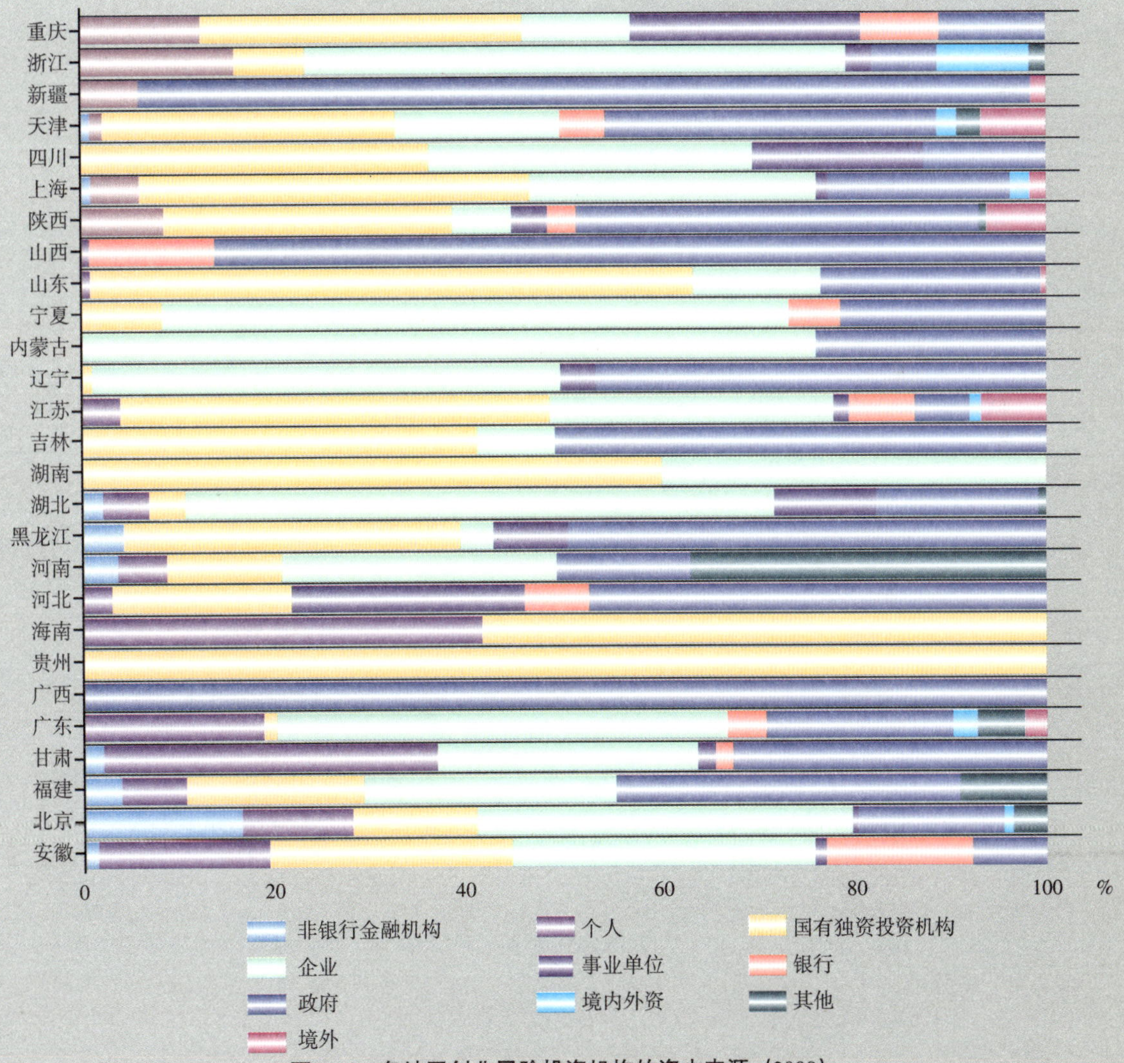

图 6-4　各地区创业风险投资机构的资本来源（2009）

6.4 各地区创业风险投资特征

6.4.1 各地区创业风险投资的投资强度

表 6-2 和图 6-5 显示了 2009 年全国各地创业风险投资的投资强度。表 6-2 显示：2009 年，我国各地区的创业风险投资的投资强度差距较大，最高的青海省达到了 4472 万元，其次广西省达到 4393 万元，最低的吉林省只有 302 万元。

整体上，与 2008 年相比，2009 年各地区创业风险投资机构的投资强度明显提高，投资强度超过 1000 万元的地区有 22 个，占统计地区总数的 78.57%，而 2008 年投资强度在 1000 万元以上的地区仅有 12 个，占总数的 42.86%。

表 6-2　2009 年各地区创业风险投资的投资强度[①]　单位：万元

地　区	项目投资强度
青　海	4472
广　西	4393
海　南	2646
山　东	2557
江　西	2334
内蒙古	2250
陕　西	2191
黑龙江	2133
河　南	2067
湖　南	2014
天　津	1963
辽　宁	1783
浙　江	1678
重　庆	1520
北　京	1494
广　东	1472
福　建	1441
四　川	1413
上　海	1382
安　徽	1271
江　苏	1127
宁　夏	1000
山　西	990
河　北	980
湖　北	946
甘　肃	827
新　疆	667
吉　林	302

① 有效样本数为 967 份。

2009 年全国各地区的创业风险投资的投资强度可以划分为 4 个档次。第一个档次是投资强度在 4000 万元以上的地区，包括青海、广西两地；第二个档次为 2000 万~4000 万元，包括海南、山东、江西、内蒙古、陕西、黑龙江、河南、湖南 8 个地区；第三个档次为 1000 万~2000 万元，包括北京、江苏、广东、上海等 12 个地区；第四个档次在 1000 万元以下，包括山西、新疆等 6 个地区。由此看出，2009 年全国创业风险投资强度最高和最低的地区都属于国内经济不发达地区，而经济发达地区的创业风险投资强度相对集中，投资强度趋于中等规模。

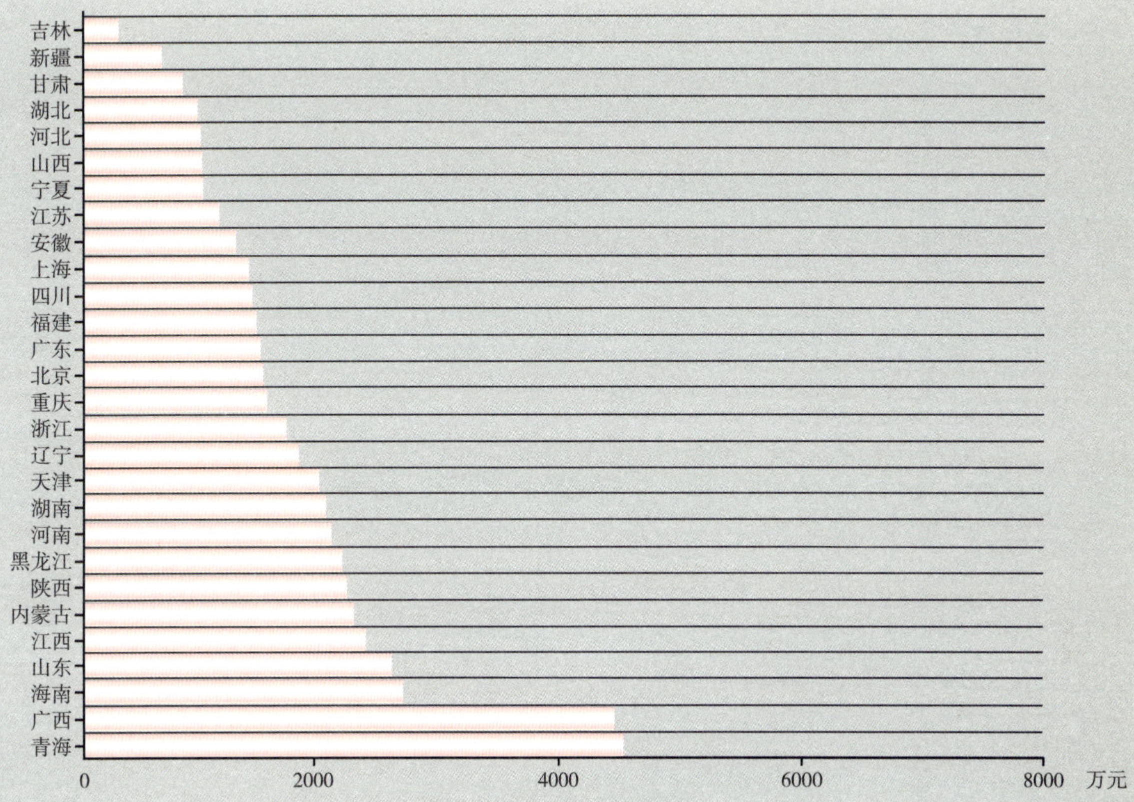

图 6–5 各地区创业风险投资的投资强度（2009）

6.4.2 各地区创业风险投资机构的持股结构

表 6-3 和图 6-6 显示了 2009 年中国创业风险投资机构持股结构的地区分布特征。

表 6-3 各地区创业风险投资机构的持股结构（2009）[①] 单位：%

地 区	持股比例≥50%	持股比例 <50%
重 庆	50.0	50.0
陕 西	38.1	61.9
福 建	33.3	66.7
安 徽	31.6	68.4
河 南	27.8	72.2
黑龙江	25.0	75.0
甘 肃	25.0	75.0
湖 北	24.0	76.0
新 疆	18.2	81.8
北 京	16.1	83.9
广 东	8.5	91.5
四 川	6.7	93.3
天 津	5.9	94.1
江 苏	5.8	94.2
山 东	5.6	94.4
浙 江	4.9	95.1
河 北	0.0	100.0
山 西	0.0	100.0
内蒙古	0.0	100.0
辽 宁	0.0	100.0
吉 林	0.0	100.0
上 海	0.0	100.0
江 西	0.0	100.0
湖 南	0.0	100.0
广 西	0.0	100.0
海 南	0.0	100.0
宁 夏	0.0	100.0

① 有效样本数为 868 份。

从表 6-3 和图 6-6 看出，2009 年我国各地区创业风险投资机构所投资的项目不以控股为主，绝大部分地区投资项目的持股比例在 50%以下。在参与调查的 27 个地区中，有 11 个地区投资项目的持股比例完全在 50%以下；另外 16 个地区，除了重庆市的投资项目持股比例<50%和≥50%的数量持平外，其余地区的地区持股比例≥50%的项目都远远小于持股比例<50%的项目。

与 2008 年相比，2009 年投资项目持股比例≥50% 的地区数目有所增加，比 2008 年增加了 3 个，所占比重也有所提高，达到了 59.26%。

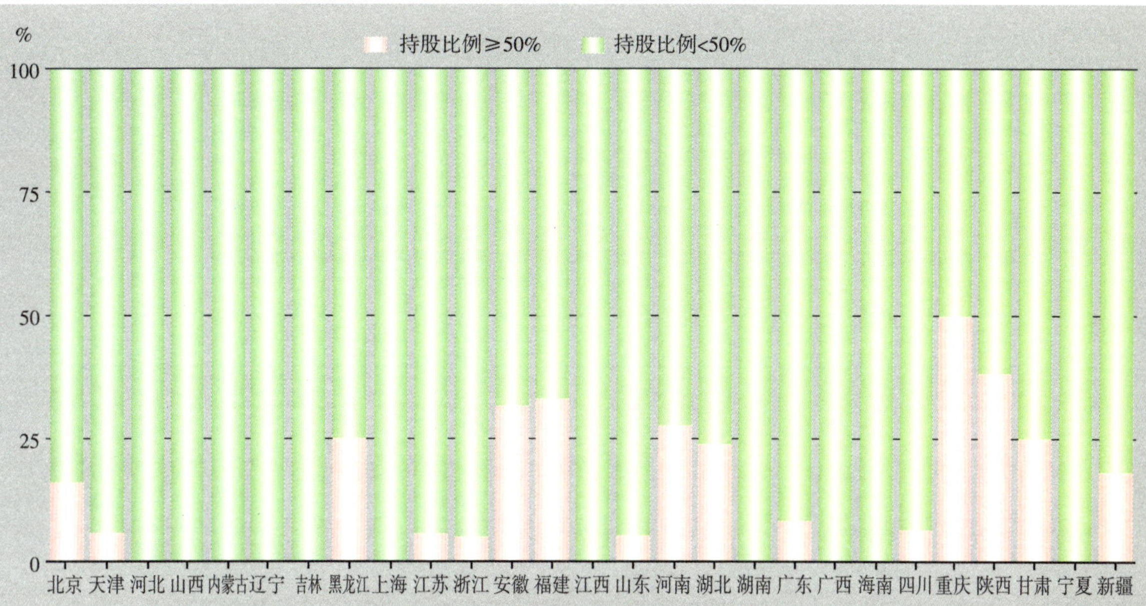

图 6-6 各地区创业风险投资机构的持股结构（2009）

6.4.3 各地区创业风险投资项目的所处阶段

表 6-4 和图 6-7 显示了 2009 年我国各个地区创业风险投资项目的阶段分布。

表 6-4 各地区创业风险投资项目所处的阶段（2009）[①] 单位：%

地区	种子期	起步期	成长（扩张）期	成熟（过渡）期	重建期
安徽	63.2	21.1	15.8	0.0	0.0
甘肃	50.0	0.0	50.0	0.0	0.0
江苏	46.9	18.1	21.0	9.3	4.6
山西	44.4	11.1	22.2	0.0	22.2
天津	33.3	16.7	50.0	0.0	0.0
湖北	28.1	15.6	37.5	15.6	3.1
海南	25.0	33.3	33.3	8.3	0.0
重庆	25.0	0.0	75.0	0.0	0.0
北京	24.7	25.9	39.5	9.9	0.0
上海	23.1	19.2	46.2	7.7	3.8
吉林	22.2	44.4	33.3	0.0	0.0
广东	21.4	14.3	58.2	5.1	1.0
浙江	20.0	23.3	42.2	12.2	2.2
新疆	18.2	27.3	36.4	18.2	0.0
湖南	16.7	8.3	16.7	41.7	16.7
四川	12.5	25.0	50.0	12.5	0.0
陕西	9.1	59.1	27.3	0.0	4.5
山东	8.7	17.4	60.9	13.0	0.0
福建	6.3	12.5	81.3	0.0	0.0
河南	5.3	0.0	57.9	26.3	10.5
河北	0.0	0.0	100.0	0.0	0.0
内蒙古	0.0	33.3	66.7	0.0	0.0
辽宁	0.0	31.8	45.5	4.5	18.2
黑龙江	0.0	100.0	0.0	0.0	0.0
江西	0.0	0.0	100.0	0.0	0.0
广西	0.0	33.3	66.7	0.0	0.0
青海	0.0	0.0	0.0	100.0	0.0
宁夏	0.0	0.0	100.0	0.0	0.0

① 有效样本数为 967 份。

总体上看，2009年我国各地区创业风险投资项目大部分处在成长（扩展）期，其次是起步期和种子期，这种情况与2008年基本相同。但与2008年相比，在种子期阶段投资的地区数量明显增加，由2008年的18个地区增加到20个地区，而且种子期投资项目所占比例明显增加。2009年，安徽省投资于种子期的比例最高，达到了63.2%，甘肃省投资于种子期的比例为50%，而2008年投资于种子期比例最高的山西省仅有46.7%。此外，很多地区投资在初创期（种子期和起步期）的项目比例都超过了50%，如安徽、北京、江苏、天津、吉林、黑龙江等地。与此同时，对成熟期的投资比例为零的地区数量明显增多，达到了14个，占比达50%。以上情况说明，各地区越来越重视对科技型中小企业的培养，投资重心前移。

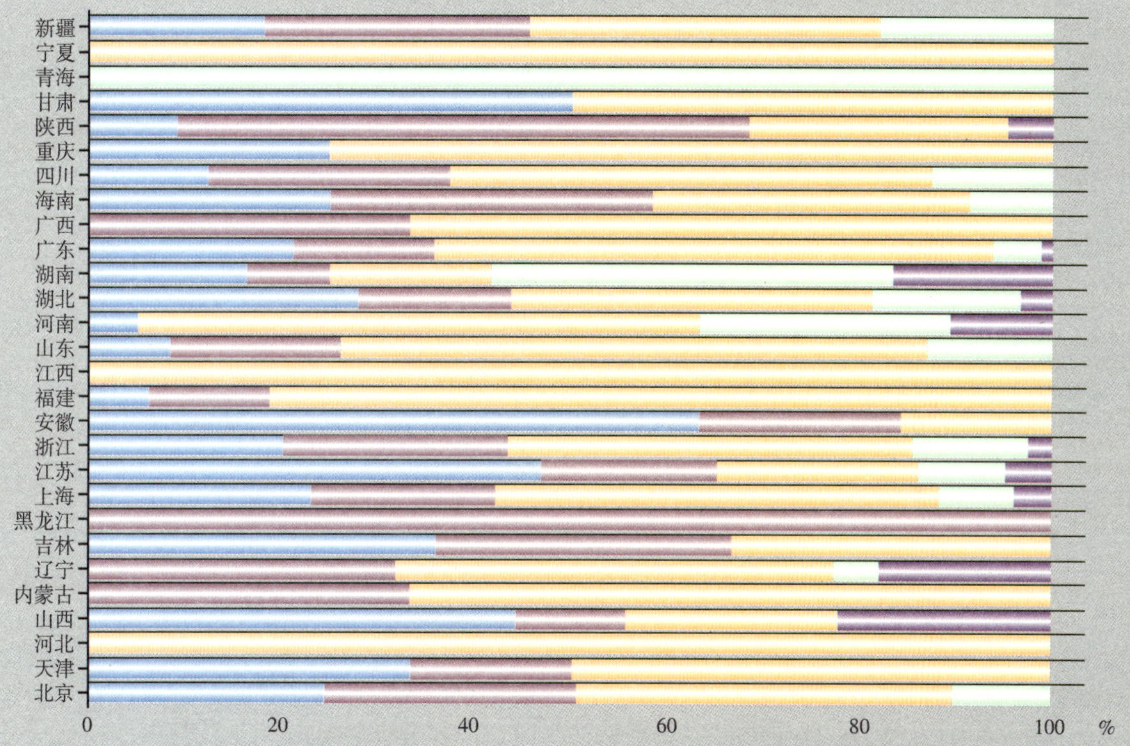

图6-7 各地区创业风险投资项目所处阶段（2009）

6.4.4 部分地区创业风险投资对不同行业的投资

根据 2009 年各地区创业投资项目的数量，分析 2009 年我国创业风险投资较为活跃地区投资项目的行业分布与资金情况（见表 6–5 至表 6–13）。

表 6–5 2009 年北京市创业投资项目的行业分布①

项目数		投资强度	
行业	百分比（%）	行业	行业投资强度（万元）
软件产业	27.2	环保工程	3100.0
其他行业	8.6	其他行业	2458.6
金融服务	7.4	网络产业	2348.0
IT 服务业	6.2	新材料工业	2250.0
通讯	6.2	消费产品和服务	2100.0
其他 IT 产业	6.2	通讯	2014.0
新能源 / 高效节能技术	6.2	传统制造业	1760.0
网络产业	4.9	金融服务	1675.2
医药保健	4.9	新能源 / 高效节能技术	1442.0
科技服务	4.9	其他 IT 产业	1402.3
媒体和娱乐业	3.7	软件产业	1389.5
新材料工业	2.5	医药保健	1300.0
生物科技	2.5	半导体	1195.3
消费产品和服务	2.5	生物科技	1180.0
资源开发工业	2.5	科技服务	806.3
传统制造业	1.2	资源开发工业	575.0
半导体	1.2	IT 服务业	438.0
环保工程	1.2	媒体和娱乐业	213.3

表 6–5 显示了 2009 年北京市创业风险投资的项目行业分布和投资强度。2009 年，北京市创业风险投资项目分布在 18 个行业。其中，软件产业是投资领域最多的行业，占比为 27.2%，金融服务、IT 服务业、通讯、其他 IT 产业、新能源/高效节能技术行业的投资也相对较多，传统制造业、半导体和环保工程领域的投资则相对较少。与 2008 年相比，2009 年北京市创业风险投资的投资行业更为分散，增加了 5 个行业，但投资更为集中，软件行业仍位居榜首，而且比 2008 年占比提高了 11.2%。

从项目的投资强度上看，2009 年北京市各行业之间的投资强度差异明显。投资强度最高的是环保工程，达 3100 万元，最低的是媒体和娱乐业，只有 213.3 万元。与 2008 年相比，北京市各行业之间的投资强度差距有所减少，2008 年北京市投资强度最高的行业达到 1 亿元，最低的仅 126 万元。2009 年，除了软件产业、医药保健行业增长外，其他行业的投资强度都有不同程度的下降，其中投资强度下降幅度较大的行业有金融服务、资源开发业、IT 服务业。

① 有效样本数为 81 份。

表 6-6　2009 年天津市创业投资项目的行业分布①

项目数		投资强度	
行业	百分比（%）	行业	行业投资强度（万元）
传统制造业	38.9	金融服务	4410.7
金融服务	33.3	传统制造业	886.2
光电子与光机电一体化	11.1	其他行业	826.2
其他行业	11.1	光电子与光机电一体化	463.1
新能源 / 高效节能技术	5.6	新能源 / 高效节能技术	92.0

表 6-6 显示了 2009 年天津市创业风险投资项目的行业分布和投资强度。

2009 年，天津市创业风险投资项目分布在 5 个行业，分别是传统制造业、金融服务、光电子与机电一体化、新能源 / 高效节能技术和其他行业，比 2007 年少 3 个。投资比例最多的行业是传统制造业，达到 38.9%，其次是金融服务业，投资占比为 33.3%。从 2007 年起，天津市创业风险投资所投资的行业持续减少，新兴产业领域内的企业较少，可供创业风险投资的土壤有待于进一步培育。

从投资强度上看，2009 年天津市创业风险投资的行业投资强度最高的是金融服务业，达到了 4410.7 万元，比 2008 年增加了 3000 万元；最低的新能源/高效节能技术只有 92 万元，但比 2008 年提高了 46 万元，提高幅度达 100%；传统制造业比 2008 年下降幅度较大，减少了约 1700 万元。

表 6-7　2009 年上海市创业风险投资项目的行业分布②

项目数		投资强度	
行业	百分比（%）	行业	行业投资强度（万元）
其他行业	23.1	医药保健	6000.0
软件产业	15.4	传统制造业	3250.0
半导体	11.5	零售和批发	2820.0
消费产品和服务	7.7	IT 服务业	1825.0
IT 服务业	7.7	生物科技	1600.0
媒体和娱乐业	7.7	网络产业	1500.0
通讯	3.8	其他行业	1124.6
传统制造业	3.8	软件产业	1052.5
医药保健	3.8	媒体和娱乐业	861.0
网络产业	3.8	新能源 / 高效节能技术	800.0
生物科技	3.8	半导体	789.3
新能源 / 高效节能技术	3.8	消费产品和服务	500.0
零售和批发	3.8	通讯	252.0

表 6-7 显示了 2009 年上海市创业风险投资项目的行业分布。2009 年，上海市创业风险投资分布在 13 个行业，比 2007 年减少了 2 个行业。投资比例较多的行业为其他行业、软件产业、半导体，而在通讯、医药保健、网络产业、生物科技、新能源/高效节能技术行业的投资相对较少。与 2008 年相比，软件产业的投资比例增长较大，达到 15.4%，比 2008 年增加 6%；而 2008 年投资较多的传统制造业，在 2009 年的投资占比只有 3.8%，占比下降幅度较大。

2009 年，上海市创业风险投资的行业投资强度差距较大，其中，投资强度最高的医药保健，达到了 6000 万元，其次是传统制造业 3250 万元，最小的通讯行业则只有 252 万元。与 2008 年相比，2009 年上海市创业风险投资的行业投资强度的最高值和最低值都比 2008 年有所提高。最高的医药保健业比 2008 年的其他行业增幅超过了 1500 万元，最低的通讯业比 2008 年的医药保健提高了 162 万元。

① 有效样本数为 18 份。
② 有效样本数为 28 份。

表 6-8 2009 年广东省创业风险投资项目的行业分布[①]

项目数		投资强度	
行业	百分比（%）	行业	投资强度（万元）
金融服务	10.2	金融服务	3839.0
软件产业	10.2	新材料工业	2262.5
生物科技	9.2	媒体和娱乐业	1976.7
通讯	9.2	医药保健	1928.0
其他行业	8.2	光电子与光机电一体化	1851.2
新材料工业	8.2	农业	1831.7
光电子与光机电一体化	6.1	消费产品和服务	1536.3
新能源 / 高效节能技术	5.1	软件产业	1509.3
医药保健	5.1	网络产业	1310.0
消费产品和服务	5.1	零售和批发	1000.0
环保工程	4.1	传统制造业	933.3
农业	3.1	新能源 / 高效节能技术	895.0
科技服务	3.1	环保工程	735.0
其他 IT 产业	3.1	通讯	693.9
传统制造业	3.1	其他 IT 产业	673.3
媒体和娱乐业	3.1	生物科技	576.9
网络产业	2.0	其他行业	568.1
零售和批发	1.0	IT 服务业	500.0
IT 服务业	1.0	科技服务	166.7

从表 6-8 看出，2009 年广东省创业风险投资项目分布在 19 个行业，比 2008 年投资行业增加 2 个。其中，投资领域最多的是金融服务和软件产业，其次是生物科技、通讯、其他行业、新材料工业，而零售和批发及 IT 服务业的投资比例最少。从整体上看，广东省创业风险投资在 2009 年最关注的行业都是高新技术领域。与 2008 年相比，广东省创业风险投资在 2009 年的投资领域更为分散，2008 年投资行业占比最高的达到了 14.3%，而 2009 年只有 10.2%。

从投资强度上看，2009 年广东省创业风险投资的投资强度区间有所扩大，最高的金融服务达到了 3839 万元，最低的科技服务仅有 166.7 万元；而 2008 年最高的是 3666.5 万元，最低的是 421.6 万元。2009 年下降幅度较大的行业有网络产业、消费产品和服务、新能源/高效节能技术、科技服务、传统制造业、IT 服务业；投资强度提高较大的行业有金融服务业、新材料工业、媒体和娱乐业、光电子与光机电一体化、环保工程、通讯业；与 2008 年持平的是医药保健业、软件产业。

① 有效样本数为 98 份。

表 6–9　　2009 年江苏省创业风险投资项目的行业分布[①]

项目数		投资强度	
行业	百分比（%）	行业	投资强度（万元）
软件产业	15.2	金融服务业	4919.1
其他行业	10.8	媒体和娱乐业	2475.0
新材料工业	8.8	传统制造业	1713.7
传统制造业	8.1	农业	1400.0
光电子与光机电一体化	8.1	其他行业	1223.3
生物科技	7.1	新材料工业	1172.6
半导体	6.8	软件产业	1134.1
新能源 / 高效节能技术	6.4	新能源 / 高效节能技术	1103.5
医药保健	5.9	科技服务	922.6
其他 IT 产业	5.6	消费产品和服务	844.2
金融服务	4.9	光电子与光机电一体化	742.2
IT 服务业	2.9	通讯	685.3
通讯	2.2	其他 IT 产业	622.8
科技服务	2.2	半导体	538.9
消费产品和服务	1.2	网络产业	510.0
媒体和娱乐业	1.0	生物科技	420.2
资源开发工业	1.0	IT 服务业	397.1
环保工程	1.0	资源开发工业	310.0
网络产业	0.7	环保工程	281.0
农业	0.2	医药保健	264.3

从表 6–9 看出，2009 年江苏省创业风险投资分布在 21 个行业中，行业总数比 2008 年多 1 个，主要分布在软件产业、其他行业、新材料工业、传统制造业、光电子与光机电一体化、生物科技、半导体、新能源/高效节能技术等 8 个行业；而在媒体和娱乐业、资源开发工业、环保工程、网络产业、农业等行业的投资较少。与 2008 年比较，2009 年江苏省创业风险投资的行业分布更为均匀。

从投资强度上看，2009 年江苏省创业风险投资在金融服务业的投资强度最高，达 4919.1 万元；其次是媒体和娱乐业，达到 2475 万元；排在第三位的是传统制造业，达到 1713.7 万元；最低的是医药保健，仅有 264.3 万元。与 2008 年相比，投资强度下降的行业居多。除了金融服务、媒体和娱乐业、通讯、软件产业投资强度提高幅度较大外，IT 服务业、消费产品和服务、网络产业、生物科技、环保工程、半导体、资源开发行业的投资强度下降幅度都较大。

① 有效样本数为 409 份。

表 6-10 2009 年浙江省创业风险投资项目的行业分布①

项目数		投资强度	
行业	百分比（%）	行业	投资强度（万元）
消费产品和服务	13.3	光电子与光机电一体化	7250.0
软件产业	13.3	新能源 / 高效节能技术	4616.7
传统制造业	12.2	媒体和娱乐业	3251.0
网络产业	8.9	新材料工业	2325.0
其他行业	7.8	环保工程	2300.0
IT 服务业	6.7	传统制造业	2269.6
新能源 / 高效节能技术	6.7	消费产品和服务	1694.8
科技服务	5.6	其他 IT 产业	1600.0
农业	3.3	农业	1483.3
医药保健	3.3	金融服务	1450.0
新材料工业	2.2	零售和批发	1200.0
媒体和娱乐业	2.2	软件产业	1181.5
其他 IT 产业	2.2	科技服务	1014.0
金融服务	2.2	其他行业	987.1
通讯	2.2	IT 服务业	691.7
光电子与光机电一体化	2.2	半导体	600.0
环保工程	2.2	网络产业	500.0
生物科技	1.1	生物科技	450.0
零售和批发	1.1	通讯	200.0
半导体	1.1	医药保健	96.7

表 6-10 显示了 2009 年浙江省创业风险投资项目的行业分布。2009 年，浙江省的创业风险投资分布在 20 个行业，比 2008 年多 2 个；主要分布在消费产品和服务、软件产业、传统制造业、网络产业、其他行业、IT 服务业、新能源/高效节能技术等 7 个行业，占比之和为 68.9%。与 2008 年相比，消费产品和服务一跃成为 2009 年浙江省投资最多的行业之一，软件产业投资占比虽然比 2008 年有所下降，但仍是 2009 年投资最多的行业之一。此外，传统制造业和网络产业的投资比例也有所提高。相比之下，新材料工业、光电子与光机电一体化的投资比例下降幅度较大。

对投资强度而言，2009 年浙江省创业风险投资不同行业的投资强度差距较大。投资强度最高的是光电子与光机电一体化，达到 7250 万元，排在第二位的新能源/高效节能技术也有 4616.7 万元，最低的医药保健行业则只有 96.7 万元。与 2008 年比较，2009 年浙江省创业风险投资的行业投资强度整体上有所提高，新能源/高效节能技术、光电子与光机电一体化、新材料工业、环保工程等行业的投资强度提高幅度非常明显。可以说，2009 年浙江省的创业风险投资对于所投资行业的资金支持力度在加大。

① 有效样本数为 90 份。

浙江省的创业风险投资的迅速发展，离不开浙江省政府部门的重视和积极支持。其主要措施如下：

浙江省杭州市2008年设立了创业投资引导基金，引导基金每年预算2亿元，目标是5年10亿元的规模，主要采用阶段参股和跟进投资的方式进行投资。跟进投资对象原则上限于种子期和初创期的企业，阶段参股的VC公司，约定50%的资金必须投向种子期和初创期的企业。同时，为鼓励VC机构对种子期和初创期的企业投资，引导基金采取多承担风险少分享收益的利益机制，降低投资于种子期和初创期的企业风险。对于跟进投资，若项目成功，引导基金只收取和同期银行贷款利率相同的固定收益回报，若投资失败，则与社会VC机构同比例分担风险；对于阶段参股，引导基金的股权以优惠价格可以由投资者购买。

浙江省杭州市为了吸引外地创业投资落户本地，制定了专门的奖励政策，对于在本市内设立的创投机构，自设立起三年内的税收，政府给予100%的返还资助。

表6–11　　2009年湖北省创业风险投资项目的行业分布①

项目数		投资强度	
行业	百分比（%）	行业	投资强度（万元）
传统制造业	12.5	媒体和娱乐业	2000.0
其他行业	12.5	传统制造业	1661.3
新材料工业	9.4	农业	1283.3
农业	9.4	金融服务	1050.0
新能源/高效节能技术	9.4	新能源/高效节能技术	1009.3
光电子与光机电一体化	9.4	环保工程	1000.0
科技服务	6.3	其他行业	982.5
软件产业	6.3	光电子与光机电一体化	810.7
金融服务	6.3	新材料工业	733.3
环保工程	3.1	科技服务	650.0
其他IT产业	3.1	生物科技	600.0
医药保健	3.1	其他IT产业	528.0
生物科技	3.1	医药保健	300.0
媒体和娱乐业	3.1	软件产业	125.0
IT服务业	3.1	IT服务业	100.0

2009年，湖北省创业风险投资的投资分布在15个行业，比2008年增加了4个，投资分布更为广泛。其中，主要集中在传统制造业、其他行业、新材料工业、农业、新能源/高效节能技术、光电子与光机电一体化等6个行业。与2008年相比，传统制造业的投资项目增加较多，成为2009年湖北省创业风险投资最关注的领域之一；新能源/高效节能技术、软件产业、生物科技的下降幅度较大；而2008年投资排在前列的网络产业在2009年没有涉及。

从行业的投资强度来看，2009年湖北省创业风险投资的行业投资强度差距小于2008年。2009年，行业投资强度最高的是媒体和娱乐业，达2000万元，比2008年的计算机硬件少1000万元；最低的是IT服务业，投资强度达100万元，比2008年最少的零售和批发行业高70万元。

① 有效样本数为32份。

湖北省充分发挥创业投资引导基金在发展本地创业投资、支持科技型中小企业融资中的作用。2008 年湖北省设立了“湖北省创业投资引导基金”，按照“政府引导、市场运作、风险可控、实现多赢”的原则，创新科技投入方式，吸引社会资本支持科技型中小企业发展。同时，为了更好地发挥引导基金的作用，省政府专门设立了“湖北省创业投资引导基金管理中心”。目前湖北省的创业投资引导基金取得了显著成效，吸引了多家国内外的创业投资机构在湖北投资，合作成立了 5 只创业投资基金，促进了本地创业投资机构的设立和发展，充分发挥了政府资金的引导和放大作用。

2008 年，湖北省科技厅启动了“湖北省科技型中小企业成长路线图计划”，目的是培育一批成长性好、创新能力强的现代企业和上市后备企业，目标是在三年内扶持 1000 家科技型中小企业，力争形成 50 家左右在国内外资本市场上市，带动 10 个左右的特色产业集群发展；并建立了“路线图计划”的重点培育企业保荐制度，认定了 13 家创业投资机构、管理咨询公司等作为保荐机构，开展企业评审保荐工作，构建面向市场的企业筛选、评价工作体系和培育机制。经过地市科技部门推荐、保荐机构初评、实地考评、专家评审会等工作流程，目前湖北省已经认定了两批最具有投资潜力的科技型中小企业，2008 年第一批 200 家，2009 年第二批 133 家。其中，鼎龙化学、回天胶业等 2 家公司已经在创业板成功上市，30 余家企业已经正式启动上市申报工作。

表 6-12　　2009 年山东省创业风险投资项目的行业分布①

项目数		投资强度	
行业	百分比（%）	行业	投资强度（万元）
传统制造业	26.1	农业	13278.6
医药保健	13.0	消费产品和服务	6300.0
环保工程	8.7	软件产业	4840.0
资源开发工业	8.7	其他行业	3750.0
其他行业	8.7	资源开发工业	3110.0
新材料工业	8.7	医药保健	2118.7
新能源 / 高效节能技术	4.3	传统制造业	1619.5
光电子与光机电一体化	4.3	半导体	1500.0
农业	4.3	环保工程	957.0
半导体	4.3	新材料工业	500.0
消费产品和服务	4.3	新能源 / 高效节能技术	120.0
软件产业	4.3	光电子与光机电一体化	60.0

从表 6-12 可见，2009 年，山东省创业风险投资项目分布呈现出非常集中的态势，传统制造业和医药保健两个行业占比分别达到了 26.1% 和 13%。从投资强度而言，2009 年山东省创业风险投资的行业投资强度差距较大，最高的是农业，达到 13278.6 万元，其次是消费产品与服务，达 6300 万元，而投资强度最小的光电子与光机电一体化仅有 60 万元。

① 有效样本数为 23 份。

表 6-13　　2009 年陕西省创业风险投资项目的行业分布[①]

项目数		投资强度	
行业	百分比（%）	行业	投资强度（万元）
医药保健	18.2	金融服务	10301.0
其他行业	18.2	科技服务	3424.0
软件产业	13.6	医药保健	1827.5
网络产业	9.1	网络产业	1600.0
科技服务	9.1	农业	1500.0
金融服务	9.1	其他行业	1487.5
环保工程	4.5	通讯	1450.0
新能源 / 高效节能技术	4.5	生物科技	400.0
农业	4.5	软件产业	256.7
生物科技	4.5	环保工程	110.0
通讯	4.5	新能源 / 高效节能技术	60.0

从表 6-13 看出，2009 年陕西省创业风险投资项目的行业分布在 11 个行业，与 2008 年的行业总数持平，主要分布在医药保健、软件产业等行业。与 2008 年相比，医药保健行业成为投资最多的行业，达到了 18.2%；而 2008 年投资最多的半导体行业在 2009 年的投资比例则为零；软件产业的投资比例也上升较高，由 2008 年的 5.9%提高到 2009 年的 13.6%。

至于行业的投资强度，2009 年陕西省创业风险投资的投资强度差距非常明显，最高的金融服务业为 10301 万元，最低的新能源/高效节能技术业只有 60 万元。并且行业投资强度整体提高，11 个行业中有 6 个行业的平均投资强度在 1000 万元以上，而 2008 年仅有 3 个，显示出 2009 年陕西省创业风险投资对于企业的投资支持力度明显提高。

6.5 各经济区域创业投资活动情况

本节继续从经济区域角度来比较、分析 2009 年我国创业风险投资的运行状况。进行经济区域比较的目的之一就是通过比较经济发达、有特色地区与经济相对不发达、创投活动不活跃地区的差异，为我国创业风险投资的发展起到指引作用。

本报告的区域划分，主要依据与经济发展的联系紧密程度以及发展特色，参照国家现有的经济区域，同时考虑研究的连续性。当前我国最为关注的几个经济区域增长带是珠三角、长三角以及围绕北京、天津等具有知识高密度的京津冀等地区，同时还有正在重新振兴的东北三省老工业区。因此划分的区域包括：

1. 京津冀地区；
2. 长三角地区（包括浙江、上海、江苏）；
3. 珠三角地区：广东（深圳）；
4. 东北三省地区：辽宁、吉林、黑龙江；
5. 其他区域（福建省放在这个部分统计）。

本报告选取这五个区域，出发点之一是前三个区域是中国目前经济发展最快、也是最有活力的区域，可以充分代表当前我国创业投资的前沿面。东北地区是我国的老工业基地，国有企业比重较大，当前正面临经济转型，国家也提出了振兴东北老工业基地的政策，而创业投资的发展，可以鼓励民营和科技经济发展，有效提升产业转型和升级，因此把东北三省单独列出来。最后，把其他的地区归并到一起，用以比较这些地区与上述其他地区的不同。

6.5.1 2009 年我国不同区域创业风险投资的投资强度

表 6-14 和图 6-8 显示了 2009 年中国创业风险投资强度的区域分布。从表 6-14 可以看出，2009 年其他地区的创业风险投资项目投资强度最高，达到 1712.7 万元；京津冀和珠三角地区紧跟其后；东北三省和长三角地区的投资

① 有效样本数为 22 份。

强度相对并不是很高。与 2008 年相比，京津冀、珠三角地区的投资强度下降幅度较大，而东北地区和其他地区的投资强度增幅则提高较大，长三角地区只是略微下降。

表 6–14　2009 年中国创业风险投资强度的区域分布[①]　单位：万元

区域	京津冀	珠三角	长三角	东北三省	其他
投资强度	1573.5	1472.2	1234.4	1441.8	1712.7

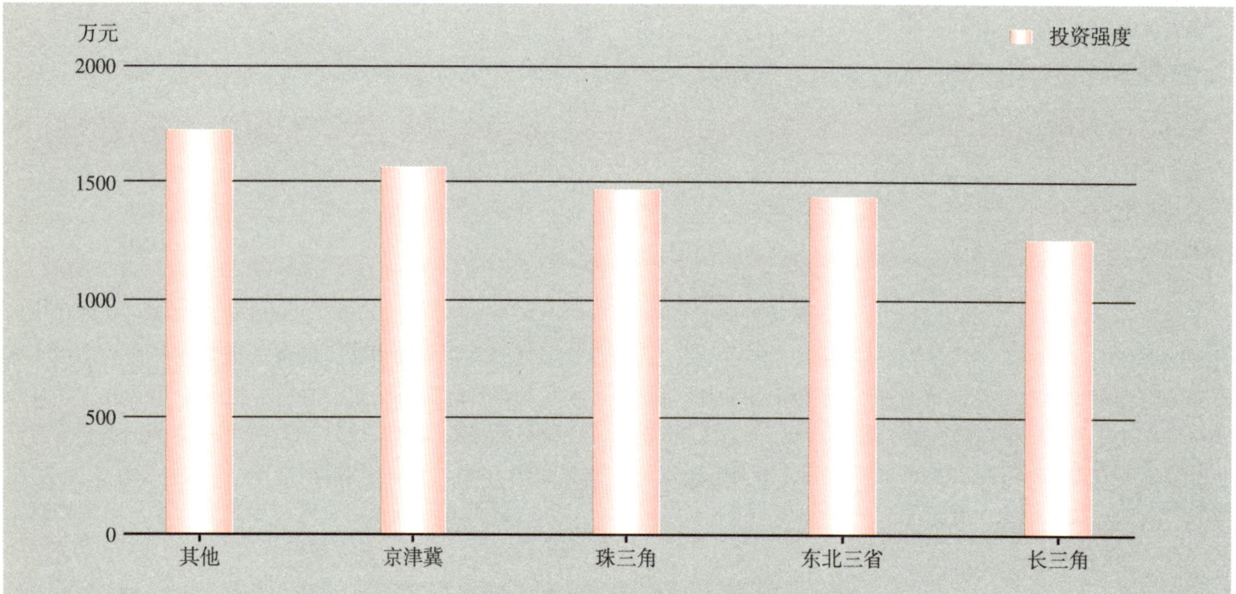

图 6–8　中国创业风险投资强度的区域分布（2009）

6.5.2　不同经济区域创业风险投资的持股结构

表 6–15 和图 6–9 显示了 2009 年各经济区域内创业风险投资项目的持股结构。2009 年，全国各经济区域的创业风险投资仍以持股比例<50%的项目为主，其中，东北三省创业风险投资持股比例<50%的项目比例最高，达 97.1%；京津冀地区和其他地区的创业风险投资绝对控股的项目较多，京津冀地区持股比例<50%的项目占比只有 86.5%，持股比例≥50%的项目比例则达到 13.5%；长三角和珠三角地区持股比例≥50%的项目比例都在 10%以下；其他地区持股比例≥50%的项目比例则接近 20%。与 2008 年相比，2009 年长三角和珠三角地区创业风险投资绝对控股的项目有所下降，尤其是长三角地区下降了 3.8%；而京津冀、东北三省和其他地区创业风险投资绝对控股的项目比例提高幅度较大，尤其是京津冀地区和其他地区，持股比例≥50%的项目比例都增加了近 10%，显示上述地区 2009 年创业风险投资更加注重对所投项目的控制权。

① 有效样本数为 967 份。

表 6-15　　2009 年各经济区域创业投资的持股结构[1]　　单位：%

区域	长三角	京津冀	珠三角	东北三省	其他
持股比例≥50%	5.5	13.5	8.3	2.9	19.1
持股比例＜50%	94.5	86.5	91.7	97.1	80.9

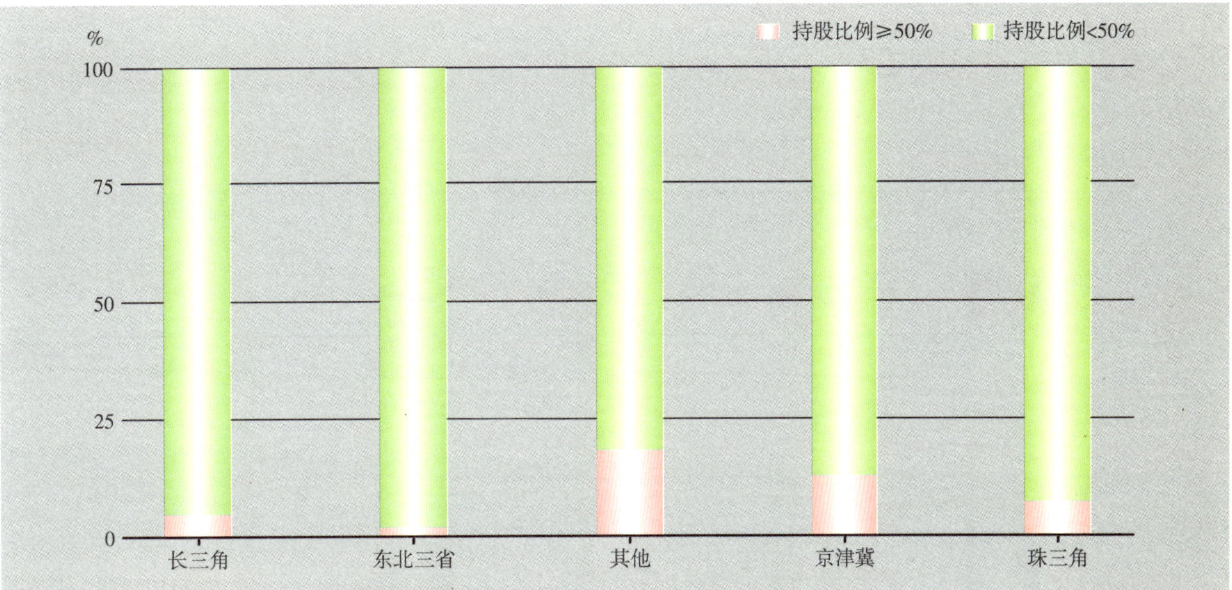

图 6-9　各经济区域创业风险投资的持股结构（2009）

6.5.3　不同经济区域创业风险投资项目所处阶段

表 6-16 和图 6-10 显示了 2009 年我国各个经济区域创业风险投资项目的阶段分布。

2009 年，长三角地区的创业风险投资主要在种子期和成长（扩张）期，投资比例分别达到了 41.1%和 25.9%。与 2008 年不同的是，种子期项目成为长三角地区投资最多的项目阶段，而 2008 年投资最多的起步期项目在 2009 年的投资比例仅为 19%，比 2008 年低 16.7%。成熟（过渡）期的项目比 2008 年相对有所提高，达到了 9.7%。

2009 年，东北三省的创业风险投资主要投向起步期和成长（扩张）期，投资比例分别为 42.9%和 37.1%，二者之和达到了 80%。与 2008 年比较，2009 年投资于起步期的项目比例超过成长（扩张）期的项目，排在了第一位，而成长（扩张）期的项目比例则下降了 10.7%。

2009 年，京津冀地区的创业风险投资分布最多的阶段是成长（扩张）期，投资比例达 42%，其次是种子期和起步期，投资比例分别达 26%和 24%，三者之和为 92%。与 2008 年不同的是，2009 年投资于种子期阶段的项目比例上升幅度明显，比 2008 年增加了 13%。

2009 年，珠三角地区的创业风险投资主要在成长（扩张）期，投资比例达到了 58.2%，比 2008 年提高了 7.65%，这与 2008 年相似；其次是种子期，达到了 21.4%；再次是起步期，投资比例是 14.3%。与 2008 年比较，投资于种子期和成长（扩张）期的项目比例都有所增加。

2009 年，其他地区的创业风险投资分布在成长（扩张）期的比例最高，达 43.5%，其次是种子期和起步期，二者比例都为 20.6%，三者之和为 84.7%。与 2008 年相比，2009 年投资于种子期和成长（扩张）期的项目比例大幅提高，而投资于起步期和成熟（过渡）期的比例大幅下降。

① 有效样本数为 870 份。

表 6-16 2009 年各区域创业风险投资项目所处阶段[①]

百分比(%) 阶段 地区	种子期	起步期	成长（扩张）期	成熟（过渡）期	重建期
长三角	41.1	19.0	25.9	9.7	4.2
东北三省	5.7	42.9	37.1	2.9	11.4
京津冀	26.0	24.0	42.0	8.0	0.0
珠三角	21.4	14.3	58.2	5.1	1.0
其他	20.6	20.6	43.5	11.5	3.8

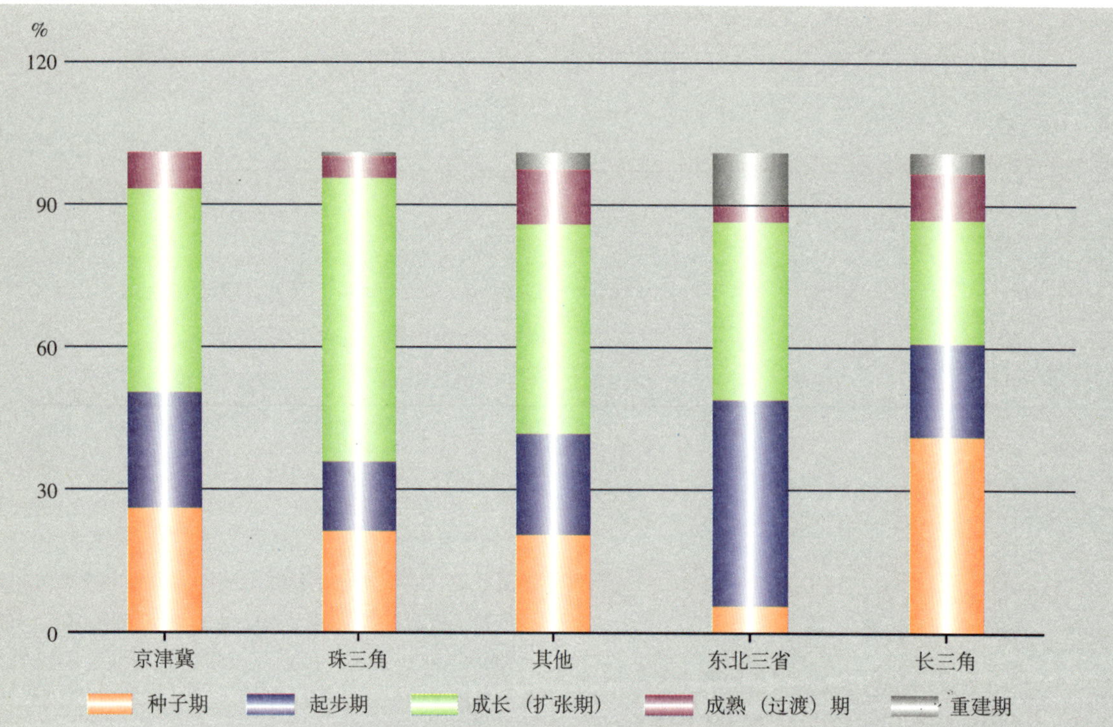

图 6-10 各经济区域创业风险投资项目的阶段分析（2009）

6.5.4 各经济区域创业风险投资项目的行业分布

图 6-11 至 图 6-15 分别显示了 2009 年我国不同经济区域创业风险投资的行业分布。

从图 6-11 看出，2009 年长三角地区的创业风险投资分布在 21 个行业，与 2008 年行业总数相同，主要分布在软件产业、传统制造业、新材料工业、光电子与光机电一体化、新能源/高效节能技术、其他行业等行业。与 2008 年比较，软件产业、传统制造业、新材料工业一直都是投资比例较高的行业，光电子与光机电一体化、新能源/高效节能技术的投资占比增幅较高，而 IT 服务业、生物科技的投资占比则下降幅度较大。

① 有效样本数为 967 份。

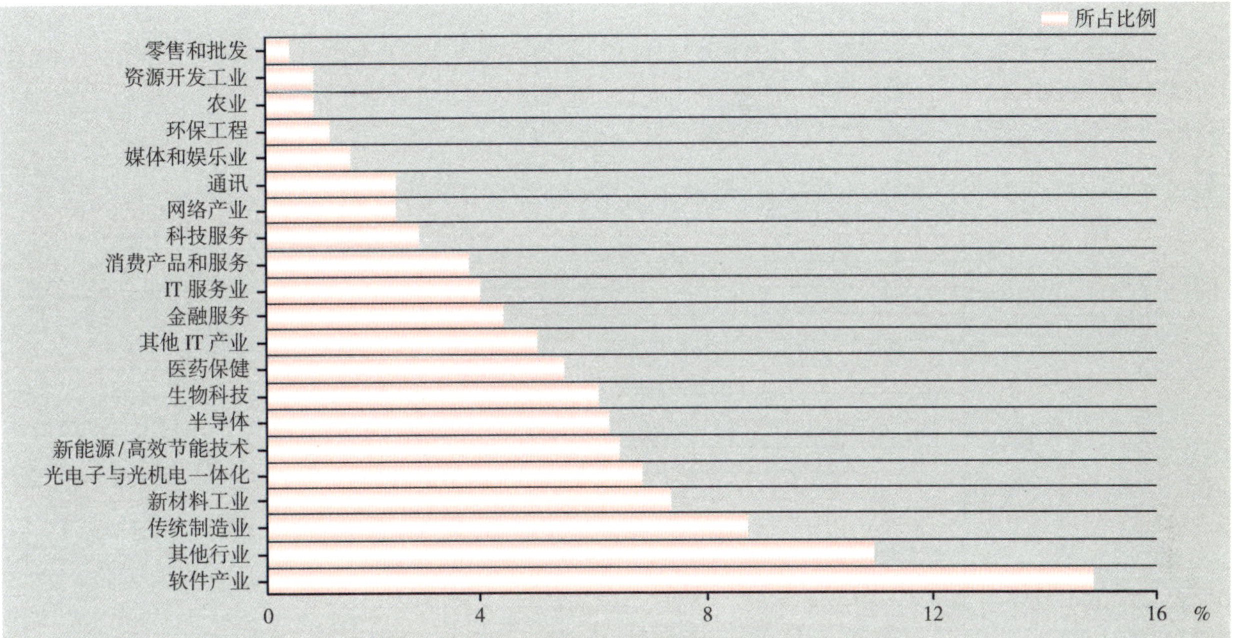

图 6-11 长三角地区创业风险投资项目的行业分布（2009）

图 6-12 显示了 2009 年京津冀地区创业风险投资的行业分布。2009 年，京津冀地区的创业风险投资分布在 19 个行业，与 2008 年持平，主要分布在软件产业、金融服务、其他行业、传统制造业、新能源/高效节能技术。与 2008 年相比，软件产业超过 2008 年投资比例最高的传统制造业，成为 2009 年京津冀地区创业风险投资比例最高的行业，金融服务行业也超过医药保健行业，成为第二大投资比例最高的行业，新能源/高效节能技术的投资占比也较高，而传统制造业和医药保健行业的投资比例则下降幅度较大。

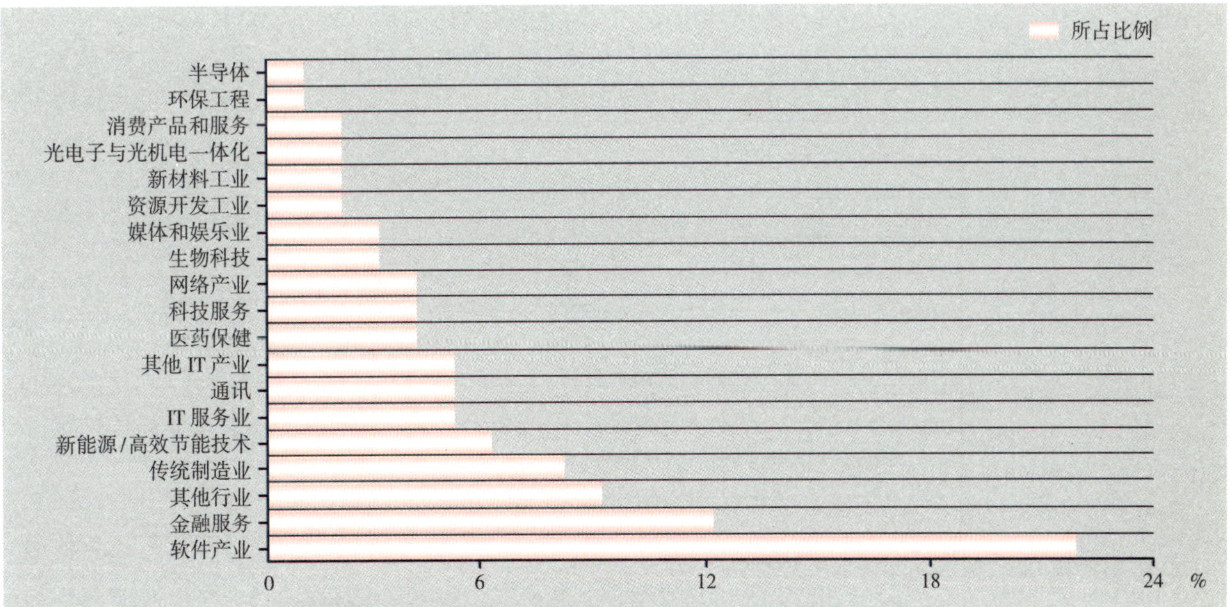

图 6-12 京津冀地区创业风险投资项目的行业分布（2009）

从图 6-13 看出，2009 年珠三角地区创业风险投资的行业分布在 19 个行业，比 2008 年增加了 2 个，主要分布在金融服务、软件产业、生物科技、通讯、其他行业、新材料工业和光电子与光机电一体化 7 个行业。与 2008 年相比，金融服务业和软件产业成为 2009 年珠三角地区创业风险投资比例最高的行业，生物科技、通讯的投资比例增幅也很大；而 2008 年投资比例较高的行业，如消费产品和服务、其他 IT 产业的投资比例却下降幅度很大。

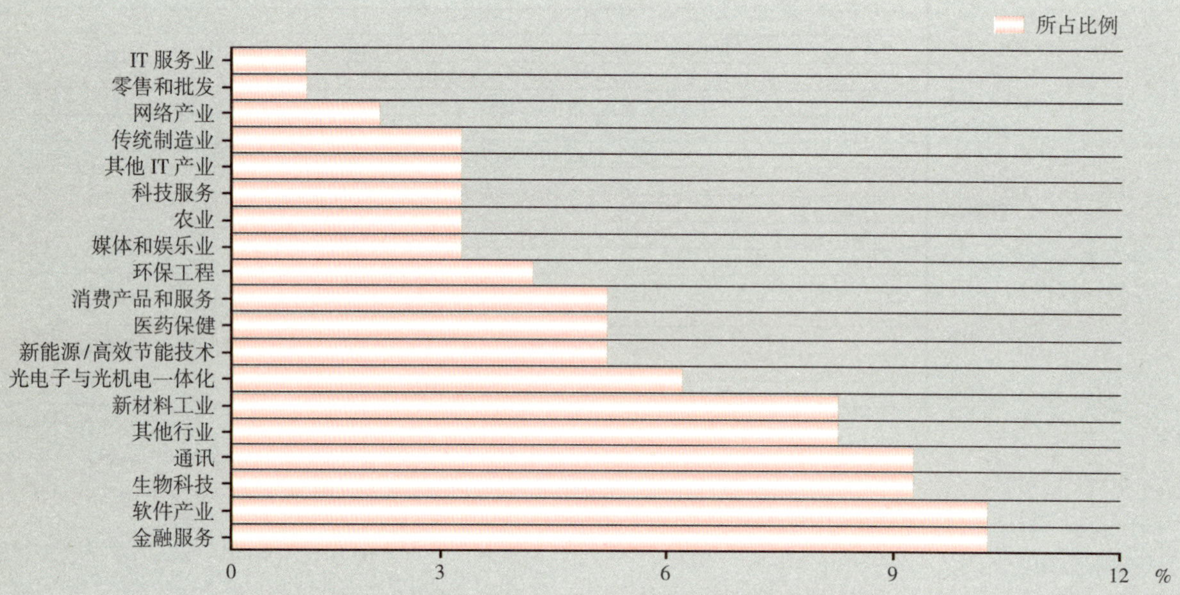

图 6-13 珠三角地区创业风险投资项目的行业分布（2009）

图 6-14 显示了 2009 年东北三省地区创业风险投资的行业分布。2009 年，东北三省地区的创业风险投资分布在 11 个行业，比 2008 年减少 2 个行业，主要集中在传统制造业、其他行业、软件产业、新材料工业。与 2008 年比较，传统制造业和新材料工业、软件产业一直是 2009 年投资比例较高的领域。

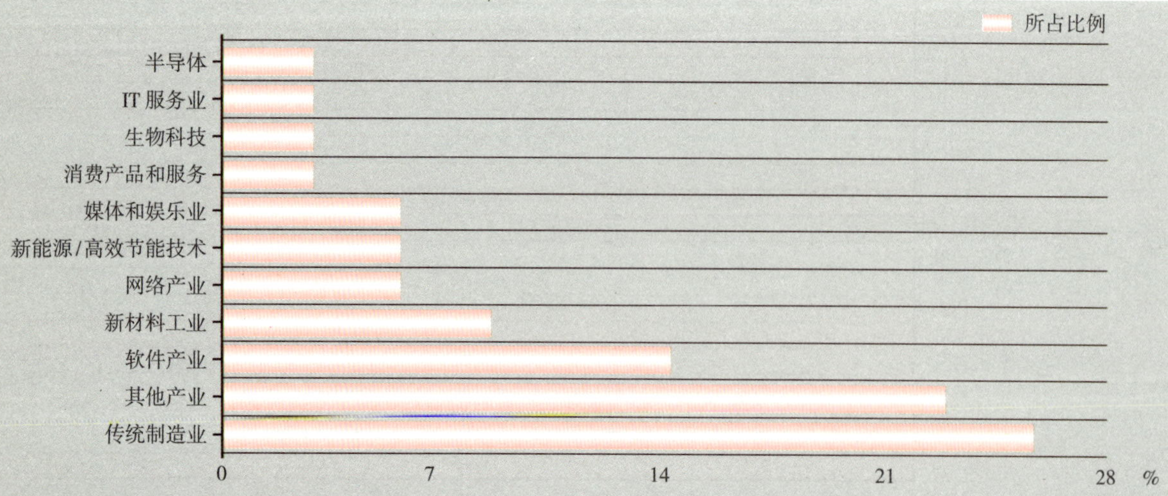

图 6-14 东北三省地区创业风险投资项目的行业分布（2009）

图 6-15 显示了 2009 年其他区域创业风险投资的行业分布。2009 年，其他区域的创业风险投资分布在 23 个行业，比 2008 年增加了 1 个行业，主要分布在传统制造业、医药保健、软件产业、其他行业、新材料工业等 5 个领域。与 2008 年比较，传统制造业一直是其他区域创业风险投资关注最高的行业，医药保健行业超过生物科技，名列第二位。

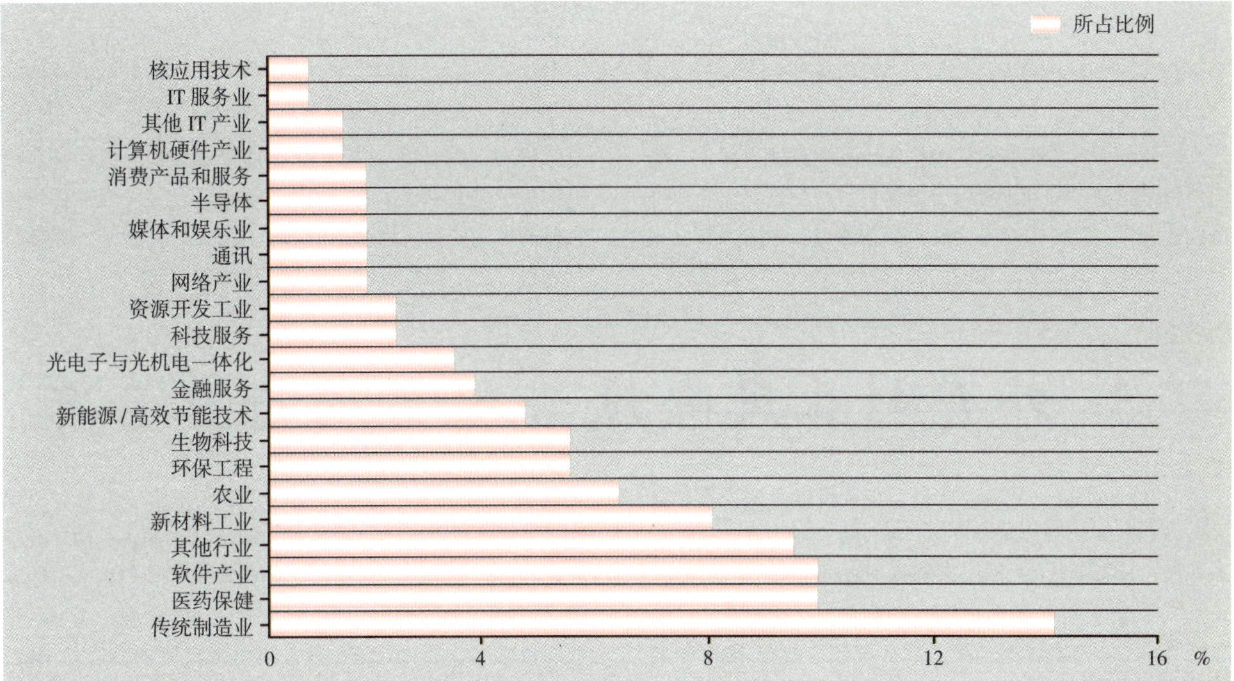

图 6-15　其他地区创业风险投资项目的行业分布（2009）

7 外资创业风险投资机构的运作

外资创业风险投资机构包括境内和境外两个部分。境内外资是指通过外商独资（含港澳台）和合资合作而取得的创业资本。境外资金是指境外机构通过在中国大陆设立办事机构等方式投资于中国大陆的创业资本。本章统计主要依据参与调查的 31 家外资创业投资机构，以中外合资机构为主。由于样本的局限性，虽然不能完全反映外资创业投资机构的真实情况，但通过与我国创业投资的整体情况进行对比，仍然可以发现一些值得关注的问题。

7.1 外资创业风险投资项目的行业分布[①]

与 2008 年相比，2009 年外资创业投资机构投资项目的行业分布开始呈现集中趋势。从投资金额来看，前五大行业所占比重高达 75.9%，远高于 2008 年的 67.5%；从投资项目来看，前五大行业所占比重为 51.8%，高于 2008 年的 43.3%。从具体行业来看，传统制造业在 2008 年的基础上，所占比重继续提高，成为真正的投资热点，投资金额和投资项目的比例分别高达 25.9%和 21%，远远高于其他行业。金融服务、新能源/高效节能技术、医药保健、其他 IT 产业分列第二到第五位，也大多属于国家大力促进发展的新兴产业。由此可见，外资创业投资机构对我国产业政策具有很强的敏感性，同时也从另一个侧面说明我国制造业地位的提升。值得一提的是，金融服务领域的投资项目激增，成为外资创业投资机构投资的第二大领域，说明随着我国制造业水平的提升，为金融服务业提供了更为广阔的市场空间（见表 7-1、图 7-1、图 7-2）。

表 7-1　　2009 年外资创业投资项目行业分布：投资金额与投资项目　　单位：%

行业	投资金额所占比例	投资项目所占比例
传统制造业	25.9	21.0
金融服务	20.3	9.9
新能源 / 高效节能技术	14.0	8.6
医药保健	9.3	7.4
其他 IT 产业	6.4	4.9
其他行业	4.4	6.2
生物科技	3.9	8.6
IT 服务业	3.3	3.7
光电子与光机电一体化	3.1	3.7
新材料工业	2.7	4.9
软件产业	2.2	7.4
消费产品和服务	1.8	4.9
半导体	1.5	3.7
资源开发工业	0.5	1.2

① 有效样本数为 81 份。

续表

行业	投资金额所占比例	投资项目比例
科技服务	0.4	1.2
网络产业	0.1	1.2
环保工程	0.1	1.2

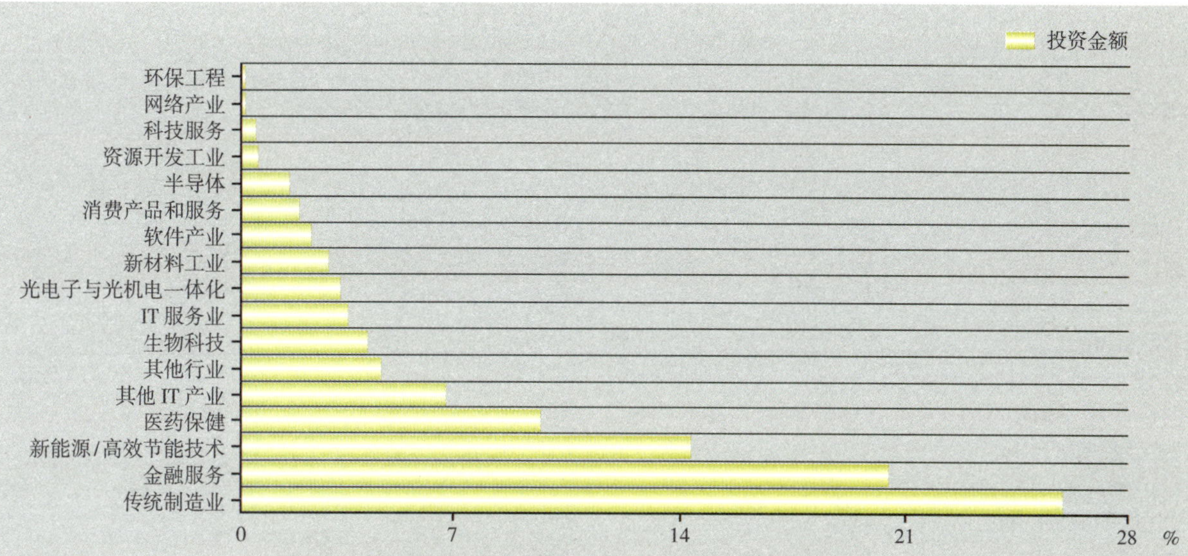

图 7-1　外资创业投资项目行业分布：按投资金额（2009）

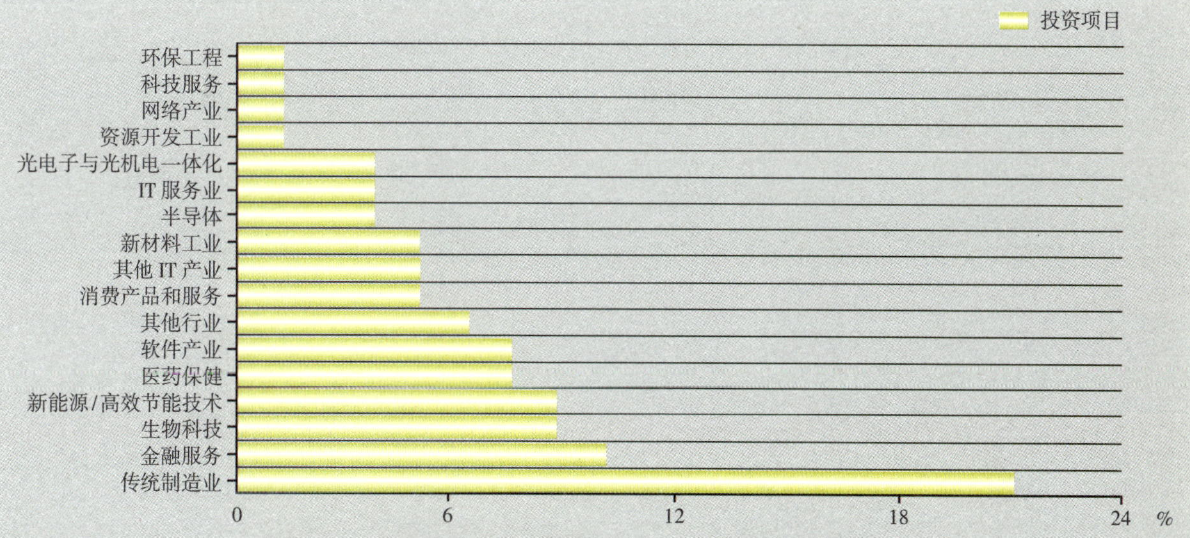

图 7-2　外资创业投资项目行业分布：按投资项目（2009）

从投资金额来看，内资、外资创业投资机构关注的行业较为一致，共有 7 个行业同时进入中外机构关注的十大行业，特别是金融服务、传统制造业以及新能源/高效节能技术都是双方共同关注的热点。相对内资机构来讲，外资所关注的行业集中趋势十分明显，位居前三位的传统制造业、金融服务和新能源/高效节能技术占到全部投资金额的 60.2%；而内资机构关注的行业较为分散，位居前三位行业的投资金额仅占全部投资金额的 37.2%，即使金额较大的前五位行业的投资金额也仅占到 55.2%。值得关注的是，外资机构投资行业的前五位发生了巨大变化。2008 年投资的前五位行业中，只有传统制造业仍位列其中并有进一步增长，其他行业均发生了变化。特别是金融服务得到明显青睐，由 2008 年的第 16 位跃升至 2009 年的第 2 位。另外，医药保健也得到重视，投资比重迅速上升至第 4 位，达到 9.3%。这些都说明外资对经济发展热点的把握具有很强的前瞻性以及快速跟进的能力（见表 7–2）。

表 7–2　2009 年外资创业投资项目行业分布：投资金额与投资项目　单位：%

行业	内资		行业	外资	
	投资金额	投资项目		投资金额	投资项目
金融服务	14.6	5.1	传统制造业	25.9	21.0
软件产业	12.0	14.4	金融服务	20.3	9.9
其他行业	10.6	9.9	新能源 / 高效节能技术	14.0	8.6
传统制造业	10.2	8.4	医药保健	9.3	7.4
新能源、高效节能技术	7.8	6.1	其他 IT 产业	6.4	4.9
新材料工业	6.8	7.4	其他行业	4.4	6.2
消费产品和服务	4.6	2.9	生物科技	3.9	8.6
医药保健	4.4	5.9	IT 服务业	3.3	3.7
光电子与光机电一体化	4.2	5.2	光电子与光机电一体化	3.1	3.7
农业	3.9	2.5	新材料工业	2.7	4.9

7.2 外资创业风险投资项目所处阶段[①]

2009年，外资创业投资机构的投资阶段仍然集中在成长阶段和成熟阶段，且有进一步向成长阶段集中的趋势。从投资金额来看，2009年投资于成长阶段的投资金额占全部投资金额的比例由2008年的23.6%增加到2009年的65.9%；相对而言，投资于成熟阶段的投资金额则明显减少，由2008年的53%减少到2009年的19.1%。投资于种子期、起步期以及重建期的资金也有不同程度的减少（见图7-3）。

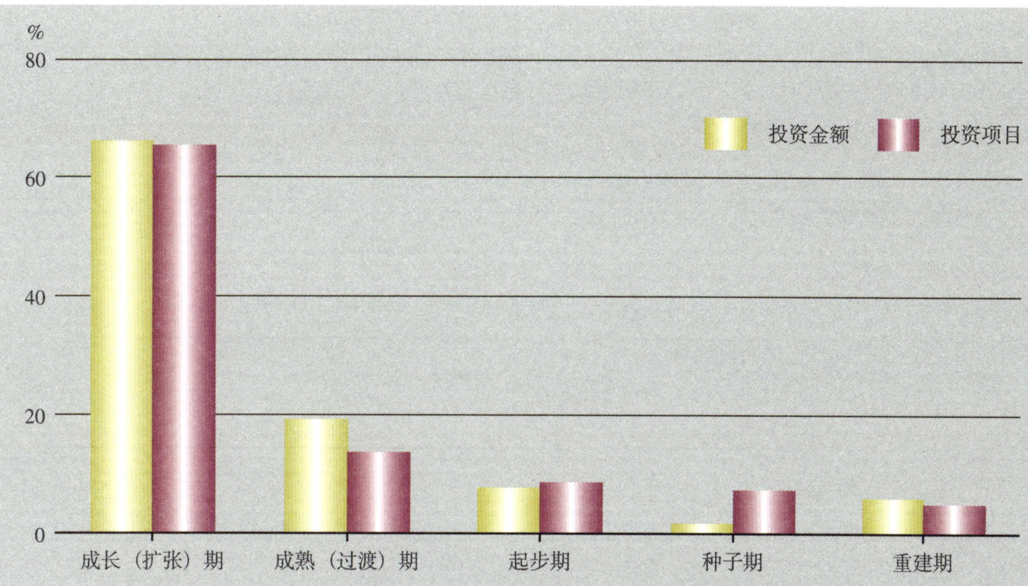

图7-3　外资创业风险投资项目所处阶段（2009）

从中外创业投资机构的比较来看，二者都较为重视对成长期项目的投资，分别达到投资金额的42.5%和65.9%。但相对而言，内资机构对种子期和起步期的项目更为重视，投资金额所占比重达到35.5%，远高于外资的9.2%。尤其值得一提的是，内资机构对种子期项目的投资呈增长态势，投资金额由2008年的10.3%增至2009年的22%，投资项目更是高达34.2%，位居第一，而外资机构对种子期项目的投资无论从金额还是项目数来看，都呈下降趋势。从这个意义上来说，内资机构更是真正意义上的创业投资（见表7-3）。

表7-3　内资与外资创业投资项目所处投资阶段（2009）　单位：%

投资阶段	投资项目		投资金额	
	内资	外资	内资	外资
种子期	34.2	7.4	22.0	1.7
起步期	21.2	8.6	13.5	7.5
成长期	32.7	65.4	42.5	65.9
成熟期	8.6	13.6	18.5	19.1
重建期	3.2	4.9	3.5	5.9

① 有效样本数为81份。

7.3 外资创业风险投资的投资强度[①]

2009 年，外资创业投资机构的投资规模稳中有降，单项投资规模仍然主要集中在 1000 万元以上，所占比重由 2008 年的 93.0%下降到 2009 年的 86.2%，但投资规模为 500 万~1000 万元的项目所占比重有较为明显的增长，从 2008 年的 3.1%增至 2009 年的 9.9%，这已是连续第二年增长。同时，投资规模为 300 万~500 万元的项目所占比重也略有增长。这些可能与外资机构 2009 年主要投资于成长期项目有关（见表 7-4，图 7-4）。

表 7-4　2008~2009 年外资创业投资单项投资金额的规模分布　单位：%

百分比(%) 年份 \ 投资金额(万元)	100 以下	100 ~ 300	300 ~ 500	500 ~ 1000	1000 ~ 2000	2000 以上	合计
2008	0.1	1.1	2.7	3.1	17.3	75.7	100
2009	0.2	0.5	3.1	9.9	15.0	71.2	100

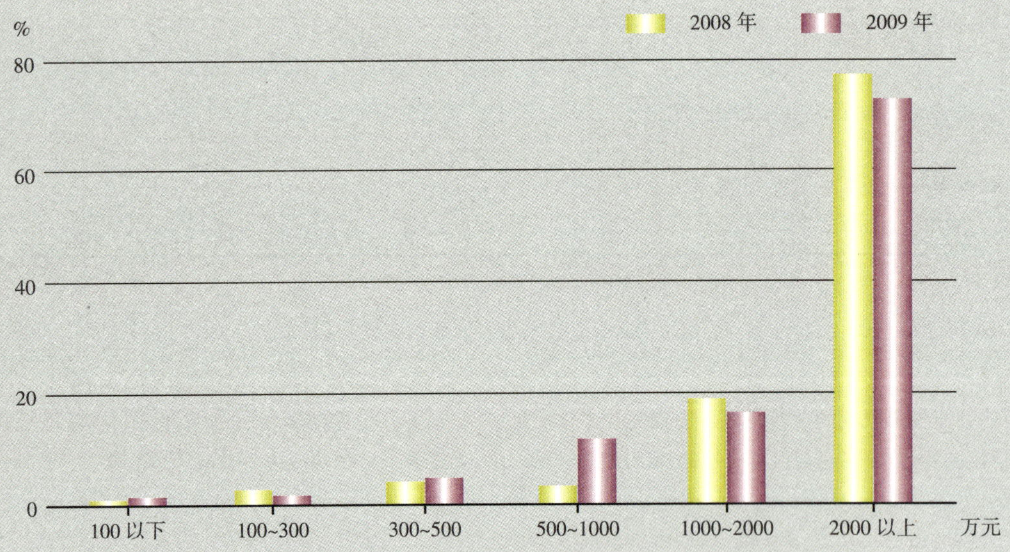

图 7-4　外资创业投资单项投资金额的规模分布（2008~2009）

① 有效样本数为 81 份。

与内资创业投资规模相比，外资创投机构的单项投资规模明显高于内资机构，但内外资的单项投资规模正在逐步接近（见表 7–5）。2009 年，外资机构投资规模超过 500 万元的达到 96.1%，而内资机构仅为 92.1%。具体来看，内资与外资投资规模的差距主要体现在 2000 万元以上的项目中，外资机构投资 2000 万元以上项目的比重为 71.2%，而内资机构为 60.7%。值得高兴的是，内资机构投资项目的规模正在稳步提高，表明内资机构的实力正在稳步增强。

表 7–5　2009 年内资与外资创业投资单项投资金额的规模分布　单位：%

投资金额（万元）	100 以下	100 ~ 300	300 ~ 500	500 ~ 1000	1000 ~ 2000	2000 以上	合计
外资	0.2	0.5	3.1	9.9	15.0	71.2	100.0
内资	0.6	3.3	4.0	12.0	19.4	60.7	100.0

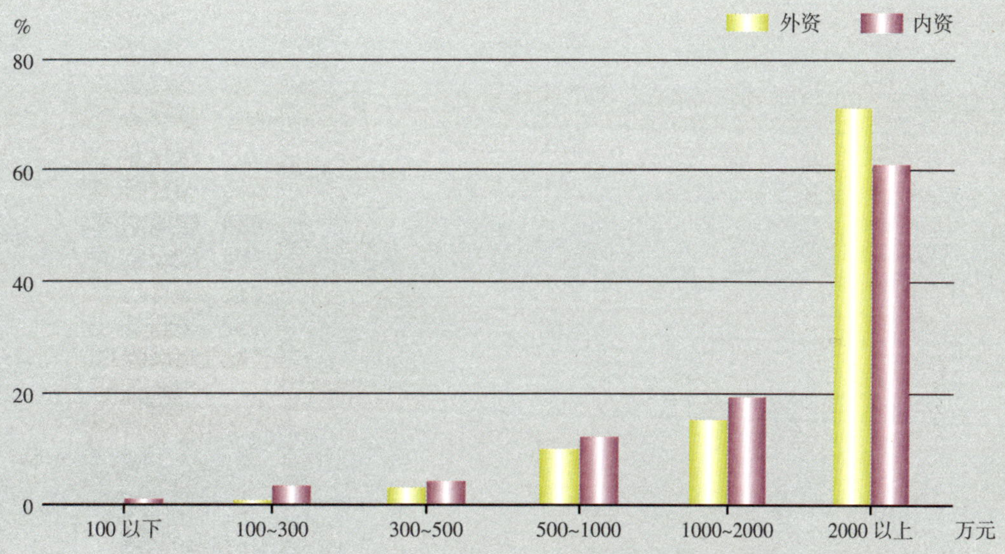

图 7–5　外资与内资创业风险投资单项投资金额分布（2009）

7.4 外资创业风险投资项目状况分析

7.4.1 创业投资项目的实收资本①

2009 年，外资创业投资机构投资项目的实收资本分布相对均衡（见表 7-6、图 7-6）。与 2008 年相比，500 万~1000 万元、3000 万~5000 万元的项目都明显增多，所占比例分别由 2008 年的 0.0% 和 5.1% 增加到 11.6% 和 21.7%；而 5000 万元以上以及 500 万元以下的项目所占比重则显著减少，分别由 2008 年的 48.7% 和 30.8% 降低到 2009 年的 31.9% 和 17.4%。这个特点与 2009 年外资创业投资机构主要投资于成长期阶段的项目而对其他阶段项目的投资明显减少相吻合。

表 7-6 2008~2009 年外资创业投资项目实收资本的规模分布

实收资本（万元）/ 百分比（%）/ 年份	500 以下	500 ~ 1000	1000 ~ 3000	3000 ~ 5000	5000 以上
2008	30.8	0.0	15.4	5.1	48.7
2009	17.4	11.6	17.4	21.7	31.9

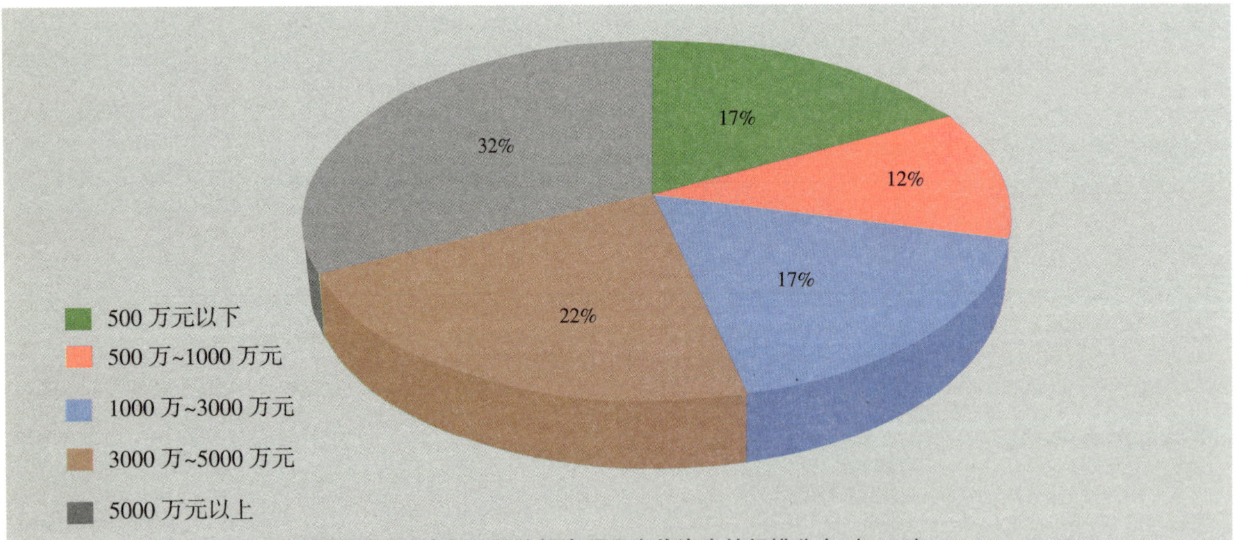

图 7-6 外资创业风险投资项目实收资本的规模分布（2009）

① 有效样本数为 69 份。

与内资创业投资机构相比，外资机构所投资的项目资本实力较雄厚（见表 7-7、图 7-7）。投资项目的实收资本主要集中在 3000 万~5000 万元以及 5000 万元以上，所占比重分别为 21.7%和 31.9%，均明显高于内资机构，而 3000 万元以下的项目所占比重则低于内资机构。

表 7-7　　2009 年内资与外资创业投资项目实收资本的规模分布　　单位：%

实收资本（万元）	500 以下	500 ~ 1000	1000 ~ 3000	3000 ~ 5000	5000 以上
外资	17.4	11.6	17.4	21.7	31.9
内资	22.0	14.1	24.1	14.8	25.0

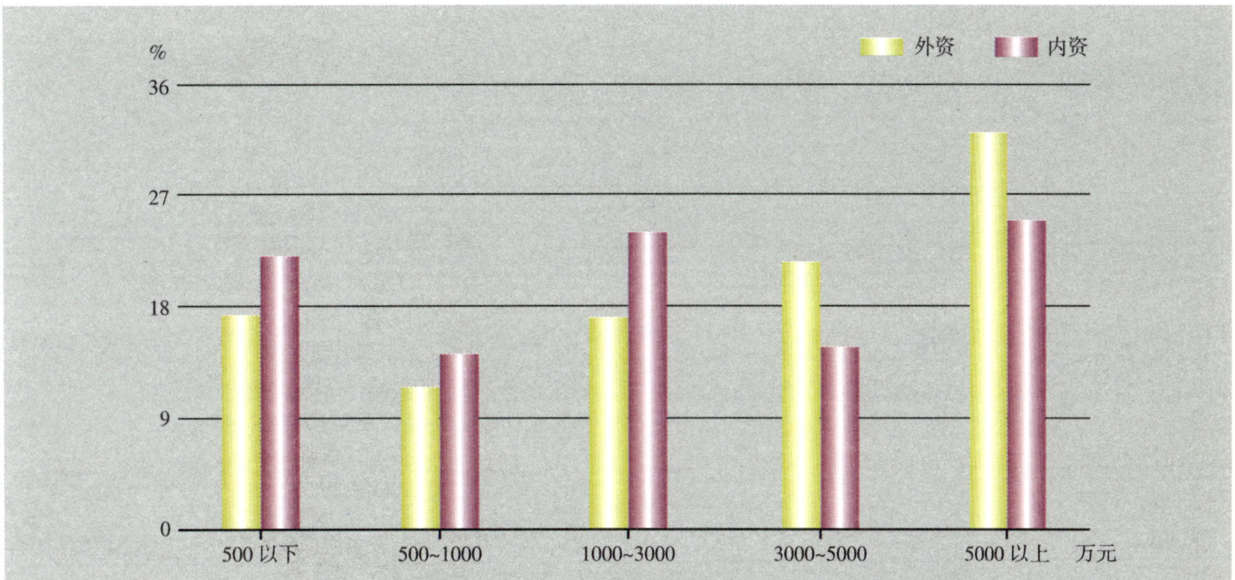

图 7-7　外资与内资创业风险投资项目实收资本的规模分布（2009）

7.4.2　创业投资项目的雇员[①]

从外资创业投资项目的雇员人数来看，投资项目的规模呈增大趋势。具体来说，2009 年主要投资于雇员人数超过 150 人的项目，所占比重达到 54.3%，远超 2008 年的 43.6%；而且 200 人以上的项目增幅较大，由 2008 年的 40.6%增至 2009 年的 47.5%；在 150 人以下的项目中，除人员规模在 50~100 人的投资项目有明显增加外，其他规模的投资项目所占比重均呈明显下降（见表 7-8 和图 7-8）。

表 7-8　　2008~2009 年外资创业投资项目雇员人数分布

雇员数（人）/ 百分比（%）/ 年份	10 以下	10 ~ 50	50 ~ 100	100 ~ 150	150 ~ 200	200 以上
2008	3.1	34.4	9.4	9.4	3.1	40.6
2009	0.0	20.3	13.6	8.5	6.8	47.5

① 有效样本数为 59 份。

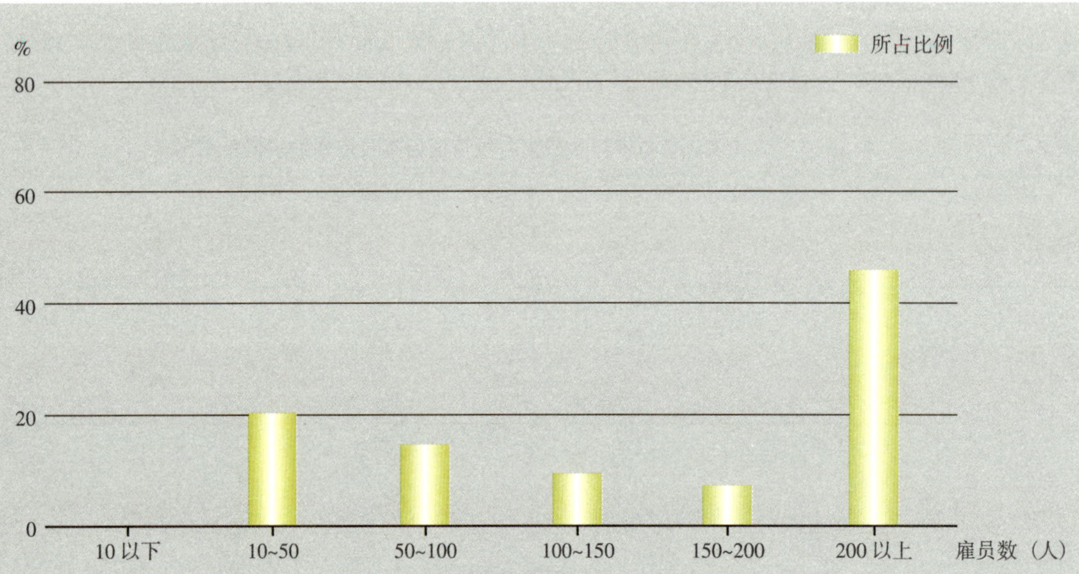

图 7-8 外资创业风险投资项目雇员人数分布（2009）

对外资创业投资机构与内资创业投资机构在项目雇员人数进行对比可以发现，外资更多投资于规模较大的企业，主要集中在 200 人以上的大企业，占全部投资项目的 47.5%；而内资创业投资机构则更多投资于 50 人以下的项目，占到全部项目的 62.4%，其中 10 人以下企业又占有较大比重。这与内资企业更多投资于种子期的项目也有一定关系（见表 7-9 和图 7-9）。

表 7-9 2009 年外资与内资创业投资项目雇员人数分布 单位：%

雇员数（人）	10 以下	10 ~ 50	50 ~ 100	100 ~ 150	150 ~ 200	200 以上
外资	0.0	20.3	13.6	8.5	6.8	47.5
内资	24.0	38.4	9.5	6.0	4.6	17.5

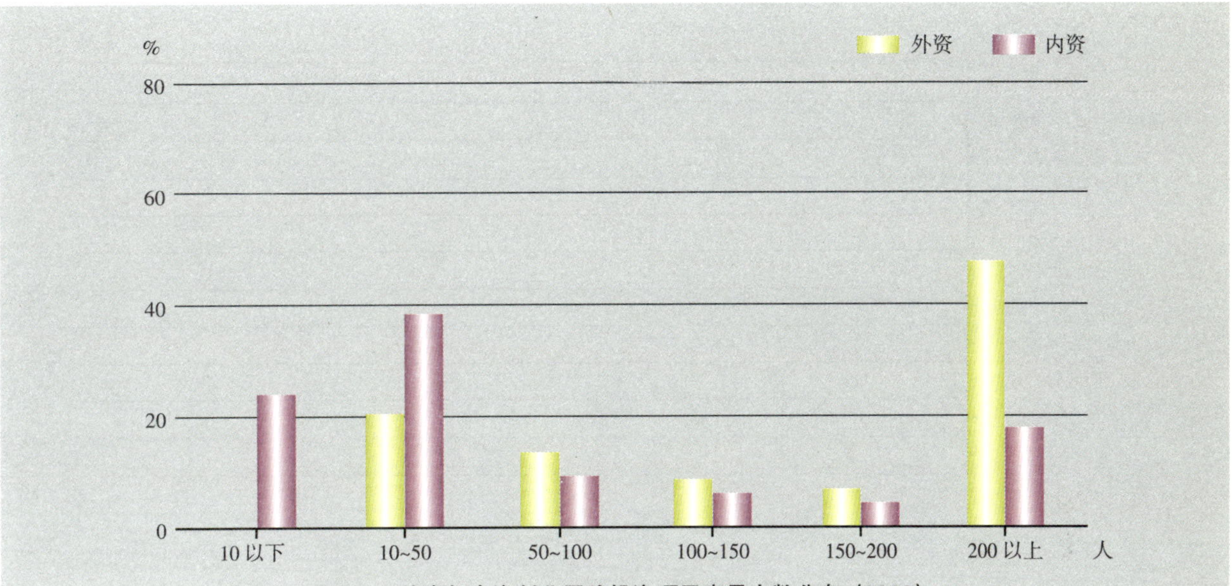

图 7-9 外资与内资创业风险投资项目雇员人数分布（2009）

7.5 外资创业风险投资项目的总体运作状况①

截至 2009 年年底，在外资创业投资机构所投资的企业中，除了继续运行外，准备上市、原股东回购以及被其他机构收购是三种主要的运行方式，所占比例分别为 12.5%、9.9%和 7.2%。对内资创业投资机构来说，原股东回购、准备上市以及已上市则成为三种主要的运行方式，所占比例分别为 13.6%、10.2%和 6.5%。从中可以看出，原股东回购和上市已经成为内资和外资创业投资机构实现退出的共同方式。相比较而言，外资机构更愿意通过机构之间的股权转让来实现退出和回收资金，如在外资创业投资所投项目中，有 7.2%的项目被其他机构收购，而内资机构采用这一方式的仅占 4.7%。另外，从上市地点来看，随着国内创业板的推出和资本市场的不断完善，境内上市已经成为一种重要选择。其中，外资机构所投资项目中，已在境内上市或准备在境内上市的比例为 15.1%，内资这一比例为 14.5%；外资机构所投资项目中，已在境外上市或准备在境外上市的比例为 3.2%，而内资这一比例为 2.2%（见表 7-10、图 7-10 和图 7-11）。

表 7-10 截至 2009 年年底内资与外资创业投资项目的运作情况 单位：%

被投资项目运作状况	已上市		准备上市		被其他机构收购			原股东（创业者）回购	管理层收购	继续运行	清算
	境内上市	境外上市	境内上市	境外上市	境内上市公司收购	境内非上市公司或自然人收购	境外收购				
内资	6.5		10.2		4.7			13.6	1.0	61.0	3.2
	4.7	1.8	9.8	0.4	0.5	3.8	0.4	13.6	1.0	61.0	3.2
外资	5.8		12.5		7.2			9.9	1.5	58.6	4.5
	3.9	1.9	11.2	1.3	0.9	6.3	0	9.9	1.5	58.6	4.5

① 28 家外资机构参与了此问题的调查。

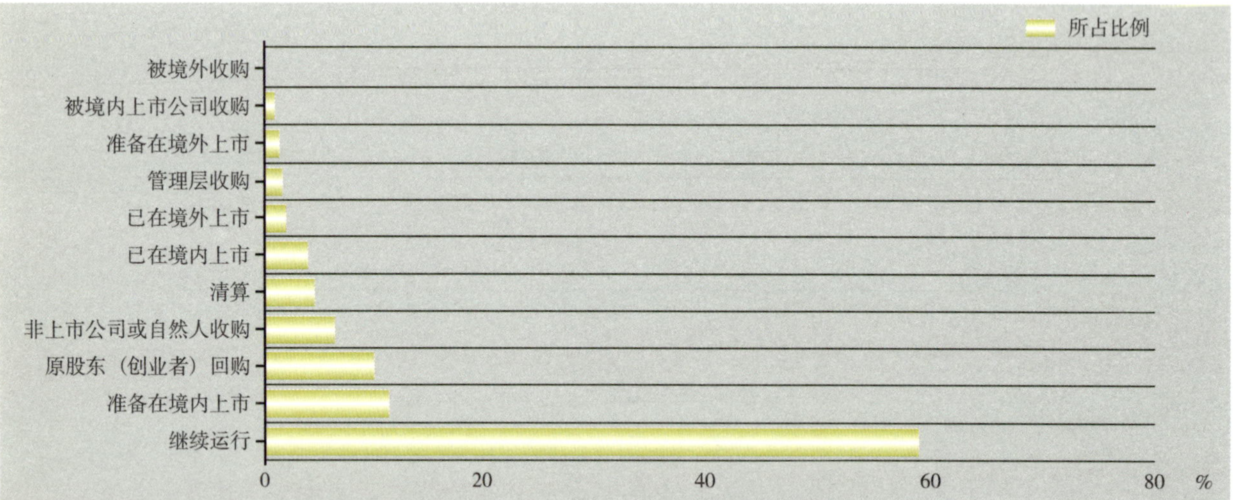

图 7-10　截至 2009 年年底外资创业风险投资项目的运作情况

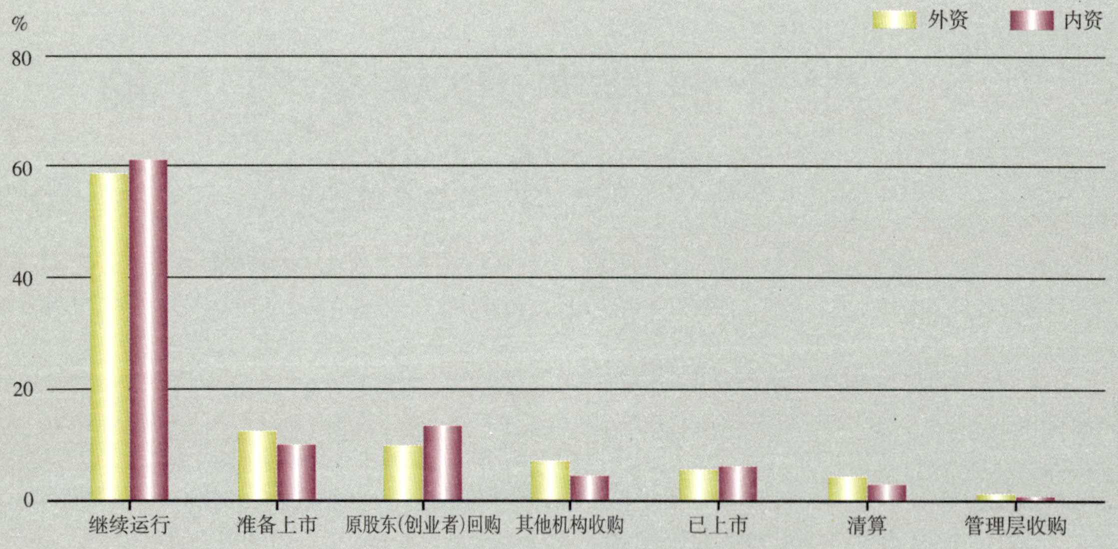

图 7-11　截至 2009 年年底外资与内资创业风险投资项目的运作情况

7.6 影响外资创业风险投资机构投资决策的因素[①]

根据调查情况，2009年影响外资创业投资机构投资决策的因素依次为“市场前景”、“管理团队”、“盈利模式”、“技术因素”、“财务状况”、“股权价格”和“竞争对手情况”，这一顺序与2008年的调查结果相比略有变化，其中对“盈利模式”和“技术因素”的重视程度有所加强，且对“竞争对手情况”也更加关注。但总的来说，“市场前景”和“管理团队”仍然是最重要的两个因素，所占比例远远高于其他因素。

对比中外投资机构的影响因素，最重要的5个因素在顺序上基本一致，依次是“市场前景”、“管理团队”、“盈利模式”、“技术因素”和“财务状况”，只是在“技术因素”和“盈利模式”的重视程度上略有差别。在其他因素中，外资更注重“股权价格”、“竞争对手情况”和“公司治理结构”，而内资机构则对“公司治理结构”、“投资地点”和“资信状况”更为重视（见图7-12）。

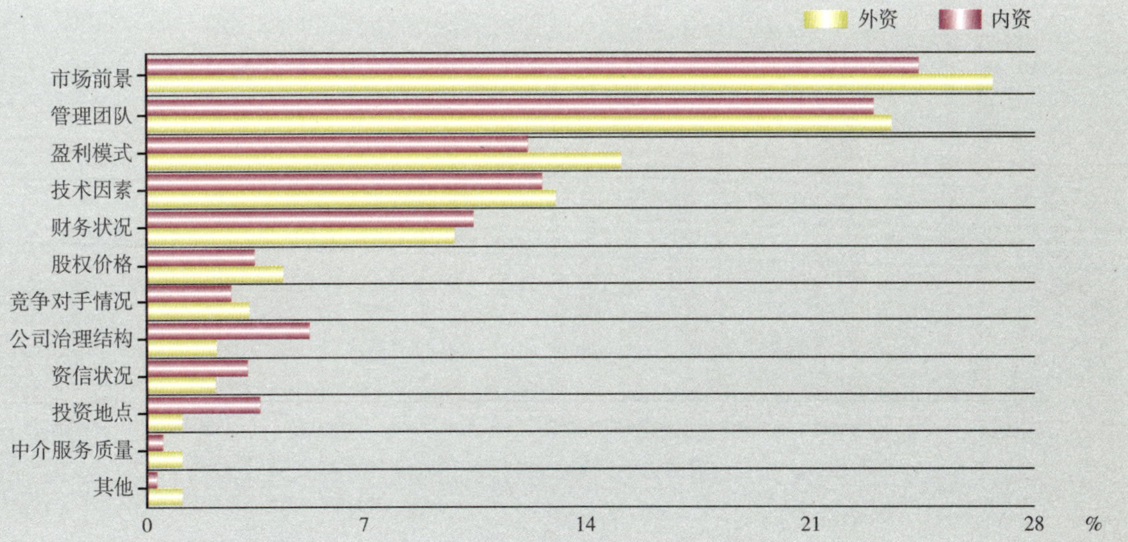

图7-12 影响外资与内资创业风险投资机构投资决策的因素（2009）

① 共有27家机构参与此问题的调查。

7.7 外资创业风险投资机构获取信息的主要渠道[①]

调查表明，2009 年外资创业投资机构获取信息的五个主要渠道依次为“政府部门推荐”、“朋友介绍”、“项目中介机构”、“项目业主”和“股东推荐”。与 2008 年相比，“政府部门推荐”由上年的第五位上升到第一位，“项目中介机构”则由原来的第一位下降为第三位，其他没有发生变化。

通过对比发现，中外创业投资机构获得信息的主要渠道基本一致，“政府部门推荐”是投资机构获取信息最重要的渠道，只是内资机构对政府部门更加依赖（见图 7-13）。

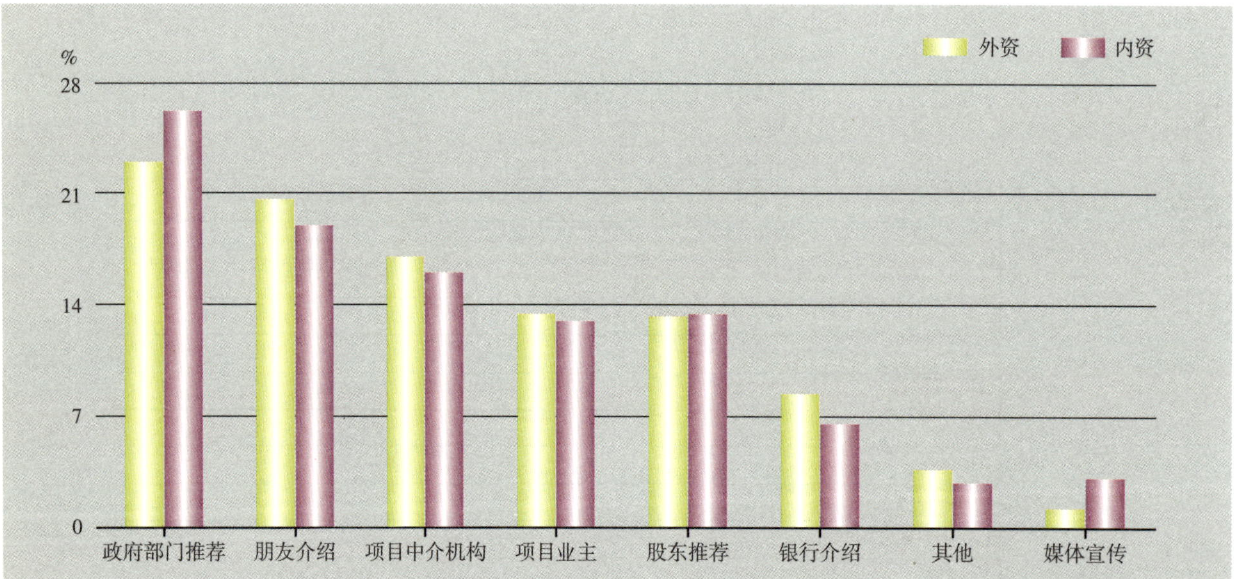

图 7-13 外资与内资创业风险投资机构获取信息的主要渠道（2009）

① 共有 27 家机构参与此问题的调查。

7.8 外资创业风险投资项目的监管模式[①]

根据调查，外资创投机构的管理模式主要包括“提供管理咨询”、“董事会席位”和“财务咨询”三种方式。与 2008 年相比，“提供管理咨询”取代“董事会席位”成为最重要的管理模式。从中外投资机构比较来看，各种管理模式的重要性基本一致，只是内资机构采用“只限监管”这种方式的比例更大一些（见图 7-14）。

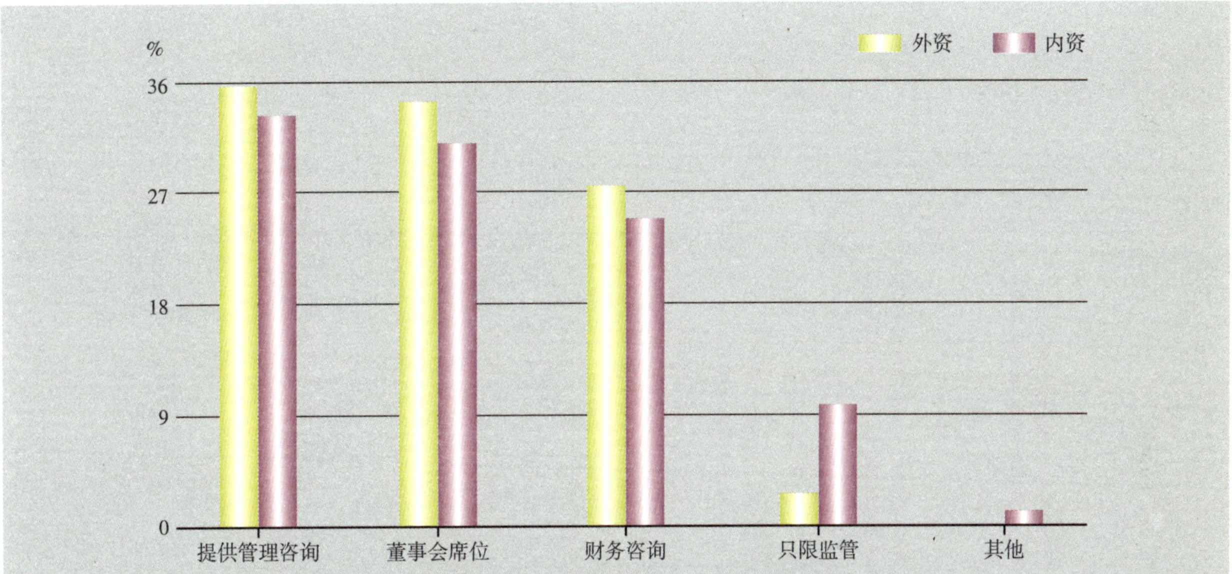

图 7-14 外资与内资创业风险投资项目的监管模式（2009）

① 共有 27 家机构参与了此问题的调查。

7.9 与外资创业风险投资机构经营有关的人力资源因素①

从调查中发现，一个合格的创业投资人员应该具有各方面的综合素质，其中外资更注重“判断力和洞察力”、“资本运作能力”、“人际关系网络和协调能力”、“财务管理能力”、“商务谈判能力”和“技术背景”。其中，“判断力和洞察力”取代“商务谈判能力”成为第一重要的因素，这与当前经济结构转型和新兴产业兴起这一大背景比较吻合；“资本运作能力”和“人际关系网络和协调能力”也受到更多重视。

相对而言，内资机构关注的综合素质依次为“资本运作能力”、“判断力和洞察力”、“人际关系网络和协调能力”、“商务谈判能力”、“财务管理能力”和“技术背景”。从中可以看出，中外资机构对创业投资人员的综合素质要求趋于一致，只是内资机构对“资本运作能力”和“商务谈判能力”更加重视（见图 7-15）。

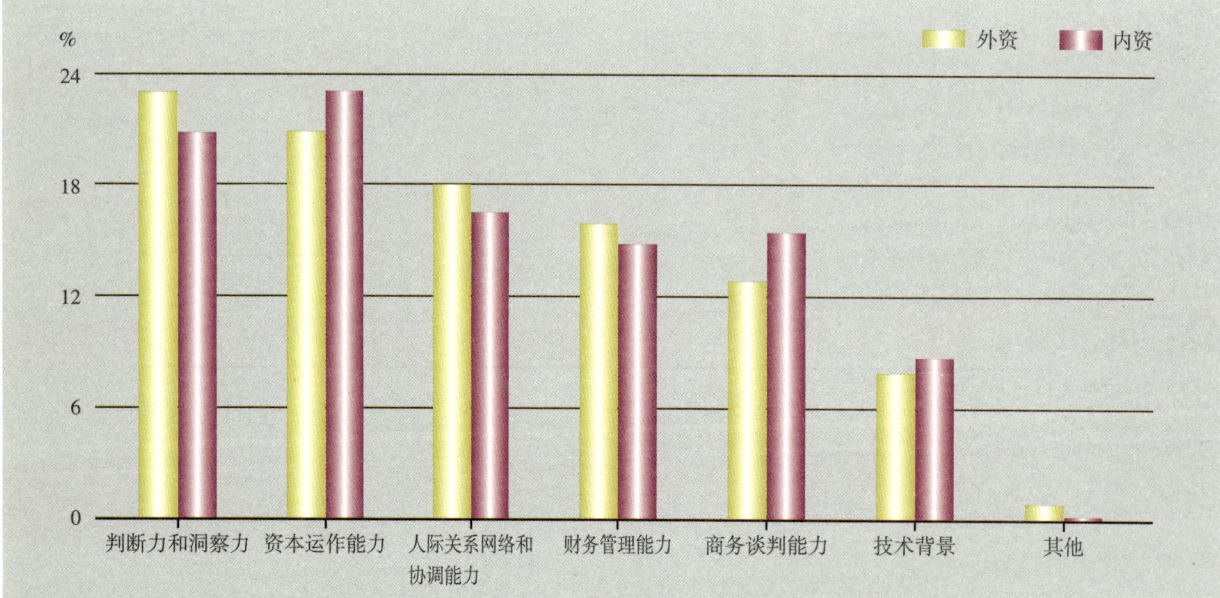

图 7-15 外资与内资创业风险投资机构对合格创业风险投资人员素质的要求（2009）

① 共 27 家外资机构参与了此问题的调查。

本报告还针对“我国创业投资从业人员缺乏哪些专业知识”进行了调查，[①]中外创业投资机构的回答也略有不同，外资机构把“项目识别”、“资本运作”和“财务管理能力”列在前三位；内资机构则认为“技术评估”是最缺乏的，其他分别为“资本运作”和“项目识别”。可以看出，外资机构更希望投资人员具有经营管理方面的能力，而内资机构依然把“技术评估”、“资本运作”以及“项目识别”作为创业投资人员最重要的能力（见图 7-16）。

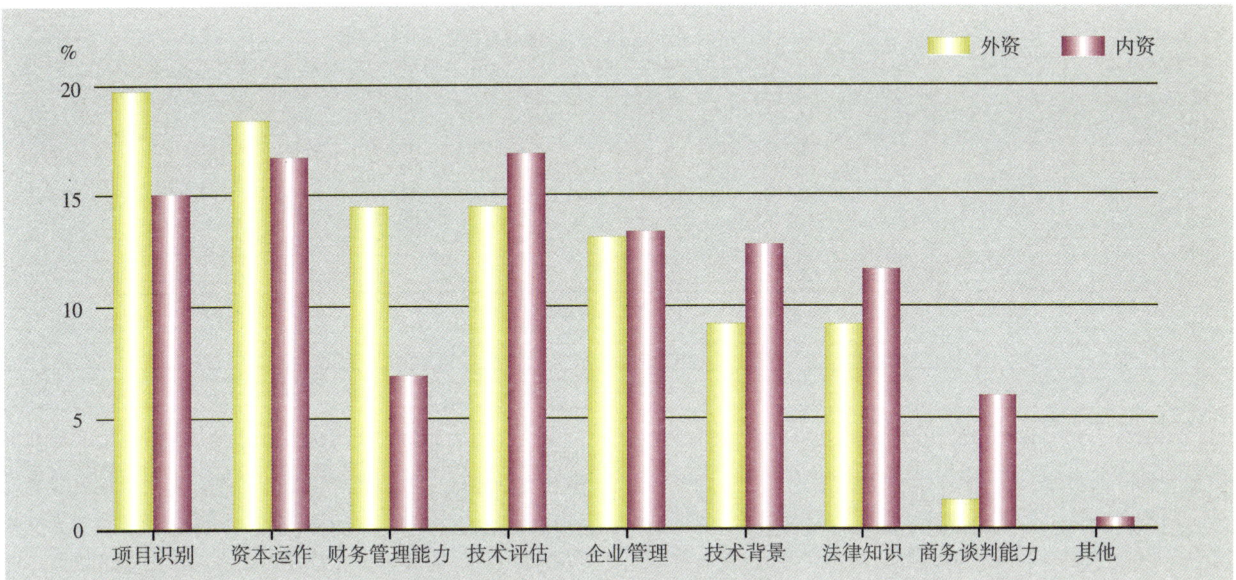

图 7-16 外资与内资创业风险投资机构认为我国创业风险投资从业人员缺乏的专业知识（2009）

7.10 外资创业风险投资机构对行业总体发展环境的评价

调查发现，对外资创业投资机构来说，“内部管理水平有限”、“技术不成熟”、“市场竞争”和“缺乏诚信”是投资效果不佳的最主要的原因。[②]相对来讲，内资机构则认为“内部管理水平有限”、“政策环境变化”、“退出渠道不畅”以及“市场竞争”是投资效果不佳的主要原因。从中可以看出，“内部管理水平有限”已成为中外创业投资机构投资效果不佳最重要的原因，亟须提高我国创业企业的管理水平。另外，“技术不成熟”已成为影响外资创业投资机构投资效果的重要因素，这可能与外资创业投资机构更愿意投资于成长期的项目有关。值得指出的是，与 2008 年对比，外资机构不再把“政策环境变化”、“后续融资不力”列为影响投资效果的主要因素，尽管与内资机构略有差异，但也说明随着国内资本市场的逐步完善以及法律制度的逐步健全，国内创业投资的环境有了一定改善（见图 7-17）。

①② 共 27 家外资机构参与了此问题的调查。

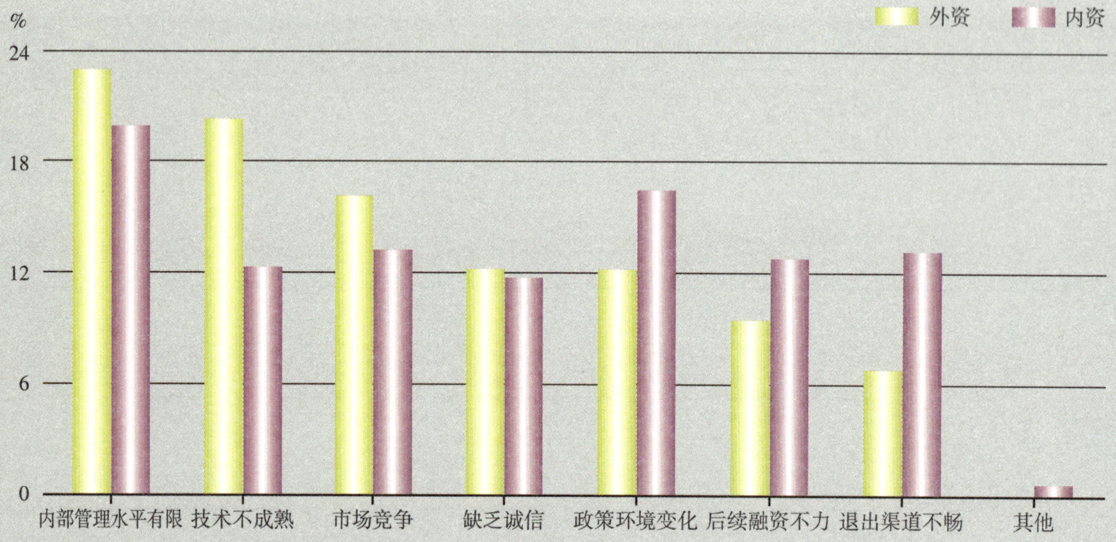

图 7-17 外资与内资创业风险投资机构认为投资效果不理想的原因（2009）

为了进一步考察当前我国创业投资发展所处的环境，本报告还专门对创业投资发展所面临的困难进行了调查①。外资机构仍然把“缺乏行业法规”、“多层次资本市场不完善”以及“政策不明朗”、“缺乏好项目”、“企业管理水平低”等列为最主要的问题。所以，尽管我国在法律制度建立、资本市场完善方面取得了一定进展，但仍远远不能满足我国创业投资行业的发展需要，良好的创业投资外部环境的建立，依然任重道远。另外，创投机构自身素质（内部管理水平低、缺乏好项目）也制约着我国创业投资行业的发展，需要进一步加强对创业人员的管理培训，提供更为良好的产业化环境，不断培育出更多、更好的项目（见图 7-18）。

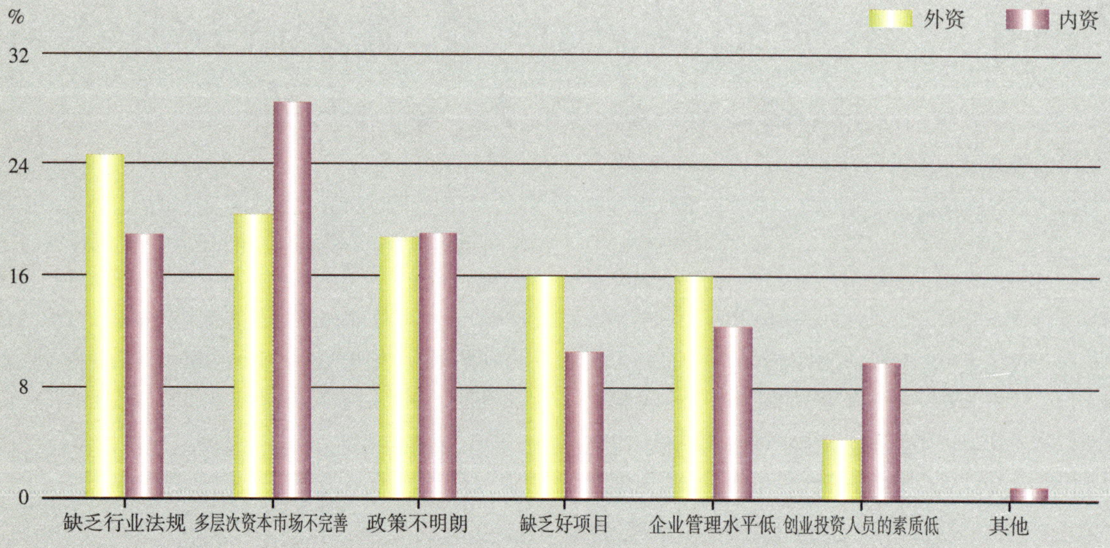

图 7-18 外资与内资创业风险投资机构对面临的主要发展困难的判断（2009）

① 共有 27 家外资机构参与了此问题的调查。

8 2009 年中国创业风险投资发展环境及在中小板、创业板中的表现

8.1 中国创业风险投资机构的政策环境

本节主要根据调研样本数据分析中国创业风险投资机构目前的政策环境，梳理中国创业风险投资机构最希望出台的有关政策等信息。

8.1.1 中国创业风险投资机构可以享受到的政府扶持政策

近年来，中央及地方政府都出台了一系列相关政策支持我国创业风险投资事业发展，在一定程度上推动了我国创业投资的快速发展。北京市、江苏省、浙江省、湖北省、山东省等地区不断创新财政投入方式，设立了创业投资引导基金等，支持创业风险投资机构发展，部分地区还设立了风险补偿金等专项资金，对支持前端投资的创投机构给予风险补偿，降低其投资风险；北京、江苏等地区出台了一系列关于促进创业投资企业发展的税收政策，给予支持中小高新技术企业发展的创业风险投资机构税收优惠；同时各地也不断举办创业风险投资与企业项目的对接会，为创业风险投资机构和企业提供咨询、信息、辅导等服务。根据 2009 年调研样本显示，29.1%的创业风险投资机构享受到政府资金的支持，28.3%享受到所得税减免政策优惠，28.2%在信息交流方面得到了支持，部分创业风险投资机构还获得了人员培训等方面的支持（见图 8–1）。

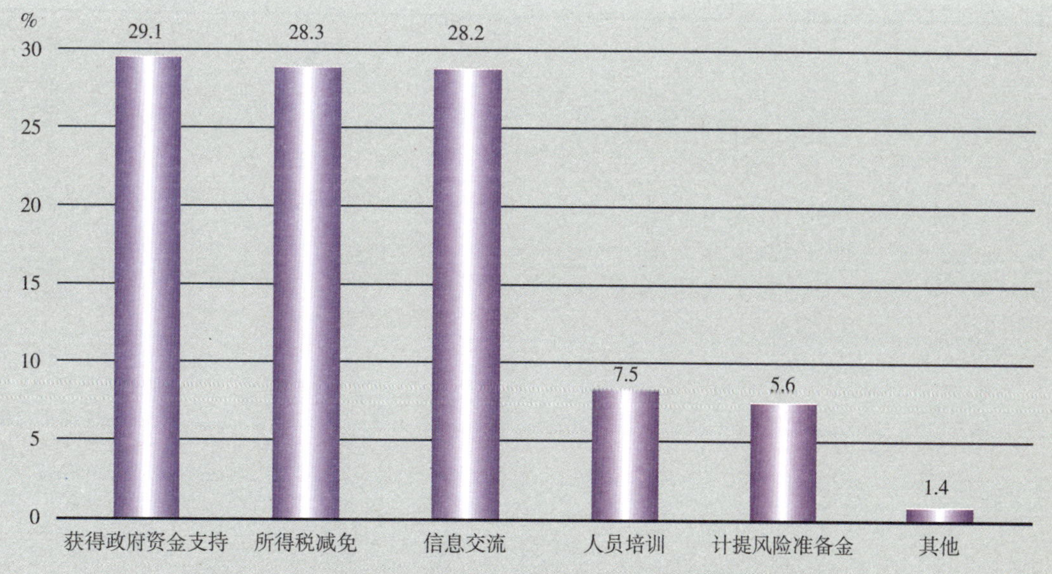

图 8–1 创业风险投资机构可以享受到的政府扶持政策（2009）

2009 年调查显示，[①]各地区在实践中实施了多项政府扶持政策，支持我国创业风险投资机构发展。如北京市 34.62%的创业风险投资机构可以获得政府资金支持，天津市 51.52%的创业风险投资机构可获得所得税减免，大部分地区的创业风险投资机构都可以获得政府组织的信息交流服务，上海 11.11%的创业风险投资机构还可以计提风险准备金。这些政策性支持有效降低了中国创业风险投资机构的投资风险和成本等（见图 8-2），为中国创业风险投资发展营造了有利的创新创业环境。

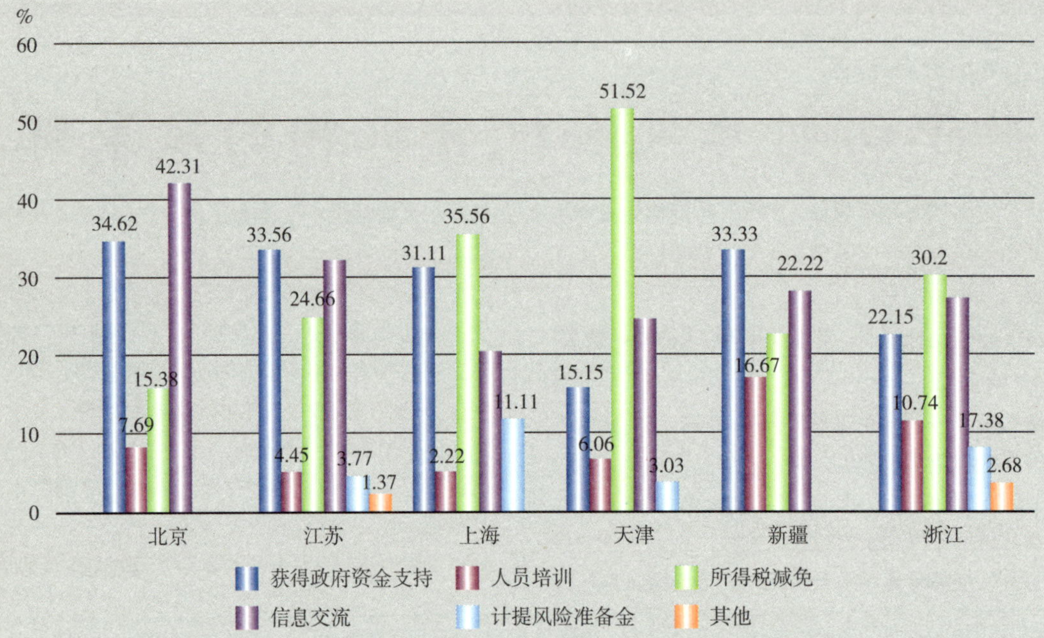

图 8-2 创业风险投资机构可以享受到的政府扶持政策（2009）

8.1.2 中国创业风险投资机构税收负担情况

2007 年财政部、国家税务总局联合出台了《关于促进创业投资企业发展有关税收政策的通知》（财税［2007］31 号），对创业风险投资机构实行税收优惠政策，引导创业风险投资机构支持高新技术企业发展。根据 2009 年调查样本显示，当前 66.3%的创业风险投资机构税收负担在 10%以下，16.7%的创投机构税收负担为 10%~20%，11.9%的创投机构承担着 20%~30%的较高税收负担，仅 5.1%的创投机构承担着 30%以上的高税收负担。总体来看，中国创业风险投资机构税收环境较为宽松，但一些地区创业风险投资机构的税收优惠政策并未有效落实，影响了创业风险投资发展（见图 8-3）。

① 有效样本数为 246 份。

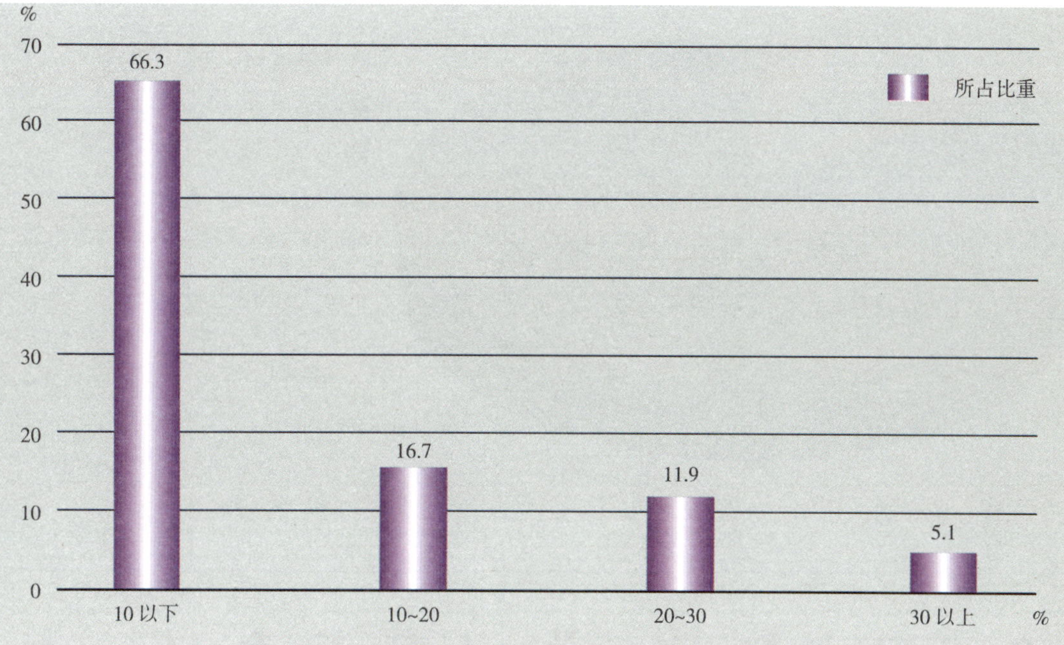

图 8-3 创业风险投资机构目前的税收负担（2009）

8.1.3 中国创业风险投资机构希望出台的政府激励政策

2009 年调查样本显示，中国创业风险投资机构最希望出台的政府激励政策主要有以下几类（见图 8-4）：

（1）税收减免。根据调查，中国创业风险投资机构最希望出台的政府激励政策是税收减免类，占 24%。尽管 2007 年财政部、国家税务总局出台了《关于促进创业投资企业发展有关税收政策的通知》（财税［2007］31 号），但是其覆盖范围及落实力度仍需不断完善。

（2）设立政策类引导基金。根据调查，23%的调查对象希望设立政策性引导基金，并通过参股或融资担保方式支持创业风险投资业发展。2007 年，财政部、科技部率先设立了科技型中小企业创业投资引导基金，通过风险补助、投资保障及阶段参股等方式支持科技型中小企业发展，在其带动下，北京、江苏、浙江、安徽、陕西等地纷纷设立了相应的地方引导基金，但是从整体来看，中国创业投资引导基金规模仍然较小，覆盖面有限。

（3）完善多层次资本市场。根据调查，18.9%的调查对象希望进一步完善中国多层次资本市场建设。目前中国初步形成了主板市场、中小板市场并存，创业板市场快速发展，“股权代办转让系统”酝酿扩大范围的态势，为中国创业风险投资业发展带来了巨大契机。但是，真正能够通过中小板、创业板实现退出的创业风险投资仍然较少，“股权代办转让系统”市场有待进一步激活。

（4）政府奖励。根据调查，12.6%的创业风险投资机构希望能够出台相关政府奖励政策，鼓励创业风险投资发展，支持科技成果转化和科技型中小企业发展。2009 年，财政部、国资委、证监会、社保基金会出台了《境内证券市场转持部分国有股充实全国社会保障基金实施办法》（财企［2009］94 号），严重影响了国有创业风险投资机构的生存和发展，亟待出台相关“奖励豁免”政策。

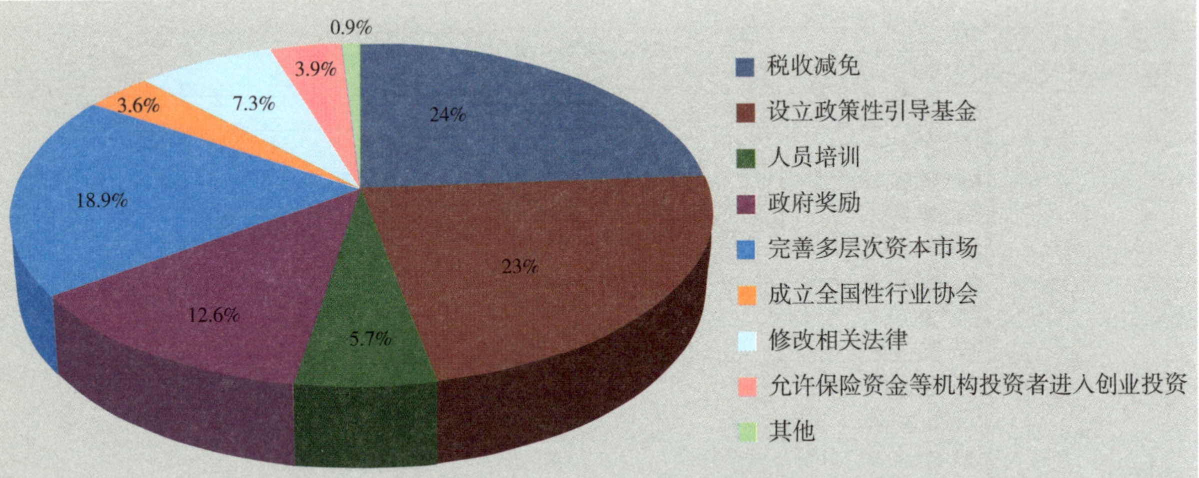

图 8-4 创业风险投资机构希望出台的政府激励政策（2009）

8.2 "国有股转持"政策严重制约中国创业风险投资业发展

2009 年 6 月，财政部、国资委、证监会、社保基金会出台了《境内证券市场转持部分国有股充实全国社会保障基金实施办法》（财企［2009］94 号），对中国国有创业风险投资机构发展带来了巨大影响。

截至 2010 年 5 月 31 日，按照股票首日上市开盘价计算，创业板市场国有创业投资机构已经累计划转 16 笔，市场价值达 7.54 亿元；中小板市场已划转或暂未划转（部分股份已经交易的，需上缴一定资金）的国有创业投资 35 笔，市场价值达 15.96 亿元，部分国有创投的股本被全部划转，如特瑞德股东青岛市崂山区科技风险投资有限公司、威创股份股东广州市科技创业投资有限公司等。

"国有股转持政策"制约国有创业风险投资机构发展的影响已逐步显现。从创业板来看，以 2010 年 3 月划界，之前的 58 家上市公司股东中，国有创业风险投资机构投资上市 15 笔；之后至 6 月底上市的 32 家公司股东中，国有创业风险投资机构仅投资上市 2 笔，创业板上市公司 IPO 中国有创业风险投资机构的身影大幅减少（见表 8-1）。

表 8-1 资本市场国有股转持整体情况（截至 2010 年 5 月 31 日）

板块	被划转国有创投投资数（笔）	原持有股份（亿股）	被划转股份（万股）	被划转市值（亿元）
主板	1	4.34	816.74	1.72
中小板	35	2.69	5894.35	15.96
创业板	16	0.95	2196.48	7.54

注：市值按照股票首日上市开盘价计算。

8.3 国家科技计划支撑创业风险投资发展概况

8.3.1 国家科技计划对创业风险投资项目的支持情况

2009 年调查样本显示，[①]中国创业风险投资项目中，约有 8.17%的项目获得了国家科技计划的支持，其中，2.35%创业风险投资项目获得了科技型中小企业技术创新基金支持，1.5%和 1.13%创业风险投资项目分别受到火炬计划和“863 计划”的支持（见图 8–5）。

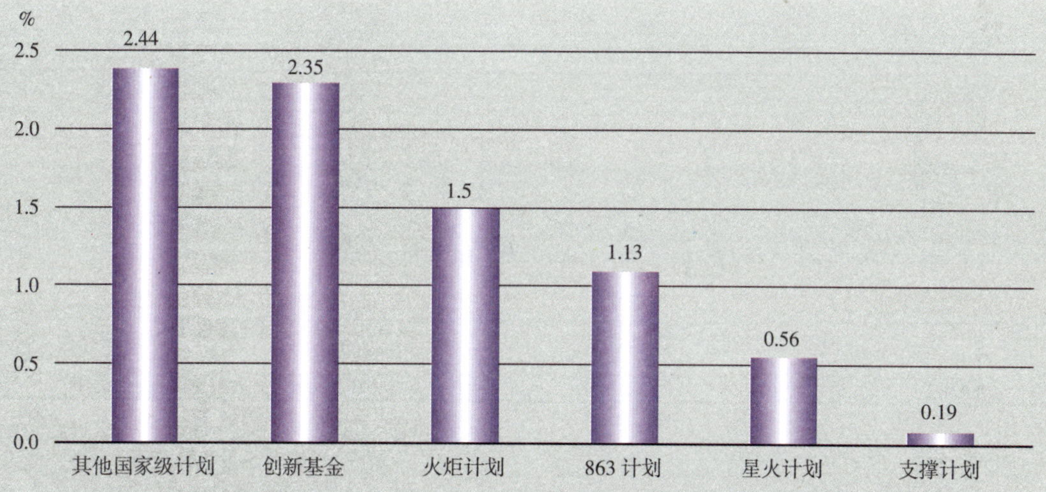

图 8–5 国家科技计划对创业风险投资项目的支持（2009）

8.3.2 国家科技计划与创业风险投资项目对接的关键因素

调查样本显示，21.9%的创业风险投资机构认为加大基础、应用和开发投入能够促进国家科技计划和创业风险投资项目的对接；18.7%的创业风险投资机构认为需要尽快设立科技型中小企业上市的绿色通道；18.6%的创业风险投资机构认为应鼓励、资助创业投资与孵化器之间的合作；18%的创业风险投资机构认为应对创业投资项目给予直接资助（见图 8–6）。

① 有效样本数为 1066 份。

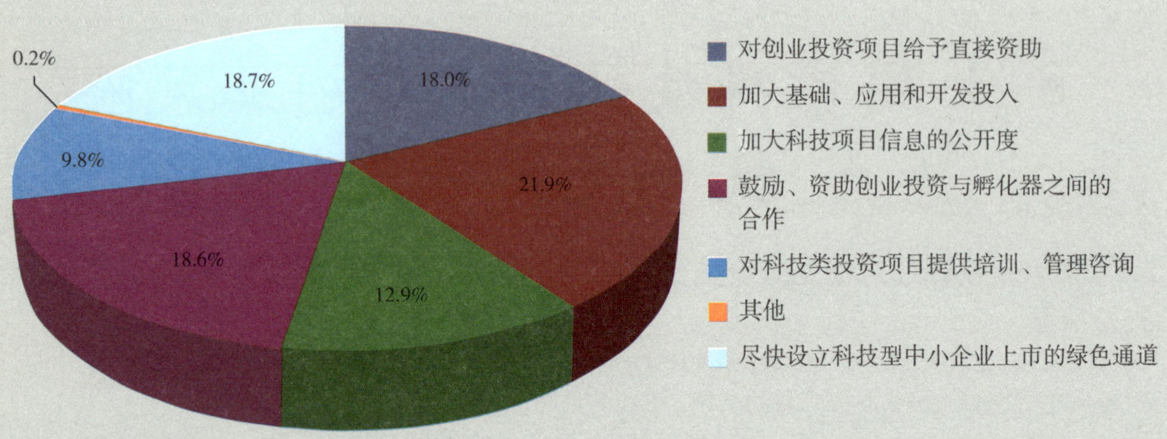

图 8-6 国家科技计划与创业风险投资项目对接的关键

8.4 2009 年中国创业风险投资引导基金概况

2007 年 7 月，科技部和财政部批准设立了创业风险投资引导基金，通过风险补助和投资保障及阶段参股等支持方式，引导创业风险投资机构向初创期科技型中小企业投资，支持初创期科技型中小企业创新创业。当年风险补助项目共 50 项，安排补助资金 7115 万元；投资保障项目 52 项，安排补助资金 2885 万元，总计立项金额 1 亿元。

2008 年风险补助项目共 77 项，安排补助资金 6590 万元；投资保障项目 75 项，安排补助资金 3410 万元，总计立项金额 1 亿元。同时，对阶段参股方式进行了试点，首轮投资 1 亿元，参股设立 6 家创业投资机构。

2009 年，引导基金共投入财政资金 3.59 亿元（含 2008 年首批阶段参股项目二次拨款 0.59 亿元），其中通过风险补助和投资保障方式共立项 186 项，累计安排补助资金 1.5 亿元，支持创业投资机构 101 家，对创业投资机构重点跟踪的 131 家初创期科技型中小企业给予了直接资助，对投资于 177 家初创期科技型中小企业的 9.9 亿元投资资本给予了风险补助。通过阶段参股方式，共出资 1.5 亿元参股设立了 8 家重点投资于科技型中小企业的创业投资企业，总计注册资本达到 13.37 亿元。

三年来，引导基金共投入财政资金 6.59 亿元，其中通过风险补助和投资保障方式共立项 440 项，累计安排补助资金 3.5 亿元，支持创业投资机构 153 家，这些创业投资机构已投资或准备投资的科技型中小企业数量超过 1000 家，已投资金额超过 38 亿元，预计新增投资金额 5.5 亿元；直接资助创业投资机构重点跟踪的 222 家初创期科技型中小企业，对投资于 860 家初创期科技型中小企业的 37.7 亿元投资资本给予了风险补助；通过阶段参股方式，共出资 3.09 亿元参股设立了 14 家重点投资于科技型中小企业的创业投资企业，累计注册资本达到 23.82 亿元（见表 8-2）。

近三年来，在科技型中小企业创业投资引导基金的带动下，地方累计设立了 50 多家创业投资引导基金，带动地方资金达 250 亿元左右。

表 8-2　科技型中小企业创业投资引导基金运行情况（2007~2009）

分类 / 年份	风险补助		投资保障		投资保障（投资后）		阶段参股		共计	
	数量（项）	资金（万元）	数量（项）	资金（万元）	数量（项）	资金（万元）	数量（项）	资金（亿元）	数量（项）	资金（亿元）
2007	50	7115	52	2885	—	—	—	—	102	1
2008	77	6590	75	3410	—	—	6	1.59	158	2.59
2009	55	4670	95	7530	36	2800	8	1.5	194	3
共计	182	18375	222	13825	36	2800	14	3.09	454	6.59

资料来源：科技部火炬中心。

8.5　2009 年中国创业风险投资在中小板的特征表现

2009 年，中小板新上市 54 家，其中 21 家上市公司获得 38 笔创业风险投资，包括国有创业风险投资机构投资 6 笔，投资了 4 家企业；民资创业风险投资机构投资 30 笔，投资 18 家企业；外资创业风险投资机构投资 2 笔，投资 2 家企业。

21 家获得创业风险投资的新上市企业中有 17 家为“高新技术企业”，占比 81%，高于中小板整体 70%的高新技术企业占比。数据显示，外资创投机构参与的上市企业市盈率明显较高，且融资规模也较大，平均融资达 10.94 亿元，外资创业风险投资机构所持有的股份价值达 6 亿多元，远高于国有和民资的创业风险投资机构；相对国有创业风险投资机构来说，民资创业风险投资机构平均募集资金较多，达 8.11 亿元，所持股份价值也高，为 2 亿多元，同时，民资创业风险投资机构所投资的上市企业盈利指标要优于整体水平；国有创业风险投资机构投资企业的盈利指标 ROE 明显低于市场平均水平（见表 8-3）。

表 8-3　中小板创业风险投资投资企业情况（2009）①

指标 / 分类	数量（个）	平均首发数量（万股）	平均募集资金（亿元）	创投机构平均持股价值（亿元）	平均首发市盈率	平均净资产收益率（ROE）
国有创投投资企业	4	3373	5.81	0.94	42.15	11.05
民资创投投资企业	18	3131	8.11	2.08	45.21	14.90
外资创投投资企业	2	4050	10.94	6.1	61.31	13.36
有创投参与的企业	21	3248	7.96	2.23	46.04	14.13
无创投参与的企业	33	3736	7.61	—	44.67	13.64
总 计	54	3544	7.85	—	45.37	14.00

数据来源：WIND 数据库。

① 注：持股价值按首日开盘价格计算，部分企业既有国有创投机构投资也有民资创投机构投资，总计已剔除重复计算。

从地域来看，获得创业风险投资的21家上市企业中，来自广东的10家，其余为江苏4家，湖南2家，湖北、安徽、福建、浙江、四川各1家，创业风险投资依然集中于长三角等民营经济较发达地区。

从行业分布来看（见图8-7），中小板市场上，2009年中国创业风险投资机构主要投资于半导体行业，项目数占比38.10%；其次为新材料工业、消费产品和服务行业，均为14.29%。其中，国有创业风险投资机构的6笔投资中，4笔投向新材料行业，2笔投向半导体行业；民资创业风险投资机构创投更倾向于投资消费产品和服务，以及半导体行业。

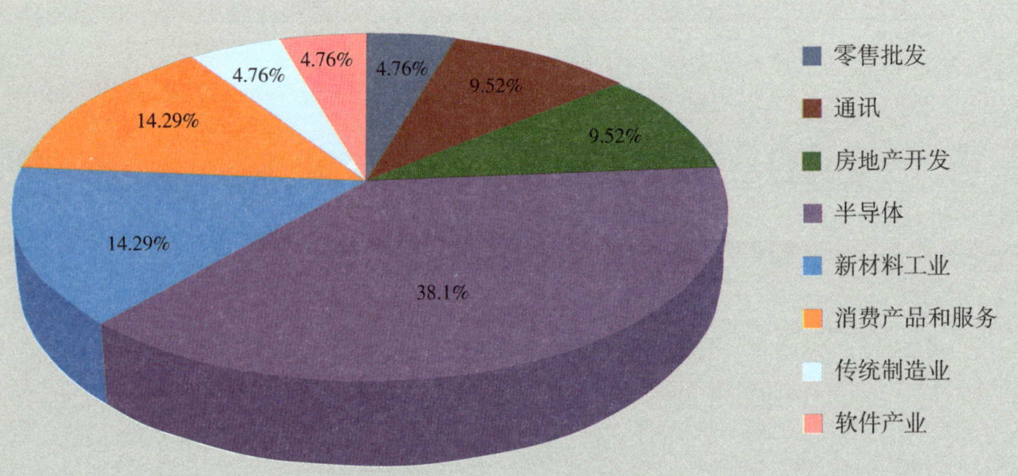

图8-7 2009年中小板创投投资项目行业分布

自《境内证券市场转持部分国有股充实全国社会保障基金实施办法》出台以来，2009年中小板新上市企业中国有创业风险投资机构的6笔投资均已经被划转，按首日发行价计算，划转价值达2.27亿元，占其总价值的40.19%，部分创业风险投资机构的股份被全部划转，这在很大程度上影响了国有创业风险投资机构的发展。

8.6 2009年中国创业风险投资在创业板的特征表现

2009年10月，创业板市场正式挂牌交易，为中国创业风险投资发展带来了巨大契机。2009年创业板新上市36家， 25家上市公司获得46笔创业风险投资，其中，国有创业风险投资机构投资8笔，投资了8家企业；民资创业风险投资机构投资36笔，投资了20家企业；外资创业风险投资机构投资2笔，投资2家企业，相比中小板来说，创业板更受到创业风险投资的青睐。

25家获得创业风险投资的上市公司中有24家为“高新技术企业”，占比达96%，远高于中小板70%及创业板91.5%的平均水平。外资创业风险投资机构平均持股价值达25亿元，远高于其他股权性质的创业风险投资机构，且外资所投企业ROE平均为19.48，盈利能力较强；没有创投投资的企业中，神州泰岳和华谊兄弟发行股本较多，融资量都在10亿元以上，市盈率也较高，提高了没有创投投资的企业平均水平（见表8-4）。

表 8-4　　创业板创业风险投资投资企业情况（2009）①

指标分类	数量（个）	平均首发数量（万股）	平均募集资金（亿元）	创投机构平均持股价值（亿元）	平均首发市盈率	平均净资产收益率（ROE）
国有创投投资企业	8	2281	4.56	2.46	63.56	12.03
民资创投投资企业	20	1966	5.52	1.23	58.41	12.53
外资创投投资企业	2	2675	8.32	25	60.93	19.48
有创投参与的企业	25	2091	5.48	3.17	59.83	12.89
无创投参与的企业	11	2490	7.06	—	69.55	14.54
总 计	36	2143	5.67	—	59.54	13.03

数据来源：WIND 数据库。

从地域来看，获得创业风险投资的 25 家上市企业中，来自北京的 7 家，其余为广东 3 家，江苏、上海、湖南各 2 家，山东、重庆、河南、安徽、浙江、甘肃、辽宁、天津、四川各 1 家。

从行业分布来看（见图 8-8），创业板市场上，2009 年中国创业风险投资机构主要投资于医药保健行业，项目数占比 20%，其次为工业机械、半导体和软件产业，均为 16%。其中，国有创业风险投资机构投资半导体行业 8 笔投资中，3 笔投向医药保健行业，2 笔投向半导体行业，2 笔投向软件产业，1 笔投向工业机械行业；民资创业风险投资机构更倾向于软件产业和半导体产业。

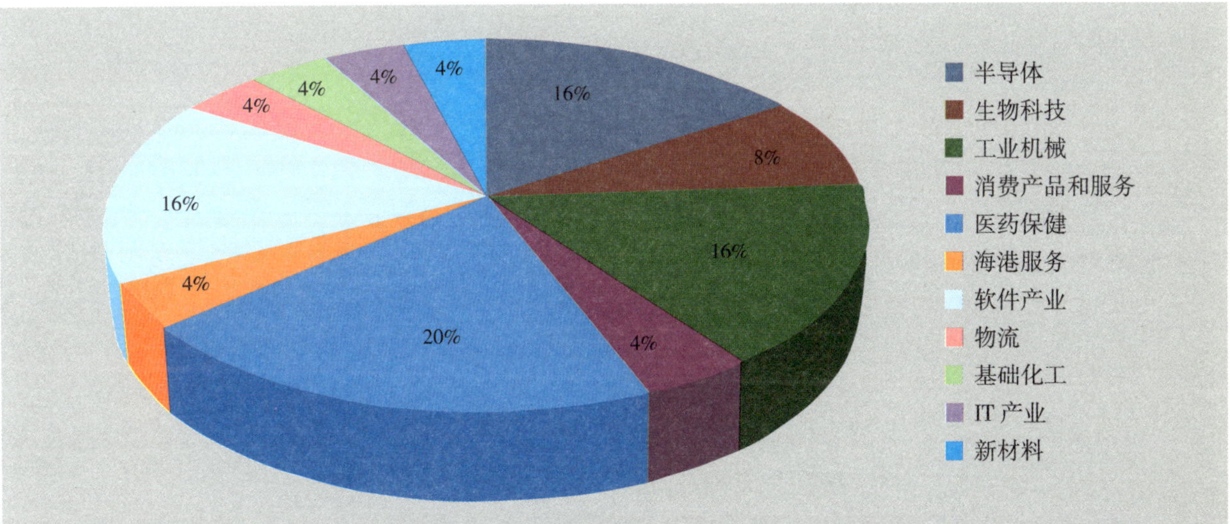

图 8-8　2009 年创业板创投投资项目行业分布

2009 年，创业板新上市企业中，国有创业风险投资机构的 8 笔投资均已经被划转，按首日开盘价计算，划转价值达 4.66 亿元，占其总价值的 27.05%。

① 注：持股价值按首日开盘价格计算，部分企业既有国有创投机构投资也有民资创投机构投资，总计已剔除重复计算。

8.7 中国促进创业风险投资发展的主要政策

本节对中国促进创业风险投资发展出台的国家层面政策文件进行了梳理。自 1999 年国办转发科技部等七部门联合出台的《关于建立风险投资机制的若干意见》以来，我国各有关部门相继出台了支持创业投资发展的相关政策，涉及外商投资创业投资机构、管理监管、税收优惠、专项引导基金等多个方面，有效推动了近十年来我国创业风险投资事业的快速健康发展（见表 8–5）。

表 8–5 中国促进创业风险投资发展的主要政策文件

文件名称	出台时间	出台组织及部门等	主要精神
《关于建立风险投资机制的若干意见》	1999 年	科技部、国家计委、国家经贸委、财政部、人民银行、税务总局、证监会	明确发展风险投资重要意义，并提出指导、规范我国风险投资发展的基本原则
《中华人民共和国信托法》	2001 年	第九届全国人民代表大会常务委员会第二十一次会议通过	明确了委托人和受托人之间的法律关系，为风险投资发展提供依据
《中华人民共和国中小企业促进法》	2002 年	第九届全国人民代表大会常务委员会第二十八次会议通过	提出通过税收政策鼓励各类依法设立的风险投资机构增加对中小企业的投资
《外商投资创业投资企业管理规定》	2003 年	外经贸部、科技部、国家工商总局、国家税务总局、国家外汇管理局	为鼓励、规范外国公司、企业和其他经济组织或个人从事创业投资提供管理依据
《关于外商投资创业投资公司缴纳企业所得税有关税收问题的通知》	2003 年	国家税务总局	为外商投资创业投资企业组建为法人及非法人的创投企业明确了有关税收问题
《关于外商投资举办投资性公司的规定》	2004 年	商务部	对外商投资举办投资性公司的注册资本、组织形式、投资行为等提出了管理规定
《创业投资企业管理暂行办法》	2005 年	国家发展改革委、科技部、财政部、商务部、中国人民银行、国家税务总局、国家工商总局、中国银监会、中国证监会、国家外汇管理局	对创业投资企业实行备案管理，并对其经营范围、投资行为等进行了规定
《关于促进创业投资企业发展有关税收政策的通知》	2007 年	财政部、国家税务总局	对投资支持中小高新技术企业的创业投资企业给予税收优惠
《科技型中小企业创业投资引导基金管理暂行办法》	2007 年	财政部、科技部	开展设立科技型中小企业创业投资引导基金，支持引导创业投资机构向初创期科技型中小企业投资
《关于创业投资引导基金规范设立与运作的指导意见》	2008 年	国家发展改革委、财政部、商务部	对创业投资引导基金的资金来源、运作方式、管理监管等方面提出指导意见
《关于外商投资创业投资企业、创业投资管理企业审批有关事项的通知》	2009 年	商务部	对总投资在 1 亿美元以下的外商投资创业投资企业、创业投资管理企业的审批权限等进行了下放
《关于加强创业投资企业备案管理严格规范创业投资企业募资行为的通知》	2009 年	国家发展改革委	明确创投备案条件，严控“募集有限合伙基金”和“从事代理业务”等名义的非法集资活动

续表

文件名称	出台时间	出台组织及部门等	主要精神
《关于实施创业投资企业所得税优惠问题的通知》	2009 年	国家税务总局	对合伙企业、外商投资创业投资企业等有关问题明确了税收优惠政策
《关于实施新兴产业创投计划、开展产业技术研究与开发资金参股设立创业投资基金试点工作的通知》	2009 年	国家发展改革委、财政部	扩大产业技术研发资金创业投资试点，推动利用国家产业技术研发资金，参股设立创业投资基金（即创业投资企业）试点工作
《首次公开发行股票并在创业板上市管理办法》	2009 年	中国证监会	创业板的推出为我国创业投资发展提供了良好的退出渠道，将进一步促进创业投资事业健康快速发展

其中，2009 年 3 月，商务部出台的《关于外商投资创业投资企业、创业投资管理企业审批事项的通知》（商资函［2009］9 号），进一步完善了 2003 年《外商投资创业投资企业管理规定》中的有关条款，规定资本总额 1 亿美元以下的（含 1 亿美元）外商投资创业投资企业、创业投资管理企业的设立及变更由省、自治区、直辖市、计划单列市、哈尔滨、长春、沈阳、济南、南京、杭州、广州、武汉、成都、西安、新疆生产建设兵团商务主管部门和国家级经济技术开发区依法负责审核、管理，由商务部进行备案，改变了以往设立及变更都要上报商务部的规定，简化了相关流程。

2009 年 4 月，国家税务总局签发的《关于实施创业投资企业所得税优惠问题的通知》（国税发［2009］87 号），首先，是对 2007 年 2 月财政部和国家税务总局联合发布《关于促进创业投资企业发展有关税收政策的通知》的进一步完善。该政策明确了早期设立的事业法人形式的各类创业投资中心也属于税收优惠对象；其次，明确纳入了“外商投资创业投资企业”；再次，对“中小高新技术企业”投资行为进行了动态调整，明确了投资前是中小企业，投资后超过中小企业标准，但仍符合高新技术企业标准的，也属于享受税收优惠政策范围；最后，简化申报手续，由地方主管税务部门审核并报送备案即可。

附录 1　中国香港特别行政区私募股权投资回顾（2009 年）

一、宏观经济环境

2009 年全球金融陷于低迷时期，投资环境欠佳，资金募集欠缺动力。中国香港特别行政区基于拥有完善的法律体制、金融系统和稳定的政治环境，仍为亚太区最大的私募股权投资基金管理中心。在过去的一年中，香港特别行政区所管理的资本总量为 574 亿美元，仍较 2008 年的 554 亿美元上升了 3.5%，同时占亚太区整体资金的 22.7%（见图 1）。

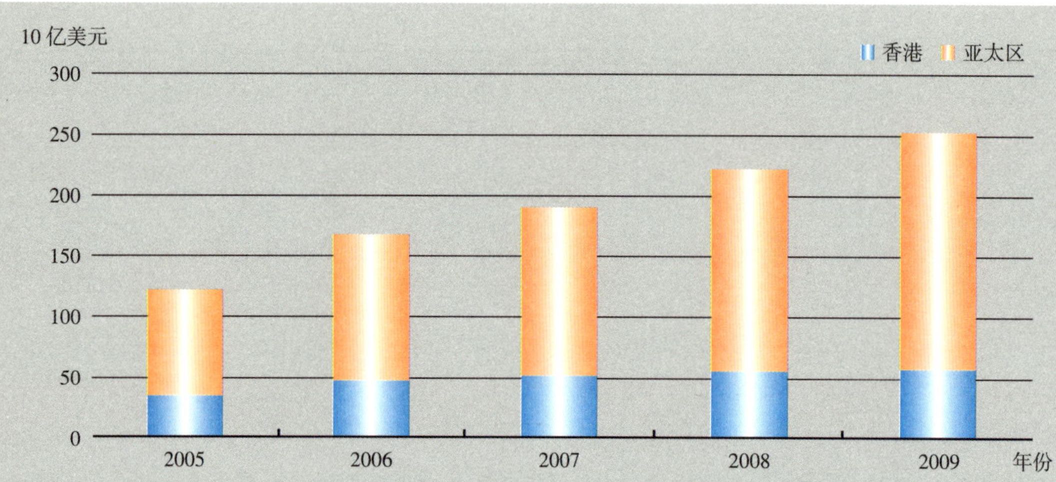

图 1　私募股权投资资本总量

资料来源：《亚洲创业投资期刊》。

二、基金募集

根据亚洲创业投资期刊研究部的调查显示，2009 年，亚洲所募集的私募股权投资基金额度为 195 亿美元，相比 2008 年的 526 亿美元急降了 63%。虽然面对着金融海啸的冲击，凯雷集团仍在私募市场成功募集 10.4 亿美元的凯雷亚洲四期成长基金。该基金主要投资于中国、日本、印度和韩国的成长型公司；加州公务员退休基金和瑞士合众集团是基金基初投资者；另外，麦格理和 Crown Asia-Pacific Private Equity 分别完成 3.8 亿美元和 3.7 亿美元基金中的基金募集，中国香港特别行政区 2009 年继续成为亚太区私募资本募集的领导者之一（见图 2、表 1）。

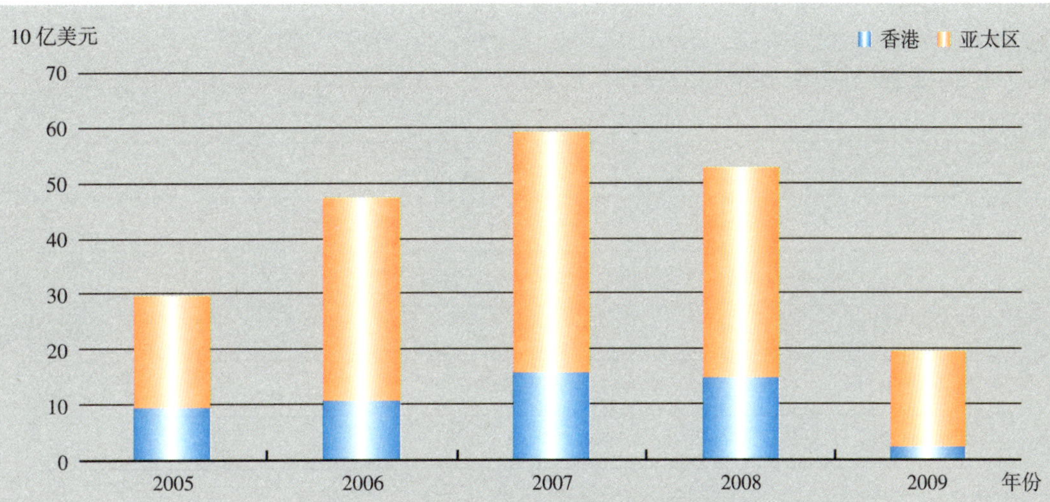

图 2 私募股权投资基金募集金额

资料来源：《亚洲创业投资期刊》。

表 1 2009 年中国香港特别行政区完成募集的主要私募股权投资基金

基金名称	基金规模（亿美元）	基金种类	基金管理公司
凯雷亚洲四期成长基金	10.4	成长基金	凯雷集团
麦格理亚太私募股权投资基金	3.8	基金中的基金	麦格理基金管理（香港特别行政区）有限公司
Crown Asia-Pacific Private Equity plc.	3.7	基金中的基金	LGT Capital Partners
亚洲环境基金	2.5	成长基金	泰山投资亚洲控股有限公司
汇丰亚洲风投三号	2.3	风投基金	汇丰直接投资（亚洲）有限公司

资料来源：《亚洲创业投资期刊》。

三、投资活动

作为亚太区内国际金融及商业服务枢纽，中国香港特别行政区在传统上并不是私募股权投资活跃地区。凭借自身的地理优势，中国香港特别行政区反而成为荟萃国际资本辐射亚洲投资机会的理想地点。2009 年涉及投资于中国香港特别行政区本地的金额为 3.4 亿美元，较 2008 年的 13.4 亿美元减少了 10 亿美元，下跌 74.9%。同时，中国香港特别行政区投资金额也只占亚太区总投资额的 0.7%。而凯雷集团的 1.1 亿美元自然美集团投资也成为中国香港特别行政区区内最大的私募股权交易。自然美集团是一家消费品/服务生产上市公司，交易完成后，凯雷集团将成为自然美唯一最大股东（见图 3、表 2）。

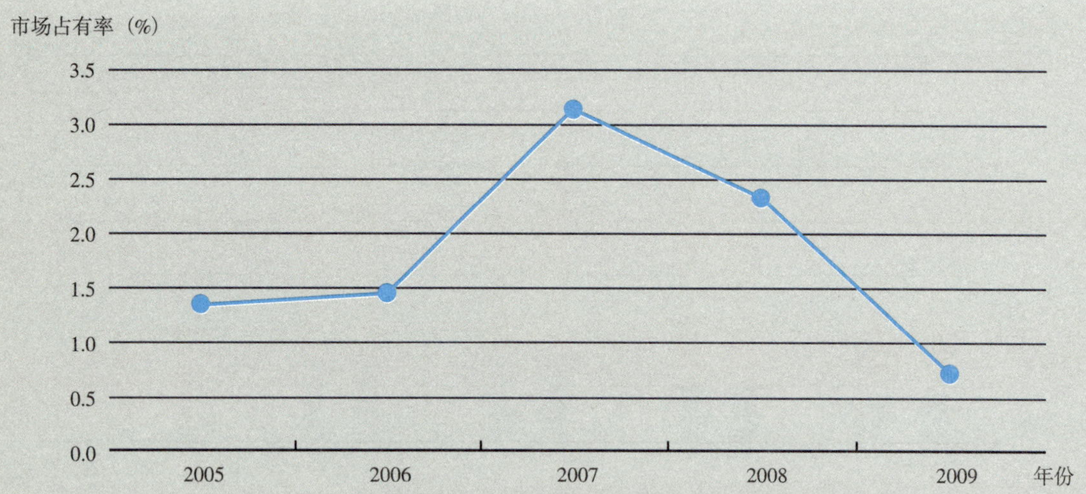

图 3 香港特别行政区私募股权交易与亚太区市场比例

资料来源：《亚洲创业投资期刊》。

表 2 2009 年中国香港特别行政区主要私募股权交易

投资对象	投资金额（百万美元）	行业	投资方
自然美集团	105.3	消费品/服务	凯雷集团
地域统括持株会社	51.1	金融服务	亚洲孵化基金
西斯班公司	40.0	交通运输	CopperLion Capital，Graham Porter
耀莱集团有限公司	34.4	零售/批发	红杉资本中国
玖源生态农业科技（集团）有限公司	19.8	制造业—重工	国际金融公司

资料来源：《亚洲创业投资期刊》。

四、首次公开发行股票（IPO）及退出

与投资活动刚刚相反，2009 年中国香港特别行政区拥有 31 家私募基金支持的亚太区企业于中国香港特别行政区上市，总融资额达到 197.5 亿美元，中国香港特别行政区仍以多于六成的全球市场份额蝉联最受亚太区企业（私募基金支持）欢迎的上市地点。预料之内，中国香港特别行政区股票交易所亦是中国内地企业融资最佳平台。这充分印证了中国香港特别行政区与中国内地在金融合作上互助互利的关系。

2009 年中国香港特别行政区企业的股权转让及并购退出数量为 7 宗，总交易金额 95.9 百万美元，较 2008 年上升了七成多（见图 4、表 3）。

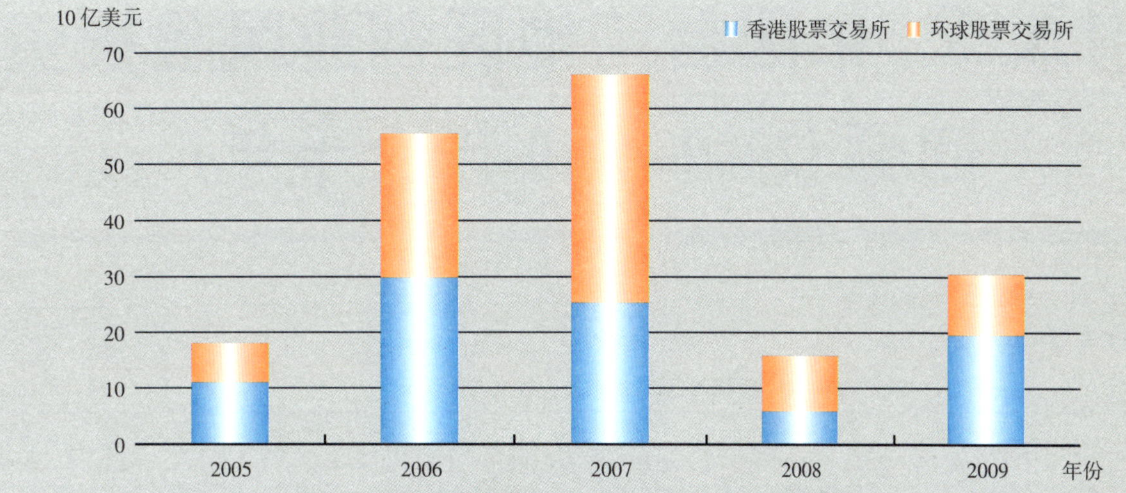

图 4　私募基金支持的亚太区企业首次公开发行股票金额

资料来源：《亚洲创业投资期刊》。

表 3　2009 年香港交易所首次公开发行股票的企业（私募基金支持）

发行公司	募集金额（亿美元）	行业	私募基金股东
中国民生银行	40.1	金融服务	新希望投资有限公司
中国太平洋保险（集团）股份有限公司	31.0	金融服务	凯雷集团
龙源电力集团股份有限公司	25.8	能源及天然气	中国投资有限责任公司，威尔伯罗斯公司
恒盛地产控股有限公司	12.7	金融服务	D. E. Shaw 集团公司，高盛集团（亚洲）有限公司，汇丰 NF Investment Advisers Ltd.
中国忠旺控股有限公司	12.6	制造业—重工	泰山投资亚洲控股有限公司

资料来源：《亚洲创业投资期刊》。

五、展望

尽管全球经济不景气，企业盈利倒退，亚洲私募市场仍看乐观。在未来一年内，私募股权投资者仍以谨慎的投资战略，在市场寻找高质素企业。中国香港特别行政区作为中国内地资金募集和企业融资的城市，将会继续担当这个重要角色，成为亚太区内领先的私募基金管理中心。

By：Helen Lee，Research Manager
AVCJ Group Ltd.
李蕙敏，研究部主管
亚洲创业基金期刊集团

附录 2 中国台湾地区创业风险投资回顾(2009~2010 年上半年)

一、营运情况分析

表 1 创投事业营运家数及实收资本额现况 单位：新台币亿元

	营运创投家数	新设立情形		增资情形		减资情形		更名改业或清算		总实收资本额
		家数	资本额	家数	资本额	家数	资本额	家数	资本额	
至 2008 年底	176	—	—	—	—	—	—	—	—	1610.01
至 2009 年 5 月	174	1	8.5	7	35.9	3	21.82	3	2.06	1630.53
至 2009 年底	173	—	—	—	—	—	—	—	—	1584.98
至 2010 年 5 月	174	1	1.6	0	0	12	17.32	1	1	1568.26

二、投资活动总体分析

表 2 2009~2010 年总投资情况统计 单位：新台币亿元

	投资岛内		投资岛外		合计	
	案件数	金额	案件数	金额	案件数	金额
2009 年 1~5 月	134	17.52	16	3.65	150	21.17
2010 年 1~5 月	189	28.76	29	4.68	218	33.44

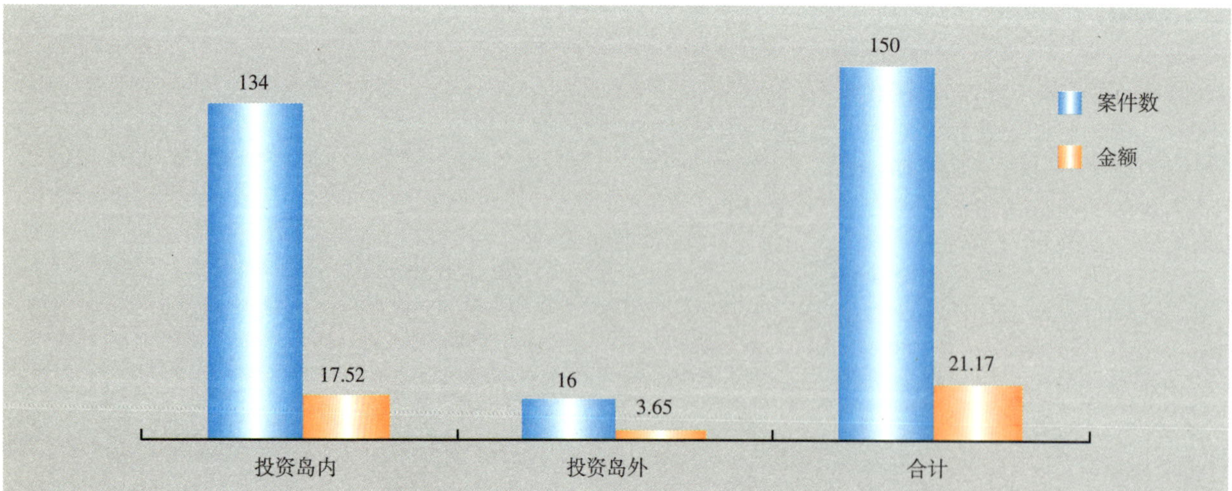

图 1 2009 年上半年创投投资岛内外情况

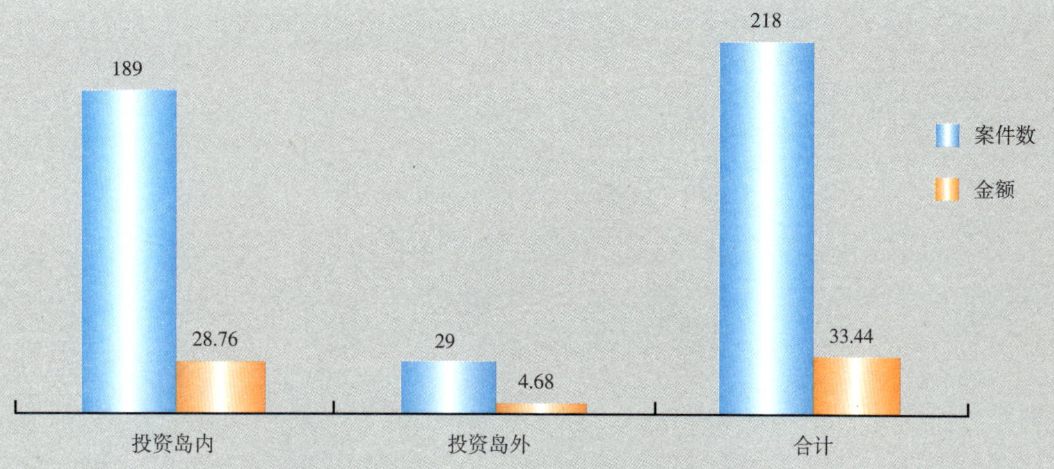

图 2　2010 年上半年创投投资岛内外情况

三、按行业类别划分的投资活动分析

表 3　2009~2010 年上半年按产业类别划分的投资活动统计（投资金额占整体投资额比例）　单位：%

行业类别	2009 年上半年	2010 年上半年
光电	21.38	31.45
电子工业	11.83	30.26
传统制造业	4.18	8.98
精密机械与自动化工程	0.77	7.56
生物科技	19.24	6.02
半导体	4.48	4.32
其他	—	4.25
其他重点工业	3.56	2.32
特用化学品与制药	7.12	1.57
通讯工业	2.43	1.09
信息工业	8.04	0.77
地产开发	0.00	0.58
医疗保健工业	8.56	0.41
生活服务业	—	0.32
创投事业	5.18	0.08
软件工业	2.20	0.00
网际网路	0.88	0.00
航天工业	0.00	0.00
高级感测工业	0.00	0.00
污染防制（环保工程）	0.00	0.00
资源开发工业	0.00	0.00
数位内容产业	0.00	0.00
通路服务业	0.15	0.00

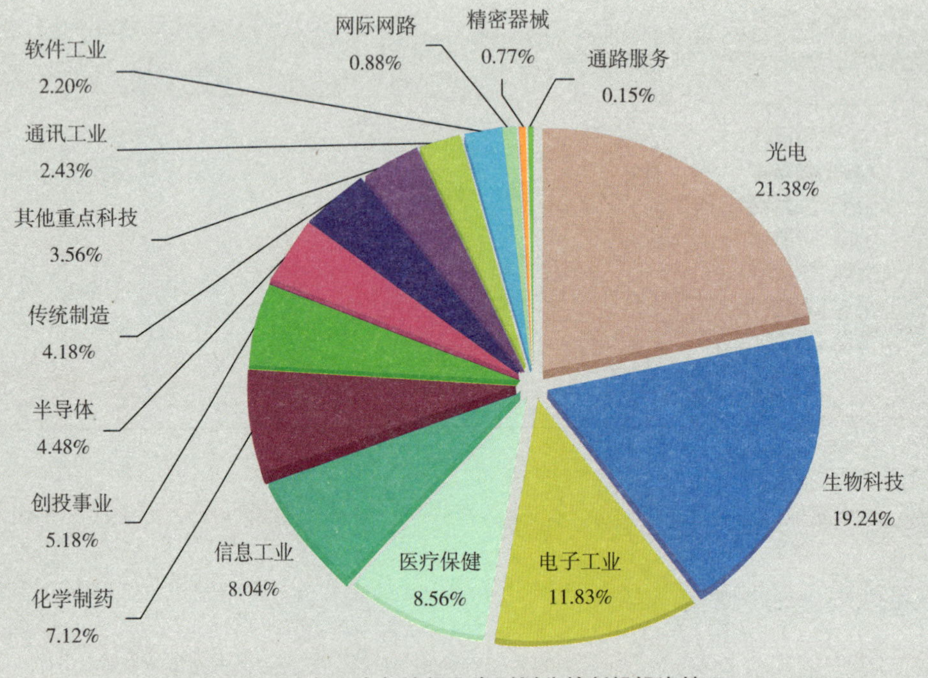

图 3 2009 年上半年按行业类别划分的创投投资情况

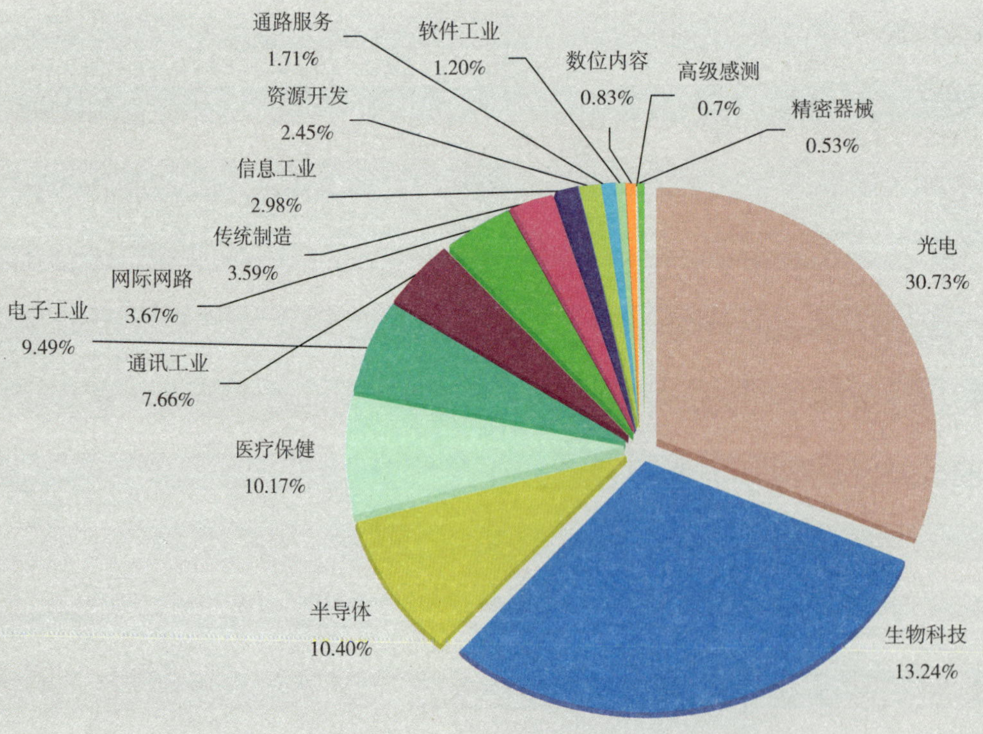

图 4 2010 年上半年按行业类别划分的创投投资情况

四、投资阶段分析

表 4　2009~2010 年上半年按投资阶段划分的投资情况统计（投资金额占整体投资额比例）　单位：%

投资阶段	种子期	创建期	扩充期	成熟期	重整期	其他
2009 年上半年	0.01	10.31	52.99	35.26	0.00	1.44
2010 年上半年	0.00	4.51	35.14	40.47	19.89	0.00

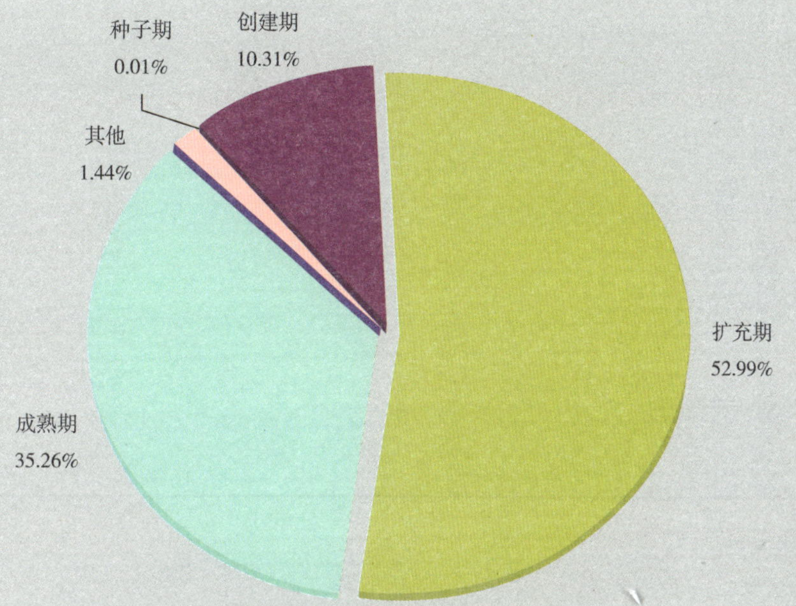

图 5　2009 年上半年按投资阶段划分的创投投资情况

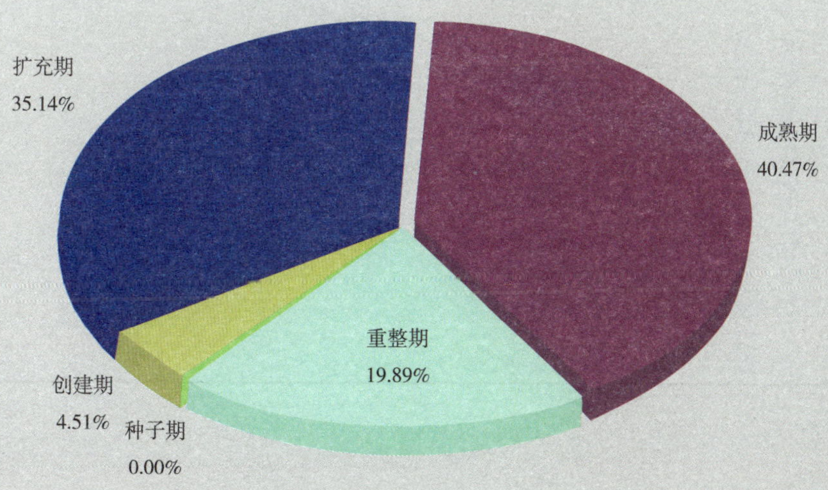

图 6　2010 年上半年按投资阶段划分的创投投资情况

五、投资地区分析

表 5　　2009~2010 年上半年按投资地区划分的投资情况统计（投资金额占整体投资额比例）　　单位：%

投资地区	岛内	美国硅谷	美国其他	亚洲地区	欧洲地区	其他地区
2009 年上半年	89.33	3.78	3.26	3.63	0.00	0.00
2010 年上半年	89.68	1.88	1.11	4.49	0.00	2.83

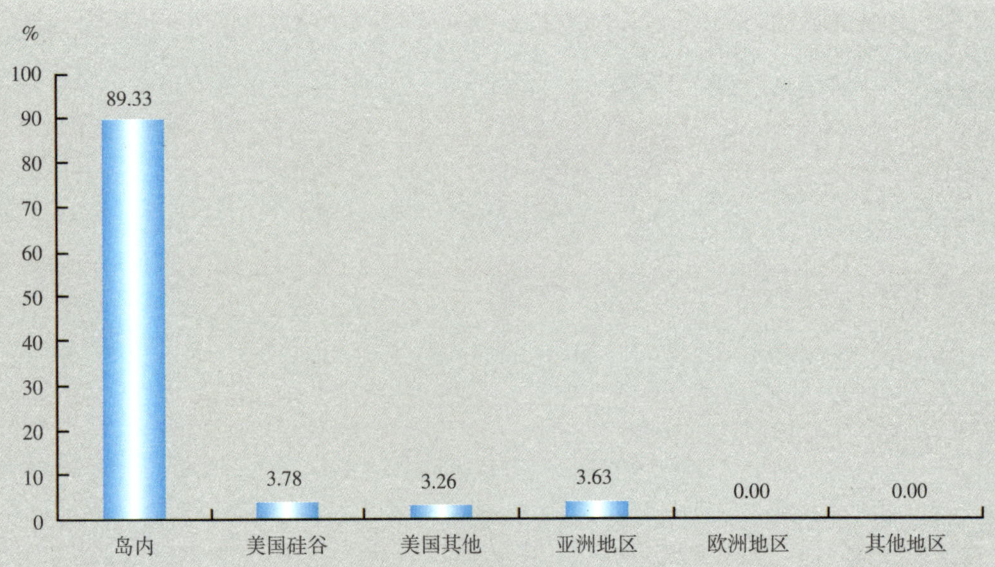

图 7　2009 年上半年按投资阶段划分的投资情况

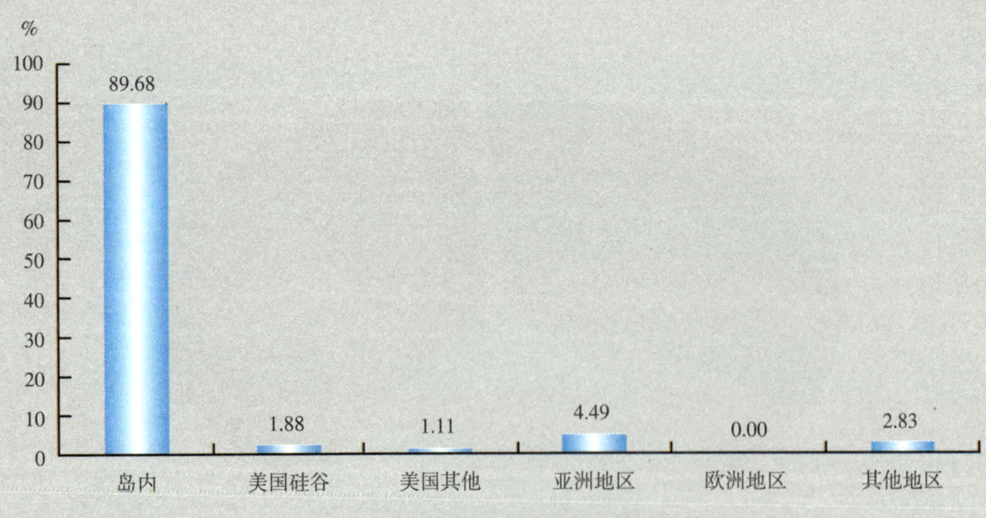

图 8　2010 年上半年按投资阶段划分的投资情况

六、退出情况分析

表 6　　2009~2010 年上半年项目退出情况

类别	2009 年上半年		2010 年上半年	
	家数	上市公司名称	家数	上市公司名称
上市 TSE	7	力铭、定颖、宏致、智易、诚致、洋华、新日光能源科技	2	介面光电、奇美电子
上柜 OTC	5	台骅、建舜、安可光电、建舜电、宏捷科	3	富晶通、美时化学、台通光电
兴柜	2	奕力、台耀化学	8	亚洲电材、嘉彰、华灯、繁蓁、实盈、启耀、新唐、泰鼎
合计	14		13	

附录 3 国外创业风险投资回顾

一、2009 年美国创业风险投资回顾

（一）总体概况

总体上，2009 年延续了 2008 年行业规模缩减的趋势。事实上，尽管 2008 年出现的全球经济危机加剧了行业压力与衰退，但规模调整实际是几年前科技泡沫破灭的后果之一，由于许多在泡沫期内融资的企业在无法继续获得额外的投资，衰退很可能持续发生。

通常，一个健康的风险资本系统需要保持结构平衡，但 2009 年，由于向产业提供资本的机构投资者缺少投资分配，使得这些专业的资金管理人仅有少量的资本对产业进行再投资，融资变得极为困难。即使到 2010 年初，这种情况也极少改观，退出及资金筹集仍然是个挑战。

美国风险投资协会 2010 年年鉴统计报告提供了美国风险投资活动的整体概况，包括 VC 投资情况、管理资本情况、投资企业的价值估值，以及通过 IPO 或是并购退出的情况等，数据收集来源于普华永道以及 Thomson 数据库，该数据库已被美国风险投资协会认定为行业活动的官方数据库。

表 1　　2009 年美国风险投资（VC）总体情况摘要

指标	1989 年	1999 年	2009 年
现有 VC 企业数量（家）	389	753	794
现有 VC 基金数量（只）	741	1396	1188
VC 专业人员数量（人）	3579	7611	6828
首次设立的 VC 基金数量（只）	17	90	21
当年获得融资的 VC 基金数量（只）	105	454	127
当年 VC 筹集资本增长额（10 亿美元）	4.9	55.7	15.4
运营中的 VC 管理资本（10 亿美元）	28.4	145.6	179.4
平均每家 VC 企业管理资本规模（百万美元）	73.0	193.4	225.9
截至目前的 VC 基金平均规模（百万美元）	36.3	72.7	105.9
本年度出现的 VC 基金平均规模（百万美元）	46.7	122.6	121.1
截至目前最大规模的 VC 基金筹资（百万美元）	1175.0	5000.0	5000.0

(二) 行业资源

截至 2009 年底，美国境内运行中的风险投资管理资本为 1794 亿美元，比 2008 年的 2037 亿美元降低了 11.9%，比 2006 年的历史最高水平下降了超过 35%的幅度。管理资本的减少是 2001 年大量筹集资本后所预料的后果，这部分资本在近几年正在被小规模的新基金所取代，所有迹象均表明未来紧缩将进一步发生（见图 1）。

随着投资组合遭受重创，大量基金管理人离开了风险投资行业。2009 年，募集资金额仅为 2000 年募集资金额的 1/7，整个行业恢复到之前的水平。历史上，风险投资企业曾在 2005 年达到 1023 家的历史最高水平，管理基金数量在 2001 年达到 1883 只的顶点，而到 2009 年底，仅 794 家风险投资企业管理了 1188 只基金，无论企业数量还是基金数量均有所下降（见表 2）。不仅如此，从业人数也由 2007 年底的 8892 人减至 2009 年底的 6828 人。

表 2　美国风险投资基金与企业情况

年份	累计基金数（只）	累计企业数（家）	累计资本（百万美元）	现存基金数（只）	现存企业数（家）	管理资本（10 亿美元）	平均基金规模（百万美元）	平均企业规模（百万美元）
1980	186	117	5.8	128	91	4.1	32.0	45.1
1981	251	155	7.9	188	127	6.1	32.4	48.0
1982	322	193	9.8	248	162	7.8	31.5	48.1
1983	435	237	13.4	355	208	11.4	32.1	54.8
1984	550	288	16.8	458	259	14.6	31.9	56.4
1985	638	320	20.2	539	296	17.9	33.2	60.5
1986	717	354	24.1	601	331	21.5	35.8	65.0
1987	817	388	27.7	677	359	24.1	35.6	67.1
1988	898	409	31.3	712	374	25.5	35.8	68.2
1989	992	438	36.3	741	389	28.4	38.3	73.0
1990	1051	455	38.8	729	390	29	39.8	74.4
1991	1090	463	41.0	655	370	27.6	42.1	74.6
1992	1166	484	44.9	616	361	28.2	45.8	78.1
1993	1260	516	49.8	622	374	29.6	47.6	79.1
1994	1365	547	58.5	648	387	34.5	53.2	89.1
1995	1523	613	68.1	706	429	40.4	57.2	94.2
1996	1670	673	80.0	772	469	48.7	63.1	103.8
1997	1895	773	100.0	903	548	63.7	70.5	116.2
1998	2139	859	131.2	1088	626	92.4	84.9	147.6
1999	2486	994	186.6	1396	753	145.6	104.3	193.4
2000	2904	1137	269.7	1738	882	224.8	129.3	254.9
2001	3143	1220	302.3	1883	943	252.6	134.1	267.9
2002	3217	1236	311.1	1852	938	252.5	136.3	269.2
2003	3320	1288	321.6	1797	965	253.5	141.1	262.7
2004	3490	1354	342.2	1820	1001	262.2	144.1	261.9
2005	3673	1425	369.5	1778	1023	269.5	151.6	263.4
2006	3854	1497	407.9	1715	1022	276.7	161.3	270.7
2007	4070	1587	441.5	1584	1016	254.9	160.9	250.9
2008	4266	1648	473.4	1362	885	203.7	149.6	230.2
2009	4331	1670	481.8	1188	794	179.4	151.0	225.9

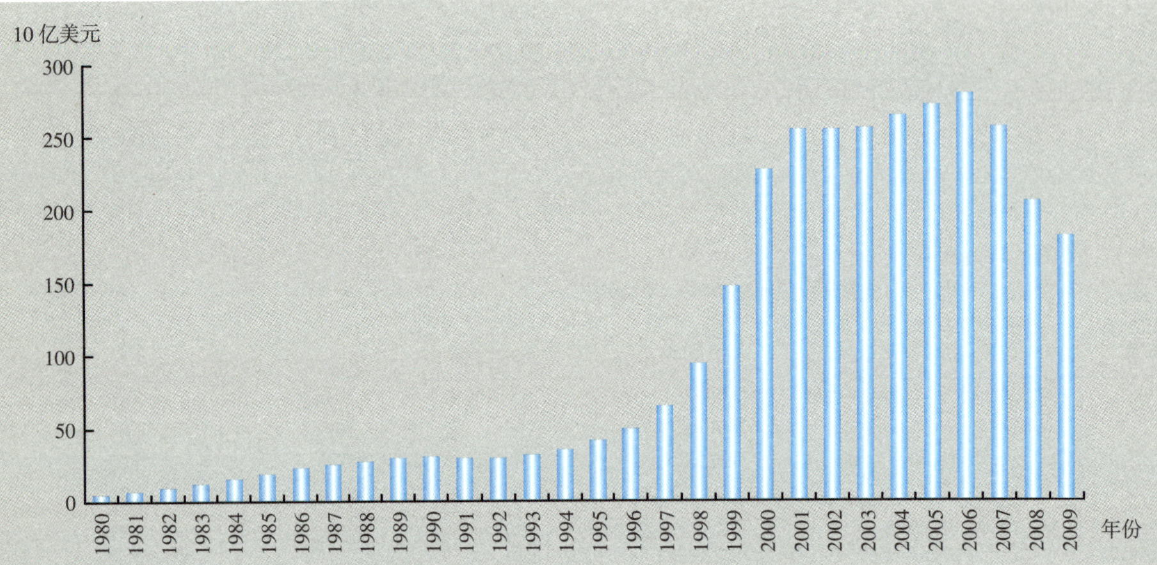

图 1 美国风险投资基金的管理资本（1980~2009）

（三）新募资金

2009 年，美国国内对风险投资基金的新委托由 2007 年的 361 亿美元重新减至 154 亿美元，这反映出美国风险投资市场资金筹集的环境相当困难，其原因部分来源于近期的经济压力，但这种衰退更多地反映出美国风险投资行业自 2000 年科技泡沫破裂后便进入了萧条时期。

2009 年，127 只基金共筹集 154 亿美元资金，比 2008 年筹集的 285 亿美元下降了 46%，相比 2007 年筹集资金 361 亿美元的历史最高水平，则下降了 57%（见图 2）。同时，这些资金筹集主要集中在少数风险投资企业当中，2009 年，由三家最大的风险投资企业筹集的资金占到了筹集总额的 31%，排名前七位的风险投资企业的筹集资金额占总额的 46%，行业集中度相当高。

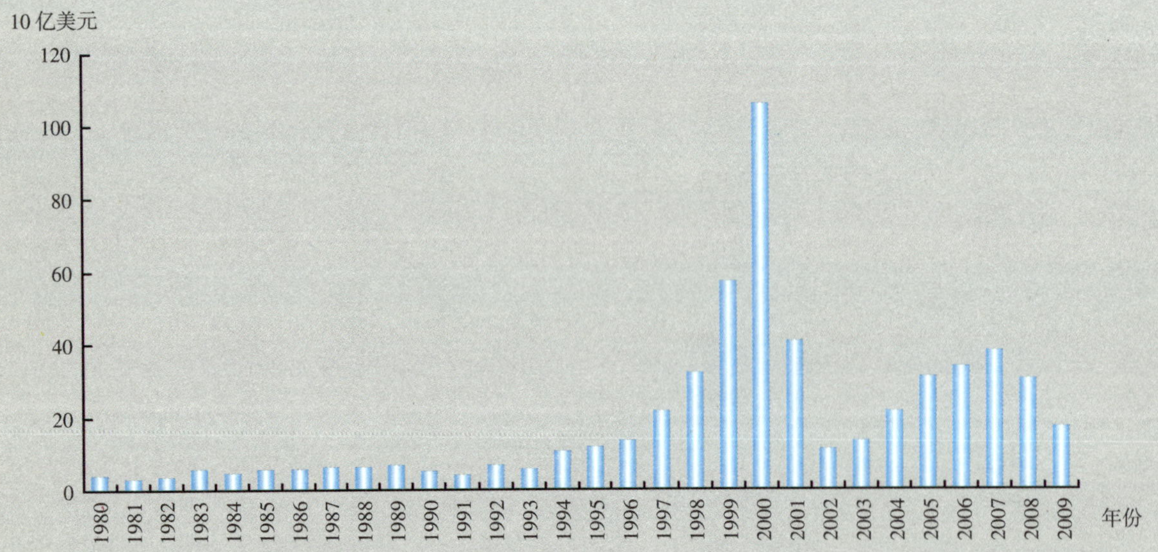

图 2 美国风险投资基金委托的资金（1980~2009）

表 3　资金筹集总体情况（1980~2009）　单位：百万美元

年份	风险资本	基金数	收购与夹层资本	基金数	私募股权	基金数
1980	2025.6	52	183.5	4	2209.1	56
1981	1486.5	75	126.8	4	1613.3	79
1982	1705.4	87	611.3	13	2316.7	100
1983	3966.8	144	1351.3	15	5318.1	159
1984	2964.3	116	3482.5	22	6446.8	138
1985	3981.0	120	3024.5	22	7005.5	142
1986	3788.4	103	5001.9	31	8790.3	134
1987	4339.7	114	17426.0	44	21765.7	158
1988	4435.3	104	11326.4	50	15761.7	154
1989	4902.6	105	12034.6	78	16937.2	183
1990	3229.0	87	7861.1	62	11090.1	149
1991	2002.8	42	5886.6	27	7889.4	69
1992	5277.8	81	10962.3	57	16240.1	138
1993	3967.1	90	16145.1	81	20112.2	171
1994	8958.3	141	20417.7	99	29376.0	240
1995	9859.6	172	26918.3	103	36777.9	275
1996	11849.3	168	29672.3	100	41521.6	268
1997	19774.5	247	41057.5	130	60832.0	377
1998	30037.9	295	62268.7	161	92306.6	456
1999	55662.0	454	53681.5	156	109343.5	610
2000	104520.6	663	76598.3	160	181118.9	823
2001	38917.4	326	51053.1	123	89970.5	449
2002	9400.4	208	27065.7	92	36466.1	300
2003	11612.0	164	31319.7	105	42931.7	269
2004	19843.6	218	52123.2	141	71966.8	359
2005	28962.7	242	108299.9	182	137262.6	424
2006	31965.9	242	149450.3	183	181416.2	425
2007	36131.4	250	205547.5	212	241678.9	462
2008	28544.2	224	185392.0	190	213936.2	414
2009	15374.6	127	43086.1	109	58460.7	236

（四）投资活动

2009 年，风险投资的总交易金额与交易数量比 2008 年分别下降了 37%和 30%，风险投资资本总额从 279 亿美元下降到 177 亿美元。

2009 年，规模小于 200 亿美元的行业更易受到风险资本的关注，因为这样的规模更易于管理。近年来，风险投资行业每年支持的企业数在 1000 家以上，到 2009 年，首次获得投资的企业数下降到 728 家。

目前，风险投资业聚焦的问题在于，在现有投资组合公司的后续阶段以及进行新的商业计划两者之间，如何分配其资金及管理等。

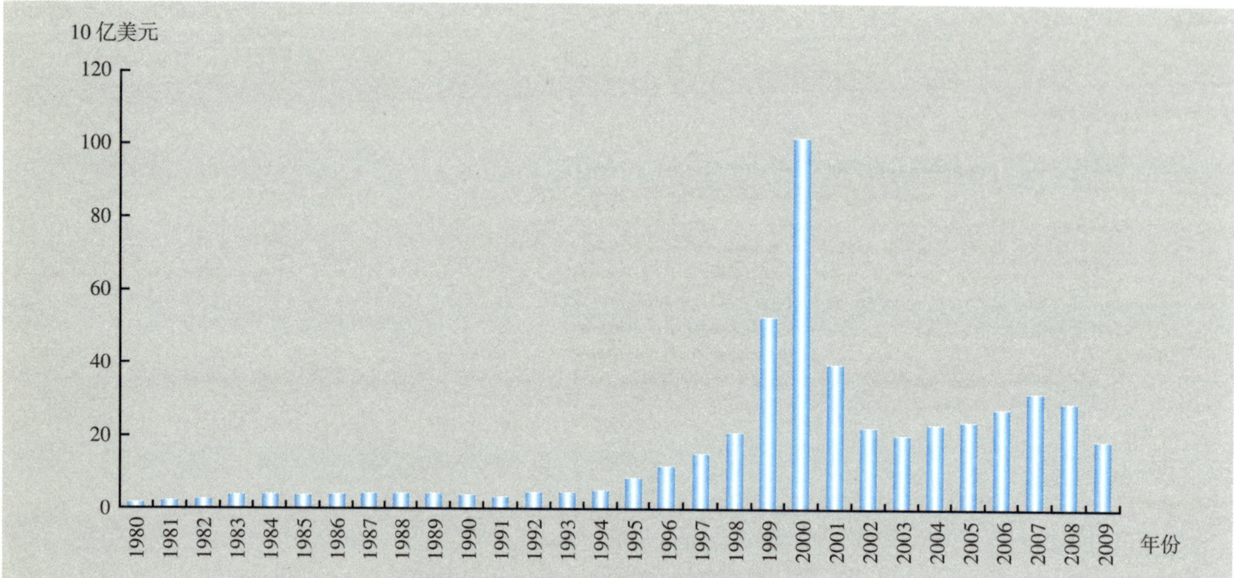

图 3 投资资金总额（1980~2009）

1. 投资行业分布

表 4 按行业分类统计的投资情况（2009）

行业分类	全部投资			初始投资		
	企业数（家）	交易数（项）	投资数量（10 亿美元）	企业数（家）	交易数（项）	投资数量（10 亿美元）
信息技术	1372	1605	8.3	411	411	1.4
医学/健康学/生命科学	618	750	6.1	155	155	0.9
非高科技类	382	447	3.3	162	162	1.0
总数	2372	2802	17.7	728	728	3.3

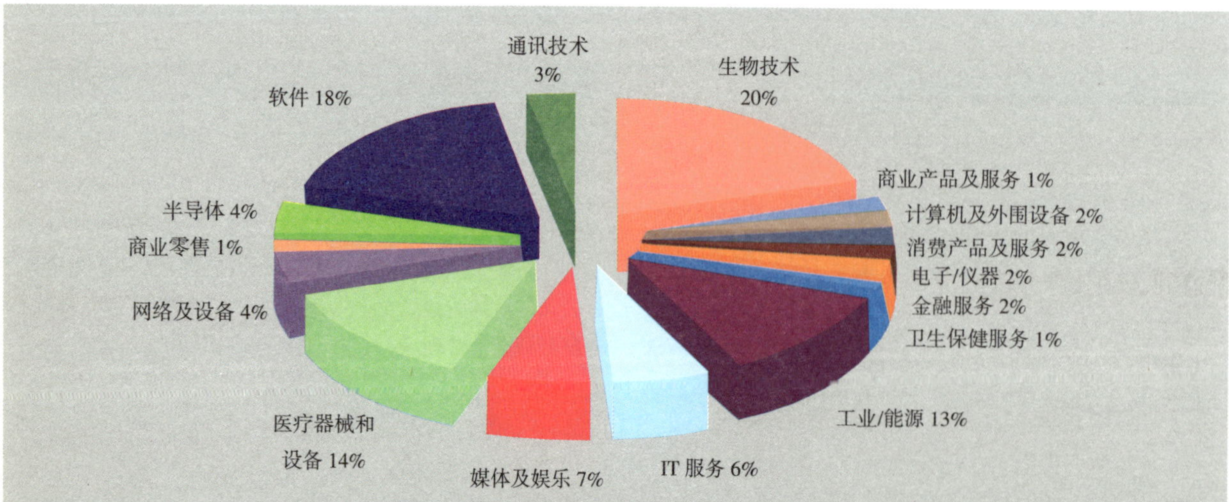

图 4 按行业部门统计的风险资本投资（2009）

2. 投资阶段分布

表 5　按投资阶段划分的风险资本投资（金额数）(1980~2009)

阶段	1980	1981	1982	1983	1984	1985	1986	1987	1988	1989	1990	1991	1992	1993	1994
初创期	153.2	322.6	333.8	543.9	636.4	509.3	732.8	616.6	640.6	543.5	384.7	223.0	534.4	599.2	727.3
早期	123.0	280.6	359.6	703.2	665.6	506.6	588.1	708.4	717.1	690.0	667.6	521.2	548.3	601.3	812.9
扩张期	177.5	363.1	601.5	1186.0	1141.1	1174.9	1114.4	1399.6	1471.8	1521.8	1174.6	994.2	1713.7	1761.0	1431.5
后期	69.2	91.8	207.3	344.2	373.9	440.7	448.6	449.3	376.4	398.7	339.2	324.5	555.4	511.9	892.8
总计	523.0	1058.0	1502.1	2777.3	2817.0	2631.5	2883.9	3173.9	3205.9	3154.0	2566.1	2062.9	3351.9	3473.5	3864.5

阶段	1995	1996	1997	1998	1999	2000	2001	2002	2003	2004	2005	2006	2007	2008	2009
初创期	1193.4	1237.2	1295.9	1651.4	3498.7	3006.3	721.6	320.7	336.1	456.6	908.4	1229.0	1425.2	1625.2	1596.3
早期	1670.3	2530.8	3362.3	5276.2	11074.5	23975.9	8191.2	3764.7	3523.6	3864.5	3932.2	4251.7	5740.0	5326.6	4671.8
扩张期	3436.3	5246.3	7264.3	9840.4	28611.0	57455.5	21837.1	11904.0	9592.6	9145.8	8557.1	11270.1	11270.4	10370.2	5510.5
后期	1070.1	1591.4	2211.0	2991.8	8358.5	16086.8	7781.0	5109.6	5684.1	8480.0	9543.3	9587.8	12043.0	10624.8	5912.1

表 6　按投资阶段划分的风险资本投资（交易数）(1980~2009)

阶段	1980	1981	1982	1983	1984	1985	1986	1987	1988	1989	1990	1991	1992	1993	1994
初创期	113	226	267	360	387	360	382	386	365	352	259	184	249	284	329
早期	149	214	315	415	388	310	325	391	350	328	368	271	282	179	251
扩张期	125	243	310	458	512	526	494	589	595	644	586	528	601	505	424
后期	27	51	107	101	130	166	178	210	163	166	202	246	219	192	193
总计	414	734	999	1334	1417	1362	1379	1576	1473	1490	1415	1229	1351	1160	1197

阶段	1995	1996	1997	1998	1999	2000	2001	2002	2003	2004	2005	2006	2007	2008	2009
初创期	429	504	536	664	808	697	279	179	209	220	249	379	484	494	309
早期	508	753	886	1011	1719	2850	1292	888	812	886	848	972	1070	1069	889
扩张期	696	1019	1412	1576	2453	3697	2401	1610	1374	1243	1111	1376	1276	1224	804
后期	206	294	334	410	529	675	546	493	598	801	997	1016	1197	1197	800
总计	1839	2570	3168	3661	5909	7919	4518	3170	2993	3150	3205	3743	4027	3984	2802

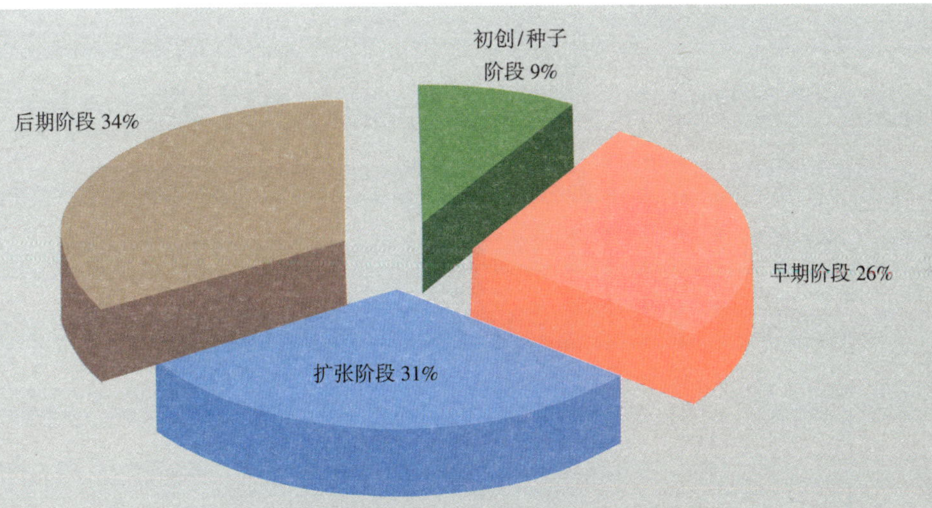

图 5　按投资阶段划分的风险资本投资（2009）

3. 投资地区分布

表 7 按地区划分的风险资本投资（2009）

州	公司数量（家）	占总数的比例（%）	投资额（百万美元）	占总数的比例（%）
加利福尼亚	958	40	8853.8	50
马萨诸塞	250	11	2032.6	11
纽约	150	6	855.5	5
得克萨斯	94	4	644.6	4
华盛顿	89	4	574.2	3
新泽西	62	3	556.6	3
科罗拉多	56	2	468.2	3
宾夕法尼亚	111	5	407.0	2
乔治亚	38	2	302.0	2
佛罗里达	27	1	295.1	2
其他各州合计	537	23	2701.1	15
合计	2372	100	17690.7	100

4. 首轮投资与后续投资

表 8 风险投资的首轮投资与后续投资（1980~2009） 单位：百万美元

年份	首轮投资	后续投资	总计
1980	302.3	220.7	523.0
1981	588.4	469.6	1058.0
1982	573.4	928.7	1502.1
1983	901.0	1876.3	2777.3
1984	824.5	1992.5	2817.0
1985	718.1	1913.4	2631.5
1986	845.4	2038.5	2883.9
1987	979.7	2194.2	3173.9
1988	1039.2	2166.8	3205.9
1989	886.0	2268.1	3154.0
1990	795.0	1771.1	2566.1
1991	526.4	1536.4	2062.9
1992	1249.4	2102.5	3351.9
1993	1300.4	2173.1	3473.5
1994	1612.2	2252.3	3864.5
1995	3777.8	3592.3	7370.1
1996	4121.1	6484.7	10605.7
1997	4646.9	9486.5	14133.4
1998	6677.2	13082.5	19759.7
1999	15505.3	36037.5	51542.8
2000	27321.4	73203.1	100524.6
2001	7096.5	31434.5	38531.0
2002	4126.3	16972.7	21099.0

续表

年份	首轮投资	后续投资	总计
2003	3848.4	15288.1	19136.5
2004	4728.7	17218.2	21947.0
2005	5720.8	17220.2	22941.0
2006	6162.7	20175.8	26338.5
2007	7449.7	23028.9	30478.6
2008	6059.1	21887.7	27946.8
2009	3316.3	14374.4	17690.7

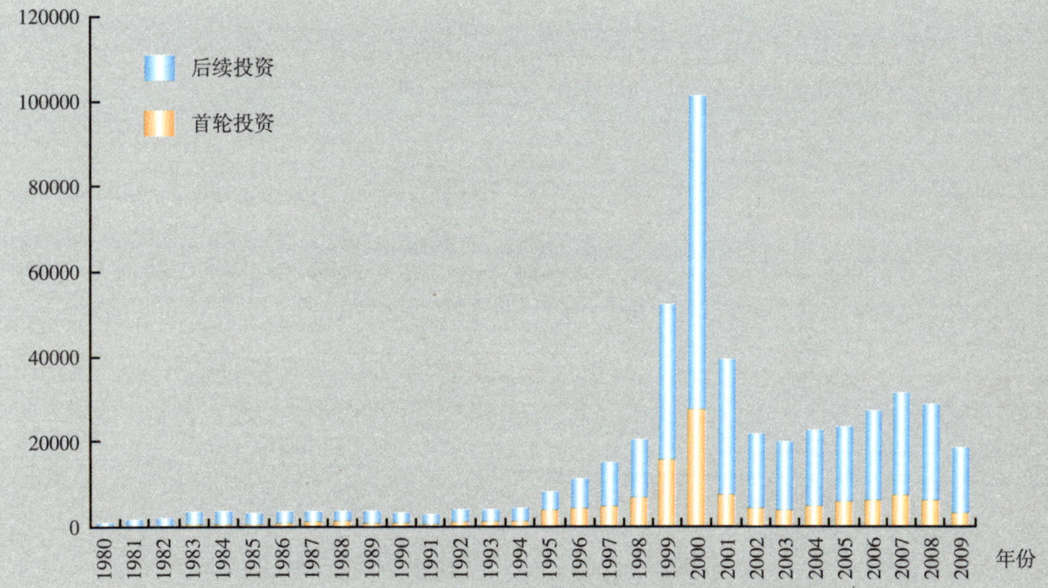

图 6　风险投资的首轮投资与后续投资（1980~2009）

（五）获得投资的企业价值估值

与 2005~2008 年间相比，2009 年投资企业价值的平均数以及中间数均有所增长，但在不同部门之间差异显著。其中，生物技术估值低于往年，而包含大量清洁技术投资的工业/能源部门的估值显著增加，此外，软件部门也获得了大量投资，价值凸显。

表 9　　不同行业募集资金的价值估值（2009）　　单位：百万美元

行业	平均估值	最大值	上四分位数	中位数	下四分位数	最小值
生物技术	49.0	249.0	60.9	29.1	18.9	4.0
商业产品及服务	—	—	—	—	—	—
计算机及外围产品	18.2	23.0	21.7	20.5	17.1	8.9
消费产品及服务	48.0	165.7	54.2	12.5	6.3	1.3
电子/仪器	—	—	—	—	—	—
金融服务	—	—	—	—	—	—
卫生保健服务	—	—	—	—	—	—
工业/能源	189.9	550.0	307.2	109.7	18.7	8.3
IT 服务	103.9	403.0	88.0	16.5	8.2	3.6
媒体及娱乐	274.4	1000.0	406.0	77.0	21.5	9.2
医疗器械和设备	40.7	229.2	43.4	30.0	20.0	3.0
网络及设备	182.2	719.4	73.0	59.3	54.0	5.1
其他	—	—	—	—	—	—
零售/物流	—	—	—	—	—	—
半导体	23.3	46.0	31.0	21.3	13.0	5.0
软件	80.5	436.0	56.8	26.1	17.8	11.3
通讯	30.7	66.0	44.5	24.9	11.1	7.0
合计	94.94.6	1000.0	80.5	26.1	12.0	1.3

（六）退出

2009 年，风险资本投资的公司通过首次公开发行（IPO）或并购退出的形势并不乐观，全年仅有 12 家获得风险投资的公司进行了首发，募集资金 16 亿美元；并购案例 270 例，披露交易总额 141 亿美元。

总体而言，2009 年，首次公开发行和收购行为均远远低于维持行业长期发展所必需的数量。IPO 退出企业数量及募集资金数均是自 1980 年以来少有的年度，仅高于 2008 年。而并购数量也比 2008 年的 349 例有所减少。尽管一些大规模的并购案例将平均并购价格提升至 1.529 亿美元，但总体并购质量恶化，在已知的收购中有 38%的交易价格低于该公司的风险投资额。

表 10　　获得风险投资的企业 IPO 情况（1980~2009）　　单位：百万美元

年份	IPO 数	投资资金	投资资金均值	上市后价值	上市后均值	投资时间均值
1980	59	664	12	3517	62	11
1981	97	1068	11	4886	51	10
1982	39	577	16	2663	76	7
1983	196	3770	20	18787	98	8
1984	83	1005	12	4672	57	8
1985	75	1279	17	6440	87	9
1986	152	2931	21	14529	106	9
1987	125	2318	21	9789	91	9
1988	54	846	17	3391	68	6
1989	65	1223	21	5577	96	8
1990	70	1396	23	5274	85	9
1991	153	4762	32	20140	136	9

续表

年份	IPO 数	投资资金	投资资金均值	上市后价值	上市后均值	投资时间均值
1992	195	7204	39	31404	169	9
1993	219	6683	32	23194	110	9
1994	166	4668	28	18317	112	11
1995	205	8147	41	31073	155	9
1996	272	11482	42	56399	207	8
1997	138	4826	35	22126	160	8
1998	78	3782	48	17253	221	7
1999	269	20823	77	133727	497	5
2000	265	25618	97	133639	504	7
2001	41	3490	85	18004	439	12
2002	22	2109	96	7950	361	15
2003	29	2023	70	8257	285	9
2004	94	11378	121	61678	656	8
2005	57	4485	79	16558	290	8
2006	57	5117	90	22242	390	10
2007	86	10326	120	53556	623	9
2008	6	470	78	2646	441	10
2009	12	1642	137	14889	1241	10

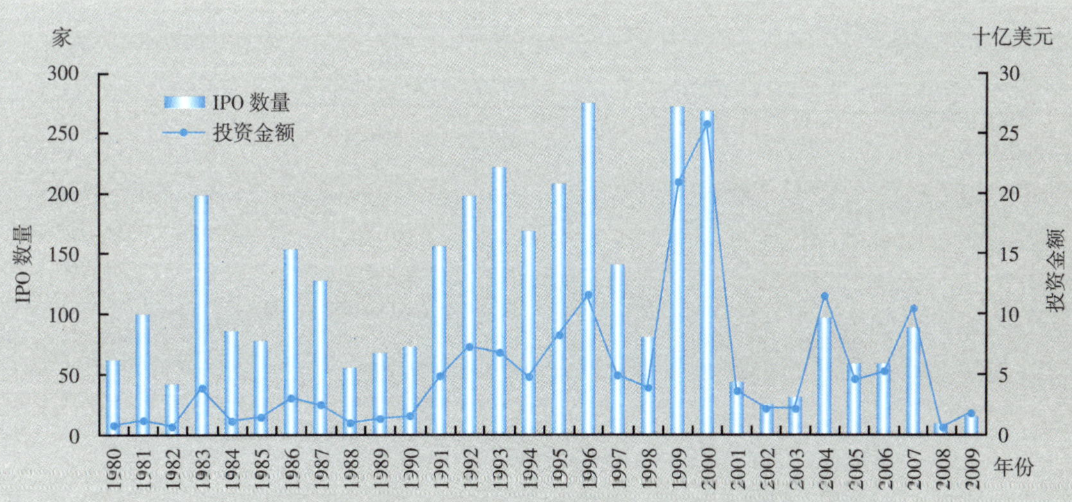

图 7　获得风险投资企业的 IPO 情况（1980~2009）

二、2009 年韩国创业风险投资回顾

（一）总体概况

韩国创业风险投资从 20 世纪 70 年代开始萌芽，但真正的发展是从 1986 年以后才开始的。由于受宏观经济和政策刺激的影响，韩国创业风险投资业在较短的时期内得到了迅速的发展，到 2000 年达到了顶峰，其后一直萎靡不振。2005 年，韩国政府出台了刺激创业风险投资发展的相关政策，直接推动创业风险投资业的发展（见图 1）。

截至 2010 年 6 月末，韩国共有 105 家风险投资公司，357 只风险投资基金（见表 1、图 2）。其中，风险投资基金的运作方式主要为有限合伙制，一般基金出资约占 95%，承担有限责任，投资公司出资约占 5%，承担无限责任。

起步阶段（1974~1986 年）	发展阶段（1986~1998 年）	重整阶段（1998~2000 年）	巩固阶段（2001~2004 年）	转轨阶段（2005 年至今）
• 1974 年韩国科技技术研究院（KIST）发起设立韩国先进技术公司（KTAC）。 • 1986 年在《新技术财政资助条例》的影响下，3 家新技术金融公司成立。	• 1986 年颁布《中小企业创立支持法案》。 • 1986 年成立 12 家风投公司，1998 年数量增加至 72 家。 • 1996 年成立中小企业管理局（SMBA）。 • 1997 年《关于发展风险企业的特别措施法》生效。	• 风险投资业发展迅猛，2000 年风险投资机构多达 147 家。 • 2000 年共发起设立 194 只风险投资基金。 • 2000 年风险投资机构共投资 2 万亿韩元。	• 2004 年风险投资机构减少至 105 家。 • 风险投资基金数量和投资金额大幅萎缩。	• 2004 年 12 月政府实施促进风险投资业发展的政策。 • 2005 年计划成立了 1 万亿韩元的母基金。 • 2007 年风险投资机构共投资 1 万亿韩元。 • 2008 年风险投资基金规模增加至 1.1 万亿韩元。 • 启动新增长引擎投资基金（2013 年规模将达到 3 万亿韩元）。 • 韩国的母基金规模将达到 2 万亿韩元。

图 1　韩国创业风险投资业的发展历程

表 11　韩国创业风险投资市场概况

年份	风险投资公司[1]数量（家）	风险投资基金[2]数量（个）
2001	145	396
2002	128	412
2003	117	430
2004	105	424
2005	102	400
2006	105	350
2007	101	332
2008	97	336
2009	101	366
2010年6月	105	357

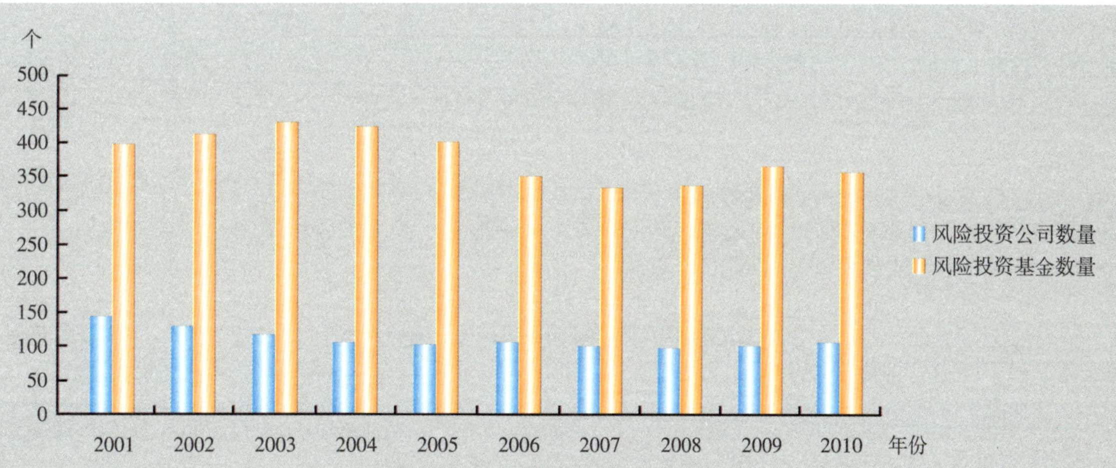

图 2　韩国创业风险投资市场概况

（二）资本构成

在韩国政府的努力推动下，韩国风险投资事业得到了蓬勃发展。2010 年 6 月风险投资管理资本总额（由风险投资公司自有资本与委托资本组成）达到 78798 亿韩元（见表 2、图 3）。

表 2　韩国创业风险投资资本筹集额　单位：10 亿韩元

年份	2000	2001	2002	2003	2004	2005	2006	2007	2008	2009	2010.6
VC 公司自有资本	5289.1	4522.5	3382.4	2194.9	1987.1	1750.2	1703.9	1884.2	1473.6	1310.9	1318.0
VC 公司委托资本	2408.7	3053.5	3378.9	3890.8	4297.1	4757.3	4919.2	4952.4	5639.1	6562.7	6561.8
VC 公司管理资本	7697.8	7576	6761.3	6085.7	6284.2	6507.5	6623.1	6836.6	7112.7	7873.6	7879.8
新募 VC 投资基金	1434.1	791.0	679.0	658.6	696.2	893.9	903.7	962.6	1093.0	1415.3	384.0

① 风险投资公司一般采用公司制组织形式（法定最低注册资本为 50 亿韩元）。
② 风险投资基金一般采用有限合伙人组织形式，由风险投资公司管理营运。

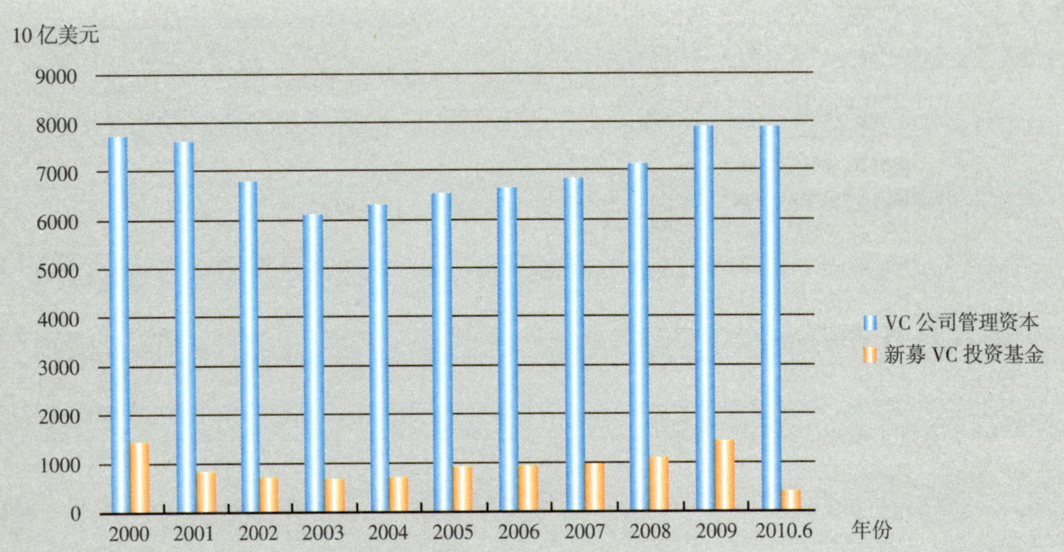

图 3 韩国创业风险投资资本筹集额

2010 年 6 月，新募风险投资基金规模达 3840 亿韩元，风险投资公司委托资金为 65618 亿韩元。在新募投资基金中，资本来源主要以金融机构为主，占 41.7%。在委托资本构成中，资本来源主要以政府部门①和金融机构为主，分别占 25.0%和 19.8%（见表 3、图 4、图 5）。

表 3　2010 年 6 月底韩国创业风险资金资本构成　　单位：%

资本来源	金融机构	政府	企业	VC 公司	养老金	个人	外国投资者	其他组织
VC 投资基金	41.7	20.5	17.9	11.2	4.4	2.6	0.9	0.8
VC 委托资本	19.8	25.0	19.4	12.6	12.8	4.2	6.0	0.3

① 政府部门包括：韩国风险投资公司、韩国农林水产食品部、教育科技部、文体观光部、知识经济部和地方政府等。

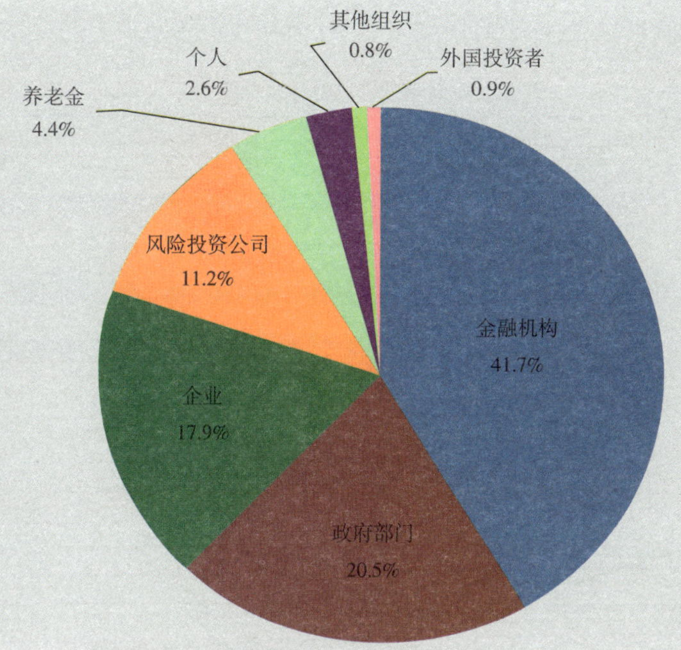

图 4　韩国新募风险投资基金资本构成（2009）

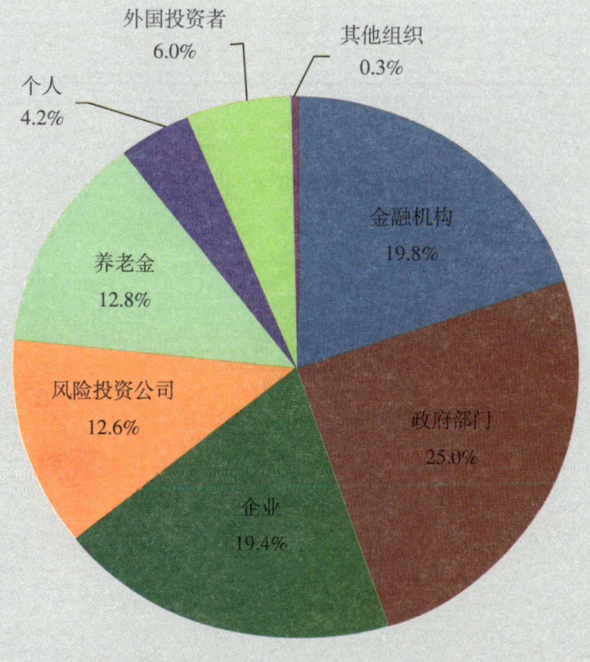

图 5　韩国风险投资公司委托资本构成（2009）

（三）投资活动

2001 年至 2010 年，韩国风险投资的新投资项目数总体呈下降趋势，但投资强度不断上升，截至 2010 年 6 月底，投资强度大约为 15 亿韩元/项（见表 4、图 6）。

表 4　韩国创业风险投资项目数及金额　单位：项、10 亿韩元、亿韩元/项

年份	2001	2002	2003	2004	2005	2006	2007	2008	2009	2010.06
新投资项目数	1119	768	630	544	635	617	615	496	524	277
新投资金额数	891.3	617.7	630.6	604.4	757.3	733.3	991.7	724.7	867.1	414.8
新投资强度	8.0	8.0	10.0	11.1	11.9	11.9	16.1	14.6	16.5	15.0
累积投资项目	3085	3090	2881	2668	2414	2093	2179	2165	2093	2089
累积投资金额	3051.4	3044.8	2762.7	2627.1	2267.5	2195.7	2478.1	2661.3	2762.8	2807.2
累积投资强度	9.9	9.9	9.6	9.8	9.4	10.5	11.4	12.3	13.2	13.4

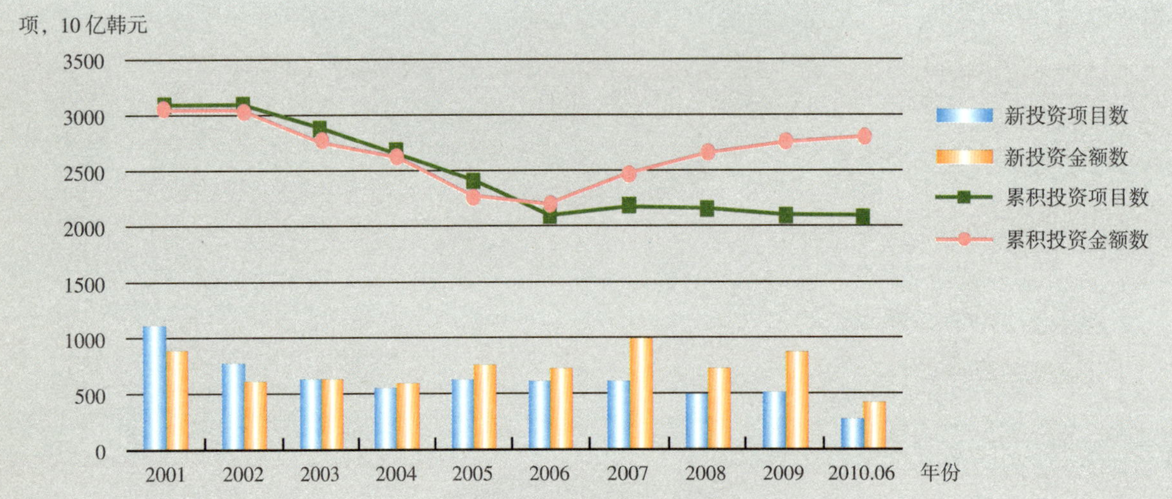

图 6　韩国创业风险投资项目数及金额

2010 年 6 月，韩国创业风险投资行业主要分布在娱乐业、IT 和制造业，分别占 28.9%、27.6% 和 26.7%（见表 5）。

表 5　韩国创业风险投资行业分布（2010 年 6 月）　单位：%

行业	娱乐业	IT	制造业	生物技术	服务/教育	零售业	资源回收	其他
新增投资①	28.9	27.6	26.7	5.6	4.3	1.8	1.0	4.1
累积投资	15.1	34.0	28.9	7.5	5.7	5.1	0.6	3.1

① 新增投资 100% =4148 亿韩元，累积投资 100%=28072 亿韩元，以下同。

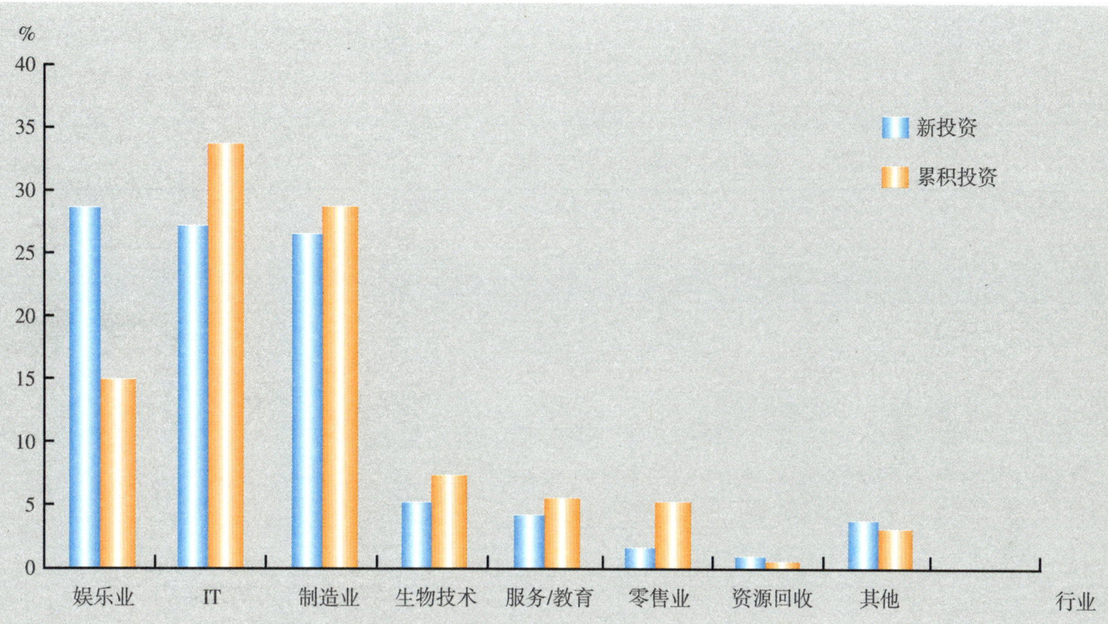

图 7　韩国创业风险投资行业分布（2010 年 6 月）

按照投资工具划分，无论是新投资还是累积投资，优先股都是其首要的投资工具（见表 6）。

表 6　韩国创业风险投资工具分布（2010 年 6 月）　单位：%

投资工具	优先股	项目融资	股票挂钩票据	普通股	其他
新增投资	40.8	22.2	18.2	14.7	4.1
累积投资	35.9	10.6	17.4	33.2	2.9

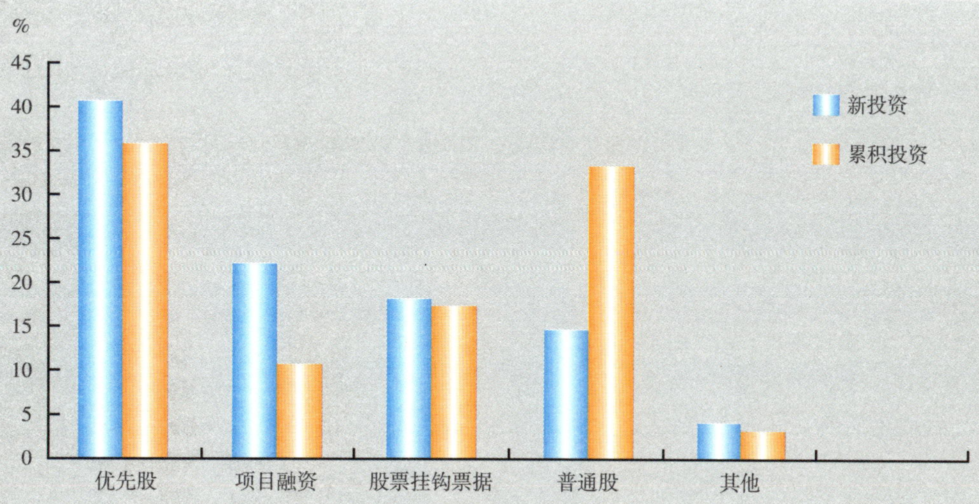

图 8　2010 年 6 月韩国创业风险投资工具分布

（四）投资阶段分布

截至2010年6月底，韩国创业风险投资的阶段分布主要以后期（Later Stage）投资金额最多（见表7）。

表7 韩国创业风险投资阶段分布（2010年6月底） 单位：%

投资阶段	早期阶段	扩张期	后期阶段
新增投资	29.1	30.2	40.7
累积投资	34.1	30.9	35.0

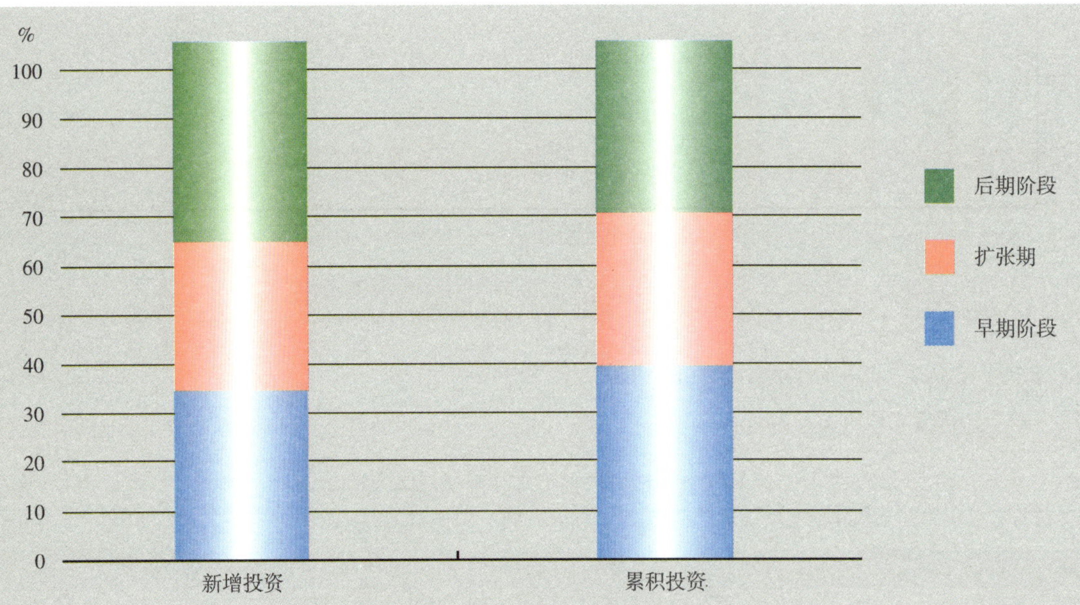

图9 韩国创业风险投资阶段分布（2010年6月）

（五）退出情况

韩国风险投资退出渠道较为畅通，2010年6月，以项目出售形式和股权出售的形式为主，分别占32.2%和32.6%，通过IPO退出仅占16.9%（见表8、图10）。

表8 韩国创业风险投资退出渠道情况 单位：%

年份	2003	2004	2005	2006	2007	2008	2009	2010.6
IPO	19.6	17.7	21.4	23.2	17.2	17.1	15.7	16.9
兼并收购	0.3	2.4	3.3	4.7	2.6	5.9	6.6	7.6
项目出售	18.5	15.1	15.6	16.5	17.7	23.2	16.4	32.2
股权出售	44.8	44.8	46.8	42.8	48.4	40.5	45.8	32.6
债权出售	16.8	19.9	12.9	12.8	14.1	13.3	13.9	10.5
其他	0.0	0.1	0.0	0.0	0.0	0.0	1.6	0.2

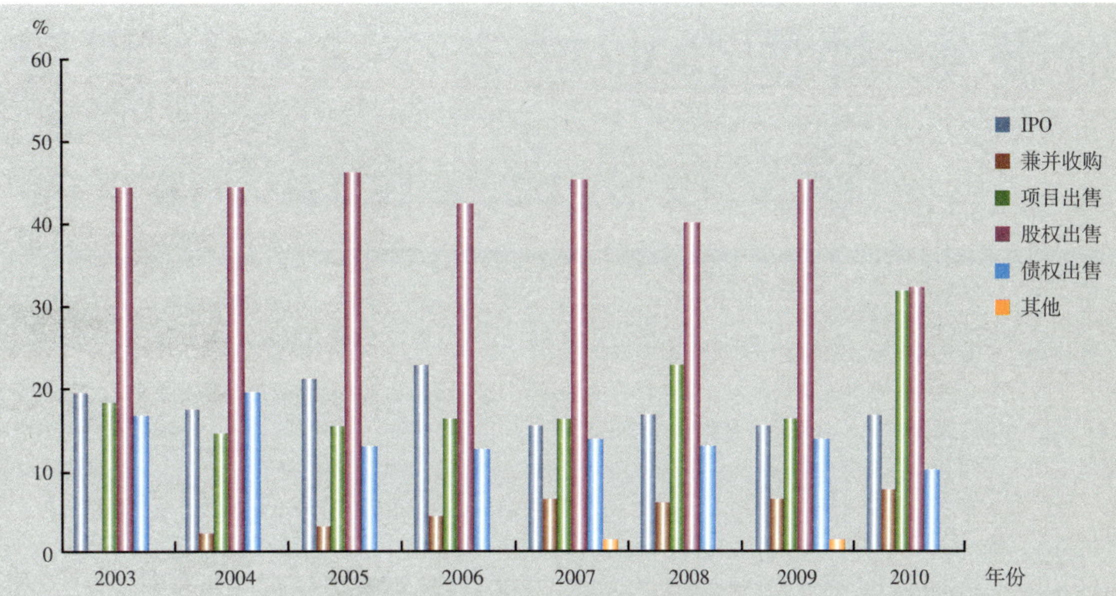

图 10 韩国创业风险投资退出渠道情况

1996 年 7 月，韩国证券交易商协会仿照美国纳斯达克市场设立了韩国科斯达克市场（KOSDAQ）。经过十几年的发展和调整完善，科斯达克市场已逐渐崭露头角，2010 年上半年，IPO 数量共 30 起，其中风险投资公司 IPO 数量为 16 家，12 家企业获得风险投资机构支持（见表 9）。

表 9　　韩国创业风险投资通过 KOSDAQ 市场 IPO 情况

年份	2001	2002	2003	2004	2005	2006	2007	2008	2009	2010.6
IPO 数量	171	153	71	52	70	56	67	38	55	30
VC 公司 IPO 数量（A）	134	105	58	37	61	43	52	29	29	16
获得 VC 支持企业 IPO 数量（B）	73	53	36	28	49	35	44	25	20	12
B/A（%）	54.5	50.1	62.1	75.7	80.3	81.4	84.6	86.2	69.0	75.0

资料来源：数据由韩国风险投资协会 Korean Venture Capital Association 提供，感谢韩国科技规划评价院 Korean Institute of Science & Technology Evaluation and Planning 的大力支持。

附录 4 外国企业或者个人在中国境内设立合伙企业管理办法

第一条 为了规范外国企业或者个人在中国境内设立合伙企业的行为，便于外国企业或者个人以设立合伙企业的方式在中国境内投资，扩大对外经济合作和技术交流，根据《中华人民共和国合伙企业法》（以下称《合伙企业法》），制定本办法。

第二条 本办法所称外国企业或者个人在中国境内设立合伙企业，是指 2 个以上外国企业或者个人在中国境内设立合伙企业，以及外国企业或者个人与中国的自然人、法人和其他组织在中国境内设立合伙企业。

第三条 外国企业或者个人在中国境内设立合伙企业，应当遵守《合伙企业法》以及其他有关法律、行政法规、规章的规定，符合有关外商投资的产业政策。

外国企业或者个人在中国境内设立合伙企业，其合法权益受法律保护。

国家鼓励具有先进技术和管理经验的外国企业或者个人在中国境内设立合伙企业，促进现代服务业等产业的发展。

第四条 外国企业或者个人用于出资的货币应当是可自由兑换的外币，也可以是依法获得的人民币。

第五条 外国企业或者个人在中国境内设立合伙企业，应当由全体合伙人指定的代表或者共同委托的代理人向国务院工商行政管理部门授权的地方工商行政管理部门（以下称企业登记机关）申请设立登记。

申请设立登记，应当向企业登记机关提交《中华人民共和国合伙企业登记管理办法》规定的文件以及符合外商投资产业政策的说明。

企业登记机关予以登记的，应当同时将有关登记信息向同级商务主管部门通报。

第六条 外国企业或者个人在中国境内设立的合伙企业（以下称外商投资合伙企业）的登记事项发生变更的，应当依法向企业登记机关申请变更登记。

第七条 外商投资合伙企业解散的，应当依照《合伙企业法》的规定进行清算。清算人应当自清算结束之日起 15 日内，依法向企业登记机关办理注销登记。

第八条 外商投资合伙企业的外国合伙人全部退伙，该合伙企业继续存续的，应当依法向企业登记机关申请变更登记。

第九条 外商投资合伙企业变更登记或者注销登记的，企业登记机关应当同时将有关变更登记或者注销登记的信息向同级商务主管部门通报。

第十条 外商投资合伙企业的登记管理事宜，本办法未作规定的，依照《中华人民共和国合伙企业登记管理办法》和国家有关规定执行。

第十一条 外国企业或者个人在中国境内设立合伙企业涉及的财务会计、税务、外汇以及海关、人员出入境等事宜，依照有关法律、行政法规和国家有关规定办理。

第十二条 中国的自然人、法人和其他组织在中国境内设立的合伙企业，外国企业或者个人入伙的，应当符合本办法的有关规定，并依法向企业登记机关申请变更登记。

第十三条 外国企业或者个人在中国境内设立合伙企业涉及须经政府核准的投资项目的，依照国家有关规定办理投资项目核准手续。

第十四条 国家对外国企业或者个人在中国境内设立以投资为主要业务的合伙企业另有规定的，依照其规定。

第十五条 香港特别行政区、澳门特别行政区和台湾地区的企业或者个人在内地设立合伙企业，参照本办法的规定执行。

第十六条 本办法自 2010 年 3 月 1 日起施行。

附录5 商务部关于外商投资创业投资企业、创业投资管理企业审批事项的通知

商资函［2009］9号

各省、自治区、直辖市、计划单列市、哈尔滨、长春、沈阳、济南、南京、杭州、广州、武汉、成都、西安、新疆生产建设兵团商务主管部门，国家级经济技术开发区：

为进一步转变政府职能，规范外商投资审批工作，提高工作效率，现就外商投资创业投资领域审核管理事项通知如下：

一、资本总额1亿美元以下的（含1亿美元）外商投资创业投资企业、外商投资创业投资管理企业的设立及变更由省、自治区、直辖市、计划单列市、哈尔滨、长春、沈阳、济南、南京、杭州、广州、武汉、成都、西安、新疆生产建设兵团商务主管部门（以下简称省级商务主管部门）和国家级经济技术开发区依法负责审核、管理。

二、省级商务主管部门和国家级经济技术开发区应严格按照《外商投资创业投资企业管理规定》及国家有关法律法规和相关政策要求审核，在收到全部上报材料之日起30天内做出批准或不批准的书面决定。对于设立外商投资创业投资企业的申请，应书面征求同级科学技术管理部门意见。予以批准的，省级商务主管部门和国家级经济技术开发区颁发外商投资企业批准证书，填写《外商投资创业投资企业情况备案表》（见附件），并通过外商投资企业审批管理系统一并即时向商务部备案。

三、商务部批准设立的外商投资创业投资企业、外商投资创业投资管理企业后续变更事项（外商投资创业投资企业单次增资超过1亿美元和必备投资者变更的除外），由省级商务主管部门和国家级经济技术开发区审批。

四、省级商务主管部门和国家级经济技术开发区不得再行下放其他地方部门审批，且应及时将审核管理过程中出现的问题上报商务部，如有违规审批行为，商务部将视情况给予通报批评甚至收回审核、管理权限。

五、创投企业应于每年3月份填写《外商投资创业投资企业情况备案表》，将上一年度的资金筹集和使用等情况报省级商务主管部门和国家级经济技术开发区。省级商务主管部门和国家级经济技术开发区应出具备案证明，作为创投企业参加联合年检的审核材料之一。省级商务主管部门和国家级经济技术开发区应于5月份将情况汇总报商务部。

六、本通知自发布之日起执行。

特此通知。

中华人民共和国商务部

二〇〇九年三月五日

附录 6 关于执行企业所得税优惠政策若干问题的通知

财税［2009］69 号

各省、自治区、直辖市、计划单列市财政厅（局）、国家税务局、地方税务局，新疆生产建设兵团财务局：

根据《中华人民共和国企业所得税法》（以下简称企业所得税法）及《中华人民共和国企业所得税法实施条例》（国务院令第 512 号，以下简称实施条例）的有关规定，现就企业所得税优惠政策执行中有关问题通知如下：

一、执行《国务院关于实施企业所得税过渡优惠政策的通知》（国发［2007］39 号）规定的过渡优惠政策及西部大开发优惠政策的企业，在定期减免税的减半期内，可以按照企业适用税率计算的应纳税额减半征税。其他各类情形的定期减免税，均应按照企业所得税 25%的法定税率计算的应纳税额减半征税。

二、《国务院关于实施企业所得税过渡优惠政策的通知》（国发［2007］39 号）第三条所称不得叠加享受，且一经选择，不得改变的税收优惠情形，限于企业所得税过渡优惠政策与企业所得税法及其实施条例中规定的定期减免税和减低税率类的税收优惠。

企业所得税法及其实施条例中规定的各项税收优惠，凡企业符合规定条件的，可以同时享受。

三、企业在享受过渡税收优惠过程中发生合并、分立、重组等情形的，按照《财政部国家税务总局关于企业重组业务企业所得税处理若干问题的通知》（财税［2009］59 号）的统一规定执行。

四、2008 年 1 月 1 日以后，居民企业之间分配属于 2007 年度及以前年度的累积未分配利润而形成的股息、红利等权益性投资收益，均应按照企业所得税法第二十六条及实施条例第十七条、第八十三条的规定处理。

五、企业在 2007 年 3 月 16 日之前设立的分支机构单独依据原内、外资企业所得税法的优惠规定已享受有关税收优惠的，凡符合《国务院关于实施企业所得税过渡优惠政策的通知》（国发［2007］39 号）所列政策条件的，该分支机构可以单独享受国发［2007］39 号规定的企业所得税过渡优惠政策。

六、实施条例第九十一条第（二）项所称国际金融组织，包括国际货币基金组织、世界银行、亚洲开发银行、国际开发协会、国际农业发展基金、欧洲投资银行以及财政部和国家税务总局确定的其他国际金融组织；所称优惠贷款，是指低于金融企业同期同类贷款利率水平的贷款。

七、实施条例第九十二条第（一）项和第（二）项所称从业人数，是指与企业建立劳动关系的职工人数和企业接受的劳务派遣用工人数之和；从业人数和资产总额指标，按企业全年月平均值确定，具体计算公式如下：

月平均值 =（月初值+月末值）÷ 2

全年月平均值 = 全年各月平均值之和 ÷ 12

年度中间开业或者终止经营活动的，以其实际经营期作为一个纳税年度确定上述相关指标。

八、企业所得税法第二十八条规定的小型微利企业待遇，应适用于具备建账核算自身应纳税所得额条件的企业，按照《企业所得税核定征收办法》（国税发［2008］30 号）缴纳企业所得税的企业，在不具备准确核算应纳税所得额条件前，暂不适用小型微利企业适用税率。

九、2007 年底前设立的软件生产企业和集成电路生产企业，经认定后可以按《财政部国家税务总局关于企业所得税若干优惠政策的通知》（财税［2008］1 号）的规定享受企业所得税定期减免税优惠政策。在 2007 年度或以前年度已获利并开始享受定期减免税优惠政策的，可自 2008 年度起继续享受至期满为止。

十、实施条例第一百条规定的购置并实际使用的环境保护、节能节水和安全生产专用设备，包括承租方企业以融资租赁方式租入的、并在融资租赁合同中约定租赁期届满时租赁设备所有权转移给承租方企业，且符合规定条件的上述专用设备。凡融资租赁期届满后租赁设备所有权未转移至承租方企业的，承租方企业应停止享受抵免企业所得税优惠，并补缴已经抵免的企业所得税税款。

十一、实施条例第九十七条所称投资于未上市的中小高新技术企业2年以上的，包括发生在2008年1月1日以前满2年的投资；所称中小高新技术企业是指按照《高新技术企业认定管理办法》（国科发火［2008］172号）和《高新技术企业认定管理工作指引》（国科发火［2008］362号）取得高新技术企业资格，且年销售额和资产总额均不超过2亿元、从业人数不超过500人的企业，其中2007年底前已取得高新技术企业资格的，在其规定有效期内不需重新认定。

十二、本通知自2008年1月1日起执行。

财政部　国家税务总局

二〇〇九年四月二十四日

附录 7 关于实施创业投资企业所得税优惠问题的通知

国税收［2009］87 号

各省、自治区、直辖市和计划单列市国家税务局、地方税务局：

为落实创业投资企业所得税优惠政策，促进创业投资企业的发展，根据《中华人民共和国企业所得税法》及其实施条例等有关规定，现就创业投资企业所得税优惠的有关问题通知如下：

一、创业投资企业是指依照《创业投资企业管理暂行办法》（国家发展和改革委员会等 10 部委令 2005 年第 39 号，以下简称《暂行办法》）和《外商投资创业投资企业管理规定》（商务部等 5 部委令 2003 年第 2 号）在中华人民共和国境内设立的专门从事创业投资活动的企业或其他经济组织。

二、创业投资企业采取股权投资方式投资于未上市的中小高新技术企业 2 年（24 个月）以上，凡符合以下条件的，可以按照其对中小高新技术企业投资额的 70%，在股权持有满 2 年的当年抵扣该创业投资企业的应纳税所得额；当年不足抵扣的，可以在以后纳税年度结转抵扣。

（一）经营范围符合《暂行办法》规定，且工商登记为"创业投资有限责任公司"、"创业投资股份有限公司"等专业性法人创业投资企业。

（二）按照《暂行办法》规定的条件和程序完成备案，经备案管理部门年度检查核实，投资运作符合《暂行办法》的有关规定。

（三）创业投资企业投资的中小高新技术企业，除应按照科技部、财政部、国家税务总局《关于印发〈高新技术企业认定管理办法〉的通知》（国科发火〔2008〕172 号）和《关于印发〈高新技术企业认定管理工作指引〉的通知》（国科发火〔2008〕362 号）的规定，通过高新技术企业认定以外，还应符合职工人数不超过 500 人，年销售（营业）额不超过 2 亿元，资产总额不超过 2 亿元的条件。

2007 年底前按原有规定取得高新技术企业资格的中小高新技术企业，且在 2008 年继续符合新的高新技术企业标准的，向其投资满 24 个月的计算，可自创业投资企业实际向其投资的时间起计算。

（四）财政部、国家税务总局规定的其他条件。

三、中小企业接受创业投资之后，经认定符合高新技术企业标准的，应自其被认定为高新技术企业的年度起，计算创业投资企业的投资期限。该期限内中小企业接受创业投资后，企业规模超过中小企业标准，但仍符合高新技术企业标准的，不影响创业投资企业享受有关税收优惠。

四、创业投资企业申请享受投资抵扣应纳税所得额，应在其报送申请投资抵扣应纳税所得额年度纳税申报表以前，向主管税务机关报送以下资料备案：

（一）经备案管理部门核实后出具的年检合格通知书（副本）；

（二）关于创业投资企业投资运作情况的说明；

（三）中小高新技术企业投资合同或章程的复印件、实际所投资金验资报告等相关材料；

（四）中小高新技术企业基本情况（包括企业职工人数、年销售（营业）额、资产总额等）说明；

（五）由省、自治区、直辖市和计划单列市高新技术企业认定管理机构出具的中小高新技术企业有效的高新技术企业证书（复印件）。

五、本通知自 2008 年 1 月 1 日起执行。

国家税务总局

二〇〇九年四月三十日

附录8 2009年度“中国技术创业协会科技创业投资奖”部分获奖企业情况简介

2009年度“科技产业投资奖”

深圳市创新投资集团有限公司

20世纪70年代末以来的改革开放大潮，推动了中国创投业的萌芽和发展。为促进传统产业转型升级，推动高新技术产业发展，1999年8月，深圳市政府出资5亿元人民币，同时引导企业出资2亿元人民币，成立了深圳市创新科技投资有限公司（深圳市创新投资集团的前身，以下简称“深创投”）。经过十多年的发展，深创投已经成为目前国内规模最大、投资能力最强、最具影响力的本土创投机构，在内外资创投企业综合排名中连续两年（2008年、2009年）位列第一。当前可投资规模超过200亿元人民币，历年累计投资59亿元，已投资项目283个，分布在国内23个省、直辖市、自治区。深创投在全国率先设立并管理了37家政府引导性创投基金，已经形成了全国性的基金管理网络。

深创投所投资的企业中已有61家在全球16个资本市场上市，上市业绩雄居国内第一。2009年，深创投一年内在国内外资本市场挂牌上市10家企业。据统计，2009年全年共有77家VC/PE投资的中国企业在境内外IPO上市，其中，深创投占12.9%，约占VC/PE行业IPO市场总量的1/8。2010年上半年，深创投更是创造了不足6个月时间在国内外资本市场挂牌上市13家企业的新纪录，约占VC/PE行业IPO市场总量的1/6。此外，深创投还帮助中国大陆企业首次登录了德国法兰克福交易所主板、韩国KOSDAQ和中国台湾地区兴柜市场。

深创投开创的政府引导基金网络规模大、覆盖面广。截至2010年6月，深创投有82%的投资项目、73%的投资资金投资于初创期和成长期企业。其中，许多创新型中小企业从竞争中迅速脱颖而出，不断发展壮大，成为行业的龙头企业，为国民经济发展做出了重大贡献，体现了创投对创新型企业投资的先导性作用。

上海创业投资有限公司

1999年8月，为贯彻落实上海市政府促进本市高科技产业化发展的“18条”政策，推动政府科技投入改革，加快高新技术成果转化，上海市政府正式批准成立上海创业投资有限公司。

公司成立后，按照“政府引导、社会参与、利益共享、风险共担”的原则，引进国外先进的风险投资理念和运作模式，结合中国的实际情况，积极推行“基金的基金”和“委托管理”模式，并先后与大学、科研机构、高新技术开发区、产业集团、海外风险投资机构等合作，成立了20多个专业的创业投资基金。同时，公司按照市政府的要求及上海市的高新技术产业发展规划，在信息技术、生物医药、新材料等领域，选取优质的初创期企业进行投资。截至2009年底，公司累计投资300多家中小型创业企业，其中85%以上属于科技创新型企业；累计完成投资额近45亿元人民币，投向科技型中小企业的资金达到38亿元。通过内资并购、外资并购、管理层或大股东回购、IPO等方式，已退出项目近60个，其中在境内外上市的项目超过10个。

在公司持续投资和扶持的企业中，涌现出一批优质的创新型企业。其中，公司于2001年投资，并于2007年追加投资的“新傲科技”，先后获得多项上海市科技进步、科技发明奖，并获得国家科技进步一等奖。“上海高清”致力于数字电视技术的研发，其开发的数字电视标准被最终确定为国家标准。在生物医药领域，公司投资了“上海生物芯片公司”、“睿星基因”、“泽生科技”等优秀企业。

在公司投资的 20 只基金中，“华盈 TDF 基金”投资了百度、分众传媒、阿里巴巴等项目，实现了 115%的高额收益。“清源德丰基金”投资的辰州矿业等项目在深圳中小板上市，回报率超过 100%。“慧盛创投”、“领汇创投”等基金虽然运营期限未满，但也都有多个项目在国内中小板或创业板上市，预计将获得较高的投资回报。

2004 年以来，上海创投同时作为资金管理公司，负责管理上海市 30 亿元科教兴市重大科技攻关项目专项资金，承担 34 个重大项目的管理工作，履行出资人职责。在项目筛选、项目评估、后续监管、增值服务等环节引入创业投资管理机制，也取得了良好的成效。2008 年，上海创投成为第一家获得国家科技部科技型中小企业创业投资引导基金参股投资的创投机构。2009 年，获得国家发改委和财政部新兴产业创投计划的支持，并与上海市及其他社会投资机构共同投资组建了 5 家专业的创业投资基金。2010 年，受上海市政府委托，负责管理上海市创业投资引导基金，基金规模 30 亿元人民币。

上海科技投资公司

上海科技投资公司是由上海市人民政府出资，于 1992 年成立的上海最早专业从事科技产业化创业投资的国有独资企业，公司注册资本 5.5 亿元人民币。1993 年初，上海科技投资公司联合 9 家金融机构和企业共同投资、组建上海科技投资股份有限公司。1996 年底，中共上海市委、市政府为了加大推进上海市科技产业化的力度，决定对上海科技投资公司注入新的资本，确定以信息产业、生物医药产业、新能源、新材料等新技术产业为主要投资领域，进一步推进创业投资的发展。

公司自成立以来，按照“开拓、创新、稳健、务实”的经营理念，确立了“三个凸显，两个紧贴”指导思想，即：进一步凸显在吸纳民资、外资、扩大风险资金方面的拉动放大功能；进一步凸显在基地园区创业环境建设、造就科技小巨人方面的扶持培育功能；进一步凸显在风险投资模式、经验、人才、效益方面的引领示范功能。要紧贴上海经济发展的社会进步，贯彻科教兴市战略；紧贴上海新一轮发展规划，融入科技创新主战场。

公司先后投资组建了 70 个科技型企业，如：万达信息股份有限公司、上海新生源医药有限公司、上海中科合臣股份有限公司等。形成了在信息、生物医药和新能源、新材料等领域处于领先水平的若干个科技先导型产业群。公司坚持以国有资本为引导，直接投资已达 10 亿余元人民币，同时拉动社会各方资金 50 亿元人民币共同参与高科技投资。在坚持直接投资的同时，公司利用其良好的业内影响，探索并形成了“基金化、多元化、国际化”发展思路，走出了一条多种机制、多种模式、多种渠道有效放大科技投资规模的新路。通过吸引国内外资金，先后出资 3.3 亿元，组建了 10 家公司制的投资基金。如：上海科技投资股份有限公司、上海科星创业投资有限公司、上海中新技术创业投资有限公司、上海科升创业投资有限公司等。

2009 年度“科技投资机构活跃奖”

硅谷天堂创业投资有限公司

硅谷天堂创业投资有限公司（简称“硅谷天堂”）是一家私募股权投资基金管理公司，也是中国最大的民营私募股权投资机构之一。自 2006 年 7 月成立至今，已成为本土私募股权投资基金管理行业的领先者，目前管理基金 24 家，受托管理资产约 50 亿元人民币。已投资项目 51 个，已投资金额 15 亿元，上市企业达 16 家，实现成功退出项目 4 个。

硅谷天堂坚持“铸就创业者成功的硅谷，打造投资者财富的天堂”的投资理念，为被投资企业输送资本、经验、创意、提供优质服务，为投资者创造最丰厚的回报。目前，硅谷天堂在全国设立九大分支机构，在深圳、武汉、上海、成都分别设立华南大区、华中大区、华东大区、西南大区，筹备在西安、长春设立西北大区和东北大区，在西南大区和华中大区下设重庆、长沙办事机构。硅谷天堂拥有 100 多人的投资团队，具有丰富的投资经验。以杭州为基地设立的控股公司浙江天堂硅谷创业集团有限公司是 2000 年成立的一家专门从事高科技产业创业投资的公司，注册资金 2 亿元人民币。

2009年度"科技投资收益奖"

无锡高新技术风险投资股份有限公司

无锡高新技术风险投资股份有限公司于2000年8月由江苏省人民政府批准组建，是江苏省内第三家、无锡市第一家专业性创业投资公司。公司为中国科技金融促进会风险投资专业会会员单位，国家"科技型中小创业投资引导基金"第一批资助单位。公司股本1亿元人民币。

公司以投资科技型企业为主，兼营创业投资管理顾问、投融资咨询、资产经营管理、企业策划等。公司重点专注于新能源、半导体、软件、新媒体、传统产业升级等领域。目前，公司累计投资企业28家，累计投资金额超过1.3亿元人民币，其中实现全部退出项目10项。近年来，公司成功培育出了尚德、华光、西姆莱斯、碧水源等4家上市企业，年均实现投资回报率30%以上，投资成功率达60%以上。

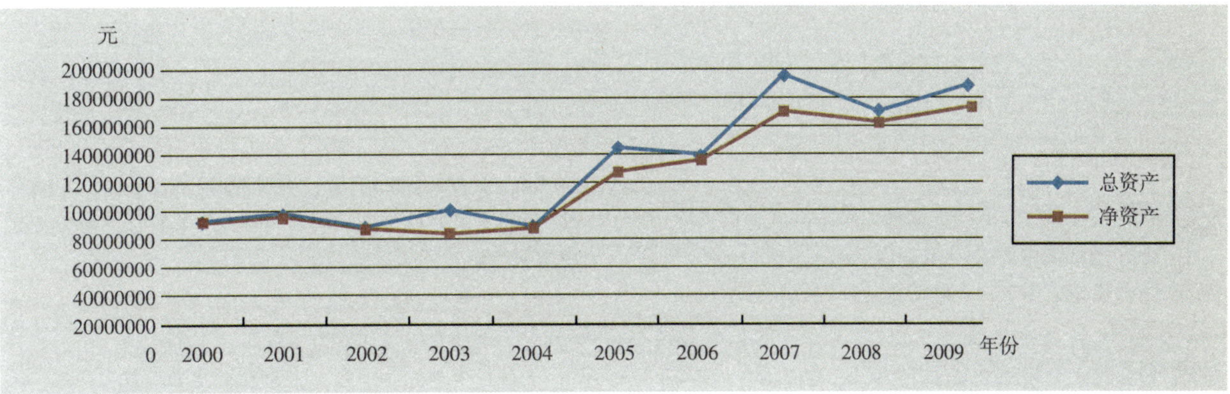

天津创业投资有限公司

天津创业投资有限公司于2001年3月在天津滨海新区设立，公司设立之初，资本金主要来源于市财政拨款，主要业务是管理天津市创业投资引导基金，发挥财政资金的杠杆作用。随着政府创业投资引导基金业务的不断推进，天津创业投资有限公司由只出资不参与商业基金的管理，发展到既出资也参与商业基金的管理，由联合管理到独立管理，由只能管理自己出资的商业基金到向社会募集基金并独立管理，逐步走上了一条LP与GP业务结合、商业化、专业化、全国化发展的道路。

在引导基金业务方面，天津创业投资有限公司已经参股投资了11家创业投资企业，其中，有6只商业性创投基金、2家管理公司、1家贷款公司、1家担保公司、1家产权交易公司，总投资额近2.4亿元，吸引境外及民间投资3.2亿元。

在商业基金业务方面，天津创业投资有限公司共受托管理了6只商业性创投基金，注册资本合计6亿元，已经投资了17家高科技企业，涉及网络信息、现代制造、生物医药、现代农业等领域，投资额合计2.9亿元，其中，有3个项目退出，1个项目上市，5个项目即将上市。七所高科通过回购方式退出，投资收益率为64%；天汽模具通过部分转让退出，投资收益率为120%；建科机械通过部分转让退出，投资收益率为180%。红日药业已在创业板上市，预计投资收益率可达5倍以上。天汽模具、长荣印刷已经报会，天津曙光、天景食品、建科机械已经开始启动上市工作。

天津创业投资有限公司充分发挥政府平台和天津市本地资源的优势，积极与国际品牌创投机构开展合作，在国有体制的框架下，大胆探索符合创业投资行业特点的投资决策、激励与约束机制，如打造商业化管理平台、管理团队跟投、投资收益奖励分配等，致力于建设国内一流的创业投资管理团队。

哈尔滨创新投资有限公司

哈尔滨创新投资有限公司是由哈尔滨市科技风险投资

中心（简称“投资中心”）与深圳创新投资集团（简称“深创投”）于2002年6月发起设立的国有风险投资公司，投资中心持股99%，深创投持股1%。

公司投资领域是支持哈尔滨市光机电一体化、生物工程及新医药、航空航天、现代农业、电子信息、新材料和高效节能与环保等六大高新技术领域中的科技型中小企业。重点支持具有自主知识产权、产业关联度大、产业带动作用强、市场前景好、能够在优势高新技术领域实现产业化的项目。投资阶段以初创期、成长期为主。公司通过被投企业挂牌上市、大股东回购等方式收回资金并实现增值。

截至2009年，公司股权投资哈尔滨地区的高新技术企业及中小型企业共计10家，投资金额累计5300万元。至今已有3家企业在资本市场上市成功，以大股东回购方式退出1项，其中，哈尔滨泰富实业公司2007年在纳斯达克主板市场上市，成为东北地区第一例风投成功案例，公司以大股东回购方式退出，实现增值收入2200万元；哈尔滨仁皇药业公司在美国纳斯达克OTCBB上市，2010年7月在全美证券交易所转板成功；哈尔滨九洲电气股份公司2010年1月在国内创业板上市，成为黑龙江省时隔7年后在国内资本市场成功上市的企业，预计实现增值收入1亿元以上。

通联创业投资股份有限公司

通联创业投资股份有限公司（原名万向创业投资股份有限公司）成立于2000年11月，注册资本3亿元人民币，由万向集团作为主发起人，联合浙江省、杭州市、萧山区三级政府和东方通信共同发起设立，是浙江省首家民营企业控股、政府参股的股份制创业投资公司，是首批登记备案的创投机构。曾先后获得“全国十大产业性风险投资公司”、“中国本土创业投资机构50强”、“浙江本土十佳创投机构”等殊荣。

公司坚持长期投资、长期扶持的理念，把握对具备潜力的中小高新科技企业的投资方向，利用自身优势，全力为项目公司提供发展战略、内部管理、市场网络、筹划公开发行上市等多项增值服务，扶持项目公司积极、稳健、快速发展。迄今为止，公司先后投资30余家企业，累计投资逾8亿元，其中已成功发行上市的项目公司有“航天动力（600343）”、“兔宝宝（002043）”、“北纬通信（002148）”、“海利得（002206）”、“方正电机（002196）”，较好地完成了三级政府出资额的增值，也为民营企业和政府携手发展创业投资进行了有益的探索。

近年来，通联创投将投资领域扩大到国家政策鼓励的产业，如先进装备制造业、新能源、新材料、电子信息业、现代农业、现代服务业等，为未来发展奠定良好的基础。通联创投实行法人治理、规范运行，通过大量操作积累了丰富的实战经验，培养了一支优秀的创业投资管理队伍，为股东创造了优厚回报。未来几年，通联创投还将依托国家对创投的政策、各股东优势资源，建立完善投资机制，力争发展成为国内一流的创业投资机构，创造更为优秀的业绩。

广东省粤科风险投资集团有限公司

广东省粤科风险投资集团有限公司（以下简称“粤科风投”）自2000年成立以来，从国情与行业特点出发，确立了“做特、做精、做强”的发展理念，坚持以股权投资方式扶持创新型中小企业快速发展，有效地实现了政府所委托管理的国有资产保值增值，实现了盈利年年大幅增长，净利润年均增长率达35%。2001~2004年，粤科风投连续被业界评选为国内风险投资机构综合实力前五名；2005年、2006年被评选为“最佳风险投资机构”；2006年粤科风投董事长在中国风险投资论坛上被授予“推动中国风险投资事业发展特别贡献奖”。

粤科风投坚持以培养、组合与聘用优秀风险投资人才为基础，现拥有一支100余人的专业投资管理队伍；以扶持一大批投资参股企业实现发展和上市为示范，构建了内部良好的投资、管理与运作平台。公司自成立以来投资总金额超10亿元，投资和管理项目100余个，投资收益累计超20亿元，净资产增幅约4倍，带动了社会各类投资超100亿元，产生的社会效益超过200亿元，向国家上缴各类税金10亿元，为所投资参股的中小企业担保总额累计超过2.5亿元，参股投资企业新增就业人数超2.5万人。直接培植了7家在国内公开上市的公司（风华高科000636、广东榕泰600589、威尔科技002016、广东鸿图002101、顺络电子002138、精艺股份002295、格林美002340），共募集资金超过50亿元，为广东的创新产业和资本市场的成长作出了应有的贡献。此外，粤科风投还推动了5家参股投资企业通过购并、整体上市等方式进入国内外资本市场。在2008年12月广东省委省政府召开的“中小企业工作会议”上表彰的广东省100强民营企业中，粤科风投投资、扶持过的就有4家（广东榕泰、乳源东阳光、广东精艺金属和珠海汉胜公司）。

10年的风险投资实践，锻炼出了粤科风投优秀的投资管理能力，在长期实践中的探索与总结，寻找出本土风险投资机构管理与运作的规律，已形成了一套较完整的管理体系：一是确立项目投资指引；二是确立项目不同阶段的投资方式；三是制定投资项目管理原则；四是细化项目管理操作程序；五是制定项目和风险资本退出的策略和途径；六是建立一支有经验的人才队伍。

2009年度"优秀科技投资管理团队奖"

合肥汇智基金管理有限公司

汇智基金管理有限公司（以下简称"汇智投资"）由具有多年创投背景和成功创业经历的专业人士组成，团队成员从业经验丰富、社会资源广泛、专业搭配合理。他们在企业发展战略、市场开拓及资源整合等方面有多年工作经验和实战经历，能为被投资企业提供准确、及时、专业的咨询辅导，为中小企业成长提供全方位的指导和服务。

汇智投资团队曾经管理了上海天亿投资、广东粤商创投、合肥高风投等多只创业投资基金，自2000年起，已在IT、化工、生物医药、机械制造、消费品、品牌连锁等行业进行了数十项投资，累计投资金额达数亿元人民币。其中科大创新、精达股份、铜陵三佳、金风科技、新疆城建等均已成功在国内主板发行上市。2009年，汇智投资团队所投资的坚瑞消防、齐峰特纸的IPO申请在证监会发审委审核通过，即将上市发行。

2009年3月，汇智投资成功募集了一只人民币创投基金，该基金的投资人包括国家科技部科技型中小企业创业投资引导基金及上海、广州、合肥等地投资机构。同时，汇智投资也与上海创投、中新苏州工业园创投等5家国内著名创投机构一起成为了国内首批获得国家创业投资引导基金支持的创投企业。

苏州创业投资集团有限公司

苏州创业投资集团的前身是2001年成立的中新苏州工业园区创业投资有限公司（简称"中新创投"）。中新创投成立后，先后与台湾怡和创投合作设立了平行基金；与以色列Infinity合作设立了国内第一家中外合作非法人制创业投资企业：英菲尼迪-中新创投企业；与国家开发银行合作设立了国内第一个完全市场化运作的创投母基金：苏州工业园区创业投资引导基金有限公司；发行了国内第一只创投企业债："苏创投债（098070）"。

2007年9月，在已有业务框架基础上重组设立了苏州创投集团，注册资本30亿元人民币。经过九年的发展,苏州创投集团已搭建起了包括直接投资、股权投资基金管理、母基金管理、债权融资服务和资产管理五方面相配合的业务平台体系，管理的资金及资产规模超过115亿元，投资项目近200个，发展成为投资能力位居全国前列的大型创投集团。

截至2010年6月，苏州创投集团控股和参股的基金13只，各股权投资平台累计投资项目197个，累计投资金额45.80亿元。其项目投资主要集中在科技型中小企业，在直接投资平台和股权投资基金管理平台所投资的181个项目中，65%属于种子期或初创期企业，在投资项目行业分布上，77%属于高科技企业。

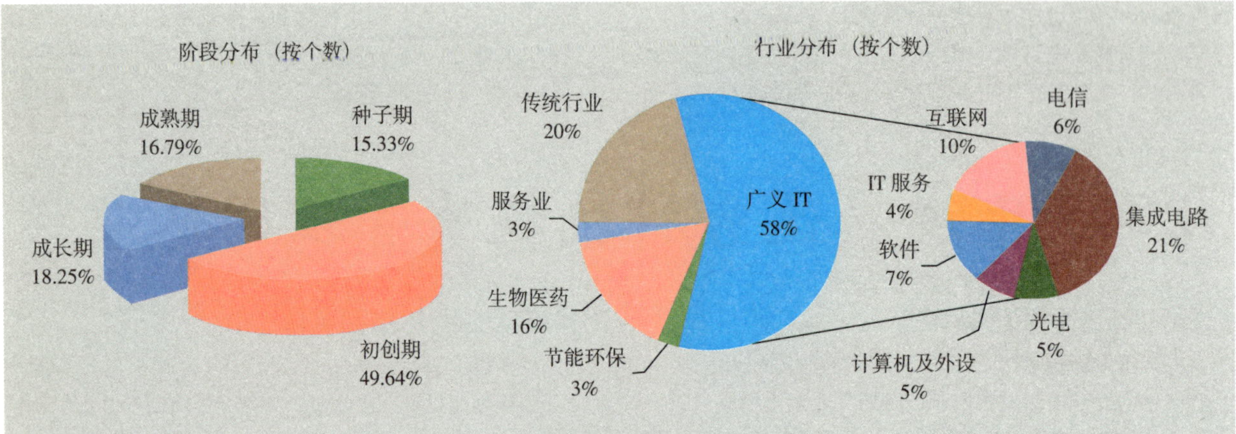

苏州创投集团投资项目分布

苏州创投集团的基金投资平台投资子基金 16 只，子基金规模 43 亿元人民币，所投资的金沙江、北极光、华登国际、松禾资本等均为国内著名的创投机构。

通过多年的培育，苏州创投集团早期所投资的项目逐渐进入回收期。目前已有 6 家企业上市，2 家企业过会，并有一大批企业准备在未来两三年内上市。在为投资者获得良好回报的同时，有效地促进了我国科技型中小企业的发展。苏州创投集团的专业投资能力和投资业绩也在业内获得了广泛的认同。

深圳力合创业投资有限公司

深圳力合创业投资有限公司成立于 1999 年 8 月，是深圳清华大学研究院控股 68.08%的高科技创业投资企业，主要从事风险投资、高新技术产业投资；受托管理和经营其他创业投资公司的创业资本；直接投资或参与企业孵化器的建设等。公司目前注册资本 33333.33 万元人民币，董事长冯冠平，总经理朱方。

公司资产管理规模近 15 亿元，已投资项目包括电子信息、新材料、医药、电子、光机电一体化、高科技孵化器等领域近 70 家公司，投资总金额达 10 亿元人民币。投资并成功上市的公司 7 家。在已投资的项目中，有 28 个项目已实现成功退出，平均内部收益率超过 30%。主要投资的成功案例包括：深圳和而泰智能控制股份有限公司（股票代码：002402）、深圳达实智能股份有限公司（股票代码：002421）、北京海兰信数据科技股份有限公司（股票代码：300065）、北京数码视讯科技股份有限公司（股票代码：300079）、海南东盛弘蟒蛇科技有限公司、深圳市铁汉生态科技股份有限公司、深圳茂硕电源科技股份有限公司、惠州中迅化工有限公司、赛轮股份有限公司等。

2009 年度“科技投资业务创新奖”

青岛市科技风险投资有限公司

青岛市科技风险投资有限公司是在原有“青岛市科技风险开发事业中心”的基础上，于 2000 年 8 月 17 日正式组建的国有独资的科技风险投资公司，注册资本金为 1 亿元人民币。公司 2003 年被国家科技部授予“国家优秀创业投资机构”，是“中国技术创业协会会员单位”、“全国投资机构科技金融工作联席会议会员单位”、“山东省创业投资协会副会长单位”，也是青岛市唯一一家经国家科技部认定并在国家发改委备案的国有创业投资企业。

公司拥有一支集丰富的投资经验和企业管理经验为一体的专业团队，并具备敏锐的商业判断力和准确的行业洞察力。在发展过程中，公司坚持“政府主导，市场化运作”的原则，逐渐形成了一套比较完善的项目筛选、调查、评审、决策、风险控制以及退出机制。截至目前，公司通过“直接投资、创业担保、创业租赁”三位一体的投资模式，已累计扶持各类高科技项目 69 个，完成项目总投资3.17亿元，通过各种投资带动被投资企业资本增加值50亿元。培育了青岛金王、万林食品、软件园等一批高成长性的高科技企业和产业基地，较好实现了国有资本的保值增值。

公司为更好地实现“通过科技风险投资示范效应，带动更多的社会资本进入到高新技术产业化领域”的工作目标，将以引导基金为内核，整合社会资源，建立政府扶持、风险投资、创业担保、委托贷款、创业租赁一条龙服务的投融资平台，进一步拓展创新思路，致力于推动青岛市风险投资事业的发展。

附录 9 中国创业风险投资机构名录

安徽省创业投资有限公司

地址：合肥市望江东路 46 号
成立时间：2008.7.9
邮编：230022
电话：0551-3677130
传真：0551-3677130
董事长：杜长棣
总经理：陈永华

安徽省科创投资管理咨询有限责任公司

地址：合肥市蜀山区长江西路 200 号
成立时间：2000.10.31
邮编：230001
电话：0551-5227278
董事长：杨新潮
总经理：江闽涛

安徽省科技产业投资有限公司
Anhui High Technology Industry Investestment Co.,Ltd.

地址：安徽省合肥市芜湖路 168 号同济大厦 7 楼
成立时间：1999.7
网址：www.ahkjtz.com.cn
邮编：230031
电话：0551-5227602
传真：0551-5227619
董事长：杨新潮
总经理：杨新潮

安徽省科园产业发展有限公司

地址：合肥市蜀山区长江西路 669 号科创投资大厦 303 室
成立时间：2001.12.31
邮编：230088
电话：0551-5329385
传真：0551-5368352
董事长：唐啸波
总经理：郃成华

合肥世纪创新投资有限公司

地址：合肥市高新区科学大道 79 号科创中心 1-101 室
成立时间：2002.9.11
邮编：230001
电话：0551-5227116
传真：0551-5227592
董事长：杨新潮
总经理：张琼

合肥市创新科技风险投资有限公司
HeFei Innovation Sci-tec Venture Capital Co.,Ltd.

地址：合肥市花园街 4 号科技大厦 17 楼
成立时间：2000.8.28
网址：www.HFGK.com

邮编：230001
电话：0551-2633422
传真：0551-2675471
董事长：夏茂
总经理：夏茂

铜陵市科技创业投资有限责任公司
Tongling S&T Venture Capital Co.,Ltd.

地址：安徽省铜陵市开发区中国科技大学铜陵创业园B306
成立时间：2007.2.1
网址：www.tlinfo.gov.cn
邮编：244000
电话：0562-5880905
传真：0562-5880905
董事长：翟志宏
总经理：翟志宏

芜湖奇瑞科技有限公司
Wuhu Chery Technology Co.,Ltd.

地址：芜湖经济技术开发区鞍山路
成立时间：2001.11.21
邮编：241009
电话：0553-5923208
传真：0553-5922267
董事长：周必仁
总经理：袁涛

芜湖市科技创业投资有限公司

地址：芜湖经济技术开发区科创中心六楼
成立时间：2004.5.28
网址：www.whkctz.com
邮编：241000
电话：0553-5845990
传真：0553-5845990
董事长：徐丹林
总经理：潘政治

北京晨光创业投资有限公司
Beijing Chenguang Changsheng Investment Guarantee Co.,Ltd.

地址：北京市昌平区科技园区超前路9号
成立时间：2000.12.25
网址：www.chgvc.com
邮编：102200
电话：010-69746845/89747300
传真：010-69709488
董事长：王海岭
总经理：彭津

北京丰图投资有限责任公司
Beijing Fengtu Capital Co.,Ltd.

地址：北京市海淀区中关村大街19号B609室
成立时间：2007.7
网址：www.fundturn.com
邮编：100080
电话：010-82607549
传真：010-82604065
董事长：王峰
总经理：王峰

北京科技风险投资股份有限公司
Beijing Venture Capital Co.,Ltd

地址：海淀区中关村南大街3号海淀科技大厦10层
成立时间：1998.10.28
网址：www.bvcc.com.cn
邮编：100081
电话：010-68943739
传真：010-68943779

董事长：李民吉
总经理：刘志强

北京勤益科技投资管理有限公司
Cheeryard Tech. Investment & Management Co.,Ltd.

地址：北京海淀区中关村南大街 2 号科技会展中心数码大厦 A 座 1215 室
成立时间：1993.12.16
网址：www.cheeryardvc.com
邮编：100086
电话：010-51727194
传真：010-51727192
董事长：姚丽艳
总经理：郑文平

北京新安财富资本投资有限公司
Beijing Xinan Caifu Capital Investment Co.,Ltd.

地址：北京市海淀区复兴路 12 号恩菲科技大厦 B 座三层 321
成立时间：2000.8
网址：www.acvc.com.cn
邮编：100038
电话：010-63972321
传真：010-63972281
董事长：何全洪
总经理：张海峰

北京中关村青年科技创业投资有限公司
Beijing Centek Venture Capital Co.,Ltd

地址：北京市海淀区中关村南大街 32 号中关村科技发展大厦 A 座 801 室
成立时间：2000.1
网址：www.bjcvc.com.cn
邮编：100081
电话：010-62130318
传真：010-62194099
董事长：刘冰洋
总经理：李斌

启迪创业投资管理（北京）有限公司
TUSPARK Ventures

地址：北京清华科技园创业大厦 1226
成立时间：2001.3
网址：www.tsinghua-vc.com
邮编：100084
电话：010-62773689
传真：010-62705209
董事长：罗茁
总经理：罗茁

世纪方舟资本管理中心
Millennium Ark Captital Management

地址：北京市朝阳区建国门外大街乙 12 号双子座大厦东塔 25F
成立时间：2009.12.15
网址：www.macapital.cn
邮编：100022
电话：010-65666888
传真：010-65666777
董事长：宋玉鸣
总经理：夏志明

特华投资控股有限公司
Tehua Investment Holding Co.,Ltd.

地址：北京市朝阳区北辰西路 69 号峻峰华亭 C 座 1511 室
成立时间：2000.6
网址：www.tehua.com
邮编：100029
电话：010-58772880
传真：010-58772886

董事长：李光荣
总经理：李光荣

中富创业投资（北京）有限公司

地址：北京市朝阳区朝阳门北大街乙 12 号天辰大厦 1109
成立时间：2008.9.21
网址：www.zfinvest.com
邮编：100020
电话：010-65305008
传真：010-65518503
董事长：周飞

中国风险投资有限公司
China Venture Capital Co.,Ltd.

地址：北京朝阳区朝外大街吉祥里 208 号
成立时间：2000.4
网址：www.c-vc.com.cn
邮编：100020
电话：010-85698024
传真：010-85698023
董事长：陈政立
总经理：王一军

中国科招高技术有限公司
China Kz High Technology Co.,Ltd.

地址：北京市海淀区车公庄西路 29 号 7 层
成立时间：1989.6
网址：www.ckz.com.cn
邮编：100044
电话：010-88415880-88415882
传真：010-88415730
董事长：蔡 蓁
总经理：张 勇

中金高技术资产管理有限公司
China Finance High Technology Asset Management Co., Ltd.

地址：北京市朝阳区八里庄西里住邦 2000 写字楼 3 号楼 1803 室
成立时间：2000
网址：www.chinapioneer.com
邮编：100025
电话：010-65242367
传真：010-65242367
董事长：陆步青
总经理：陆步青

中金联合控股有限公司
China Finance United Holding Co.,Ltd.

地址：北京市朝阳区八里庄西里住邦 2000 写字楼 1803 室
成立时间：2000
网址：www.chinapioneer.com
邮编：100006
电话：010-65245721
传真：010-65242367
董事长：陆步青
总经理：陆步青

紫光创新投资有限公司
Unisplendour Hi-Tech Venture Capital Co,Inc

地址：北京海淀区中关村南大街 1 号友谊宾馆颐园 62528 室
成立时间：2000.4.19
网址：www.unisvc.cn
邮编：100086
电话：010-68949919
传真：010-68947226
董事长：李志强
总经理：刘宏飞

福建红桥创业投资管理有限公司

Fujian Red Bridge Capital Management Co.,Ltd.

地址：福建厦门斗西路 183 号光明大厦东塔 34A
成立时间：2007.8.29
邮编：361001
电话：0592-2278621
传真：0592-2278628
董事长：吴火炉
总经理：胡文春

福建华兴创业投资有限公司

地址：福州市华林路 166 号华林星座 23 层 1517
成立时间：2000.12.26
网址：http://www.fjhxvc.com/
邮编：350003
电话：0591-87857096
传真：0591-87858275
董事长：梁永新
总经理：葛伟望

福建中保创业投资股份有限公司

地址： 福州市软件大道 89 号福州软件园 A 区 22 号楼
成立时间：2008.11.5
邮编：350003
电话：0591-87863195
传真：0591-87868871
董事长：庄惟春
总经理：钱明飞

厦门高新技术创业中心

Xiamen Hi-Tech Innovation Centre

地址：厦门留学人员创业园创业大厦一层
成立时间：1996.12
网址：www.xmibi.com
邮编：361009
电话：0592-3923765
传真：0592-3923999
董事长：施立华
总经理：施立华

厦门高新技术风险投资有限公司

Xiamen Hi-Tech Venture Capital Co.,Ltd.

地址：福建省厦门市虎园路 2 号 4 号楼 209-210 室
成立时间：1998.12.28
邮编：361003
电话：0592-2078632
传真：0592-2102861
董事长：谷涛
总经理：葛征平

厦门弘信创业投资股份有限公司

Xia Men Hongxin Investment Co.,Ltd.

地址：厦门东渡路 258 号银龙大厦 11-12 楼
成立时间：1996
网址：www.xmhx.com
邮编：361000
电话：0592-5670100
传真：0592-5627310
董事长：李强
总经理：李强

厦门火炬集团创业投资有限公司

Xianmen torch Group Venture Capital Co.,Ltd.

地址：厦门火炬高新区火炬大厦南五楼
成立时间：2004.4
网址：www.xmhjtz.com
邮编：3610006
电话：0592-5796146
传真：0592-5711818

总经理：卫建国（执行董事）

厦门软件产业投资发展有限公司

Xiamen Software Industry Investment Development Co., Ltd.

地址：厦门软件园华讯楼1楼
成立时间：1998.12.2
网址：http://www.xsoft.com.cn
邮编：361005
电话：0592-3929999
传真：0592-3929888
董事长：马洪斌
总经理：卫建国

厦门永红创业投资有限公司

地址：福建省厦门市湖里区后坑西潘社308号105室
成立时间：2006.12.19
邮编：361012
电话：0592-5051629
传真：0592-5058092
董事长：吴昭才
总经理：吴昭才

中汇融（福建）创业投资有限公司

地址：厦门市思明区塔埔东路（观音山国际商务运营中心）170号18层
成立时间：2007.11.7
网址：http://zhrfund.com/
邮编：361000
电话：0592-5320036
传真：0592-5320039
董事长：苏福伦
总经理：许海量

甘肃省科技风险投资有限公司

地址：兰州市城关区南面滩268号创新园创业大厦A座8楼
成立时间：2001.8
邮编：730010
电话：0931-8537891
传真：0931-8537887
董事长：冯治库

甘肃盛润投资有限公司

地址：兰州市平凉东路480号
成立时间：2005.9.29
邮编：730000
电话：0931-8466598
总经理：郑洪志

甘肃颐隆投资有限公司

地址：兰州市雁西路1246号
成立时间：1996.5.13
邮编：730000
电话：0931-8856110
董事长：仇青斌

兰州高科创业投资担保有限公司

地址：兰州市城关区张苏滩800号（高科大厦7楼）
成立时间：2003
邮编：730010
电话：0931-8552921
传真：0931-8551085
董事长：彭德平
总经理：彭德平

兰州天键投资咨询服务有限公司

地址：兰州市科技街 143 号
成立时间：2006
邮编：730030
电话：–
董事长：刘志伟

光大控股创业投资（深圳）有限公司
CEL Venture Capital Limited

地址：深圳市福田区深南大道 4013 号兴业银行大厦八层
成立时间：2001.4.4
邮编：518048
电话：0755–83024379
传真：0755–83026751
董事长：陈爽
总经理：甘芳

广东科创投资管理有限公司
Guangdong Venture Capital Management Co.,Ltd.
地址：广州市先烈中路 100 号高中心大楼 14 楼
成立时间：2006.4
邮编：510070
电话：020–87689338
传真：020–87683211
总经理：黎柏其

广东省科技创业投资公司
Guangdong Technology Venture Investment Corporation

地址：广州市先烈中路 100 号高中心大楼 14 楼
成立时间：1992.5.12
网址：www.gdtvic.com
邮编：510070
电话：020–87680388
传真：020–87682766
总经理：黎柏其

广东省科技风险投资有限公司
Guangdong Technology Venture Capital Co.,Ltd.

地址：广州市先烈中路 100 号大院 60 号 13 楼
成立时间：1998
网址：www.gtvc.com
邮编：510070
电话：020–87683662
传真：020–87684955
董事长：何国杰
总经理：彭星国

广东省粤科风险投资集团有限公司
Guangdong Venture Capital Group Co. Ltd.

地址：广州市先烈中路 100 号高中心大楼 14–15 楼
成立时间：2000.9
网址：www.gvcgc.com
邮编：510070
电话：020–87680388
传真：020–87682766
董事长：何国杰
总经理：何荣

广东银达担保投资集团有限公司
Guangdong Yinda Guaranty Investment Group Co.,Ltd.

地址：广州市寺右新马路五羊新城广场 1306 室
成立时间：2000.10.26
网址：www.yddb.net
邮编：510600
电话：020–87375528
传真：020–87393830
董事长：李思聪
总经理：孙宛青

广州科技风险投资有限公司
Canton Venture Capital Co.,Ltd.

地址：广州市天河北路183号1101室
成立时间：1999.12
网址：www.c-vcc.com
邮编：510620
电话：020-87556020
传真：020-87556023
董事长：冯梦觉
总经理：张帆

广州市粤丰创业投资有限公司

地址：广州市先烈中路100号60栋14楼
成立时间：2002.9.28
邮编：510070
电话：020-87680536
传真：020-87680509
董事长：黎全辉

硅谷天堂创业投资有限公司深圳分公司
Silicon Paradise Venture Co. Ltd. Shenzhen Branch

地址：深圳市福田区金田路荣超经贸中心
成立时间：2008.4.16
网址：http://www.ggttvc.com
邮编：518035
电话：0755-33226080
传真：0755-33226069
董事长：王林江
总经理：杨伟强

融石创业投资管理（深圳）有限公司
Rockstead Venture Capital Management (shenzhen) Co.,Ltd.

地址：深圳市福田中心区金田路金中环商务大厦主楼1508室
成立时间：2008.2.4
网址：www.rockstead.com
邮编：518000
电话：0755-82931858
传真：0755-83023006
董事长：郭长娟
总经理：沙广文

深圳创富成长创业投资有限公司

地址：深圳市南山区南海大道西桂庙路北阳关华艺大厦1栋6B.6C
成立时间：2009.5.20
电话：-
传真：0755-26994531
总经理：徐志明

深圳国成世纪创业投资有限公司
Shenzhen Guocheng Century Venture Capital Co.,Ltd.

地址：深圳市福田区福中三路诺德金融中心13E-1
成立时间：2003.4.16
网址：www.ciamvc.com
邮编：518031
电话：0755-83733767
传真：0755-82967097
董事长：卢永逸
总经理：刘红珍

深圳晶略创业投资合伙企业
JL CAPITAL

地址：深圳市福田区车公庙深南大道世纪豪庭11B
成立时间：2009.9.22
网址：www.jinglueziben.com
邮编：518000
电话：0755-83842543

传真：0755-83842543
董事长：丛景飞
总经理：郑大岭

深圳兰石创业投资有限公司
Bluestone Investment Co.,Ltd.

地址：深圳市南山区蛇口太子路海景广场 16B
成立时间：2007.3.30
邮编：518067
电话：0755-26689390
传真：0755-26689390
董事长：刘淑清
总经理：潘迎久

深圳力合创业投资有限公司
Shenzhen Leaguer Venture Captital Co.,Ltd.

地址：广东省深圳南山区高新技术产业园南区深圳清华大学研究院大楼 B 区 307
成立时间：1999.8.31
网址：www.leaguer.com.cn
邮编：518057
电话：0755-26551381
传真：0755-26551372
董事长：冯冠平
总经理：朱方

深圳领威科技有限公司
Shenzhen Leadwell Technology Co.,Ltd.

地址：深圳市宝安区龙华清湖力劲工业园
成立时间：2001.11.30
网址：www.lklw.com.cn
邮编：518109
电话：0755-28123321
传真：0755-28123320
董事长：张志善
总经理：曹阳

深圳世裕创业投资有限公司
Shenzhen Poly Venture Capital Co.,Ltd.

地址：深圳市福田区益田路江苏大厦 A 座 1504
成立时间：2009.7.28
网址：www.poly888.com
邮编：518026
电话：0755-33355733
传真：0755-33355723
董事长：黄鸿宏
总经理：石磊

深圳市保中太创业投资有限公司

地址：深圳市福田区华强北路圣廷苑酒店世纪楼 9 层 927 室
成立时间：2007.4.6
邮编：518028
电话：0755-83264364
传真：0755-83264501
董事长：尹志平
总经理：尹志平

深圳市长园盈佳投资有限公司
Shenzhen Changyuan Winner Investment Co.,Ltd.

地址：深圳市南山区高新科苑中一道长园新材料港 2 号高科技厂房 F 栋 5 楼
成立时间：2000.4.6
邮编：518057
电话：0755-26719476
传真：0755-26630603
董事长：许晓文
总经理：许晓文

深圳市创东方投资有限公司

Shenzhen CDF Investment Company Ltd.

地址：深圳市福田区深南中路竹子林求是大厦西座 1209
成立时间：2007.8.21
网址：www.cdf-capital.com
邮编：518040
电话：0755-83189608
传真：0755-88316231
董事长：肖水龙
总经理：张辉贤

深圳市创新投资集团有限公司

Shenzhen Capital Group Co.,Ltd.

地址：深圳市福田区中心区深南大道 4009 号投资大厦 11 层
成立时间：1999.8.26
网址：www.szvc.com.cn
邮编：518048
电话：0755-82912888
传真：0755-82912880
董事长：靳海涛
总经理：李万寿

深圳市达晨创业投资有限公司

Shenzhen Fortune Venture Capital Co.,Ltd.

地址：深圳市深南大道深圳特区报业大厦东区 23 层
成立时间：2000.4
网址：www.fortuneVC.com
邮编：518034
电话：0755-83515108
传真：0755-83515115
董事长：刘昼
总经理：肖冰

深圳市东方富海投资管理有限公司

Shenzhen Oriental Fortune Capital Co.,Ltd.

地址：深圳市福田区天安数码城数码时代大厦 A 座 2602 室
成立时间：2006.10.10
网址：www.ofcapital.com
邮编：518040
电话：0755-88836399
传真：0755-83475799
董事长：陈玮
总经理：程厚博

深圳市东方现代产业投资管理有限公司

Orica Capital

地址：深圳市福田区金田路与福中一路交界荣超经贸中心 17 层 1706-1708 号
成立时间：2005.4.22
网址：www.orica.com.cn
邮编：518026
电话：0755-83515166
传真：0755-82789371
董事长：尉文渊
总经理：阚治东

深圳市泛友创业投资有限公司

Fanyou Venture Capital Co.,Ltd.

地址：深圳市罗湖区人民南路深房广场 A 座 2601A
成立时间：1996.6.5
网址：www.fanyou.com.cn
邮编：518001
电话：0755-82352517
传真：0755-82352789
董事长：汤毅
总经理：汤毅

深圳市分享投资合伙企业（有限合伙）

地址：深圳市南山区海德三道海岸大厦 1805A
成立时间：2007.8.27
邮编：518040
电话：0755-86331909
传真：0755-86331909
董事长：白文涛

深圳市孚威创业投资有限公司

地址：深圳市南山区高新南七道 019 号清华大学研究院 B 区四楼 B405
成立时间：2007.10.15
邮编：518003
电话：0755-25771135
传真：0755-25771505
董事长：常波林
总经理：常波林

深圳市福田投资发展公司

Futian Investment

地址：深圳市福田区上步南路锦峰大厦 A 座 27 楼
成立时间：1983.11.29
网址：www.ftid.com.cn
邮编：518031
电话：0755-82078603
传真：0755-82078378
董事长：蒋跃敏
总经理：陈爱虹

深圳市高特佳投资集团有限公司

Shenzhen Gtja Investment Group Co.,Ltd

地址：深圳市高特佳投资集团有限公司
成立时间：2001.3.2
网址：www.szgig.com
邮编：518054
电话：0755-86332999
传真：0755-86332710
董事长：蔡达建
总经理：黄煜

深圳市国成科技投资有限公司

Shen Zhen Guo Cheng Venture Capital Co.,Ltd.

地址：深圳市深南大道 6008 特区报业大厦 21C
成立时间：1997.9.8
网址：www.szgcvc.com
邮编：518009
电话：0755-83516448
传真：0755-83516944
董事长：朱亚萍
总经理：王欣胜

深圳市禾之禾创业投资有限公司

Shenzhen Harvest Venture Capital Development Co., Ltd.

地址：深圳市南山区科技园高新南一道创维大厦 A-1101
成立时间：2002.12
邮编：518057
电话：0755-26743678
董事长：彭胜文
总经理：唐冬元

深圳市佳利泰创业投资有限公司

地址：深圳市南山区蛇口沿山路以西、工业六路以北佳利泰大厦三楼 D 单元
成立时间：2009.7.2
网址：www.jialitai.com
邮编：5108067
电话：25312076
传真：25312056

董事长：黄心梓
总经理：黄海刚

深圳市金立创新投资有限公司

地址：深圳市福田区福中三路诺德金融中心 22A
成立时间：2008.03.18
邮编：518026
电话：0755-88262507
传真：0755-88267120
董事长：刘立荣
总经理：昊昊天

深圳市君丰创业投资管理有限公司

Joint Fortune Capital Co.,Ltd.

地址：深圳市福田区石厦北三街东南方国际广场 A 栋 1912
成立时间：2009.9.3
网址：http://www.jfamc.com/
邮编：518048
电话：0755-23975290
传真：0755-82823397
董事长：谢爱龙
总经理：谢爱龙

深圳市君威投资发展有限公司

地址：深圳市福田区金田路 4028 号荣超经贸中心 4002
成立时间：2004.9.8
网址：www.chinaapo.com.cn
邮编：518035
电话：0755-83232722
传真：0755-83232733
董事长：武剑

深圳市康沃资本创业投资有限公司

Shenzhen Careall Capital Investment Co.,Ltd.

地址：深圳市深南大道 4009 号投资大厦 2 楼
成立时间：2007.4.23
网址：http://www.careall-vc.com
邮编：518026
电话：0755-82912860
传真：0755-82912620
董事长：王洪军
总经理：甘红志

深圳市南山区科技创业服务中心

Shenzhen Nanshan Hi-tech Incubator

地址：深圳市深南大道 10128 号南山数字文化产业基地
成立时间：1999.9.1
网址：http://www.szns.gov.cn/cyfwzx
邮编：518052
电话：0755-26470456
传真：0755-33609646
董事长：王红卫
总经理：王红卫

深圳市山海创业投资管理有限公司

Sunhigh Investment, Inc

地址：深圳市南山区南山大道南油第四工业区五栋六楼
成立时间：2005.8.29
网址：www.sunhighinvestment.com
邮编：518054
电话：0755-26646788
传真：0755-26077778
董事长：廖启发
总经理：余明

深圳市深港产学研创业投资有限公司
IER Venture Capital Co.,Ltd.

地址：深圳市福田区国际文化大厦 2805 室
成立时间：1996.9
网址：www.iervc.com.cn
邮编：518033
电话：0755-83290633
传真：0755-83290622
董事长：厉伟
总经理：罗飞

深圳市盛金创业投资发展有限公司

地址：深圳市福田区福华一路国际商会大厦 B1210 室
成立时间：1999
邮编：518038
电话：0755-82934888
传真：0755-83027635
董事长：周琦
总经理：芦岗

深圳市松禾资本管理有限公司

成立时间：2007
董事长：罗飞
总经理：罗飞

深圳市天富锦创业投资有限责任公司

地址：深圳市福田区深南中路 2 号新闻大厦 32 楼 3202 室
成立时间：2000.5.23
邮编：518027
电话：0755-82096427
董事长：黄绍文
总经理：严四清

深圳市天图创业投资有限公司

地址：深圳市福田区深南大道深圳特发高尔夫俱乐部有限公司别墅 1 路 5 号
成立时间：2002.4.11
网址：www.tiantu.com.cn
邮编：518034
电话：0755-83586060
传真：0755-83586102
董事长：王永华
总经理：王永华

深圳市同创伟业创业投资有限公司
Shenzhen Cowin Venture Capital Co.,Ltd.

地址：深圳市福田区福华一路 98 号卓越大厦 1902A
成立时间：2000.6.26
网址：www.cowincapital.com.cn
邮编：518033
电话：0755-82877047
传真：0755-82879025
董事长：郑伟鹤
总经理：黄荔

深圳市同威创业投资有限公司
Shenzhen Co-Power Venture Capital Co.,Ltd.

地址：深圳市南山区华侨城汉唐大厦 1102 室
成立时间：2008.3.2
网址：www.copwerpe.com
邮编：518053
电话：0755-26915162
传真：0755-26915161
董事长：韩涛
总经理：刘涛

深圳市倚锋创业投资有限公司

shenzhen Efung Venture Capital Co.,Ltd.

地址：深圳市福田区深南大道 4019 号航天大厦 A 座 610 室
成立时间：2007.8.22
网址：www.2619.cc
邮编：518048
电话：0755-33992619
传真：0755-33992621
董事长：朱晋桥

深圳市盈宁创业投资有限公司

地址：深圳市福田区深南大道竹子林联泰大厦 2101、2102、2103 室
成立时间：2000.6.2
网址：www.yingning.com.cn
邮编：518043
电话：0755-82538601
传真：0755-82538641
董事长：李晋宁
总经理：贾志文

深圳市知本投资集团有限公司

Shenzhen Intelligence Investment Group Co.,Ltd.

地址：深圳市福田区知本大厦 25C
成立时间：1997.4.8
邮编：518048
电话：0755-82998788
传真：0755-82998212
董事长：吴宇
总经理：吴宇

深圳市舟仁创业投资有限公司

地址：罗湖区爱国路万科俊园 1806#
成立时间：2001.4.18
邮编：518003
电话：0755-25771505
传真：0755-25771505
董事长：邱建武
总经理：司马翔

深圳市卓佳汇智创业投资有限公司

Converging Wisdom V.C Investment Co.,Ltd.

地址：深圳市福田区深圳中心商务大厦 2209 室
成立时间：2006.9.25
网址：www.zhuojiavc.net
邮编：518026
电话：82032663
传真：82033216
董事长：卓睿
总经理：卓睿

深圳市纵之横创业投资管理有限公司

Shenzhen Go-Widecapital Venture Management

地址：深圳南山区软件园
成立时间：2007
邮编：518052
电话：0755-86219388
传真：0755-86219383
董事长：杨正富
总经理：周春浩

深圳信科创业投资管理有限公司

Shenzhen Scinfo Venture Capital Management Co.,Ltd.

地址：深圳市福田中心区益田路卓越时代广场 807

成立时间：1994.11.28
网址：www.sivc.com.cn
邮编：518048
电话：0755-83066610
传真：0755-83187067
董事长：郑海滨
总经理：郑海滨

盈富泰克创业投资有限公司
Infotech Ventures

地址：深圳市滨河路联合广场 B 座 1701
成立时间：2000.4.20
网址：www.infovc.com
邮编：518033
电话：0755-82966478
传真：0755-82966479
董事长：李志明
总经理：刘廷儒

招商局科技集团有限公司
China Merchants Technology Holdings Co.,Ltd.

地址：深圳蛇口工业大道 27 号北科创业大厦 5 楼
成立时间：1999
网址：www.cmtech.net
邮编：518067
电话：0755-26888600
传真：0755-26892899
董事长：杨百千
总经理：涂波

珠海清华科技园创业投资有限公司
Zhuhai Tsinghua Science Park Venture Capital Co.,Ltd.

地址：珠海唐家大学路 101 号清华科技园创业大楼 B 座 10 楼
成立时间：2001.7
网址：www.tspz.com
邮编：519080
电话：0756-3612888
传真：0756-3612000
董事长：马喜腾
总经理：邬新国

广西投融资担保有限责任公司

地址：广西南宁市天桃路 24 号天桃酒店南楼
成立时间：2002.11.13
网址：www.gxdanbao.com
邮编：530022
电话：0771-2841208
传真：0771-2841208
董事长：钟伟
总经理：钟伟

贵阳高科创业投资有限责任公司

地址：贵阳高新区金阳经济产业园创业园 D2 栋
成立时间：2009.9.3
网址：www.guiyanggk.com/
邮编：550022
电话：0851-7992872
传真：0851-7882872
董事长：赵英辉
总经理：赵英辉

海口市创新产业投资有限公司
Haikou Creative Venture Capital Co.,Ltd.

地址：海口市龙昆北路 30 号宏源证券大厦 11 楼
成立时间：2008.3.18
网址：www.haikouvc.com
邮编：570105
电话：0898-66739290

传真：0898-66738612
董事长：雷立
总经理：饶哲

海南恒星创业投资管理有限公司

地址：海南省海口市南海大道保税区 A06-2
成立时间：2007.9.24
邮编：570216
电话：0898-66836106
传真：0898-66831555
董事长：刘全胜
总经理：刘全胜

海南宣辰科技创业投资管理有限公司

地址：海口市国家高新区科技大道 17 号裕科大厦 413 室
成立时间：2008.9.25
邮编：570000
电话：0898-66836025
传真：0898-66829922
董事长：刘晓辉
总经理：刘晓辉

兰州华中投资有限公司

地址：兰州市永昌路 279 号
成立时间：2006.6.5
邮编：730000
电话：0931-3638251
总经理：鲁双宝

广州凯得科技创新投资有限公司
Get Capital Co.,Ltd.

地址：广东省广州高新技术产业开发区科学城揽月路 80 号广州科技创新基地综合楼第六层 618 单元
成立时间： 2008.11.6
网址：http://www.getcapitalgz.com
邮编：510663
电话：020-32211152
传真：020-32211146
董事长： 黄中发
总经理： 刘沛谷

河北科技风险投资有限公司
Hebei Technology Venture Capital Co.,Ltd.

地址：石家庄开发区（东区）昆仑大街 55 号
成立时间：2001.2.15
网址：www.hebvc.com
邮编：050035
电话：0311-85961611
传真：0311-85961613
董事长：胡满
总经理：周淑珍

廊坊市高科创新创业投资有限公司

地址：河北省廊坊市广阳区新华路 66 号
成立时间：2006.10.19
邮编：065000
电话：0316-2235613
传真：0316-2235613
董事长：霍玉海
总经理：霍玉海

石家庄科技创业投资有限公司
Shijiazhuang Technology Venture Capital Ltc

地址：河北省石家庄市高新区黄河大道 136 号
成立时间：2002.9.19
邮编：050035

电话：0311-66685166
传真：0311-66685160
董事长：王文辉
总经理：王文辉

唐山科技风险担保有限公司

地址：唐山市学院路 36-2
成立时间：2003.7.18
邮编：063000
电话：0315-2231225
传真：0315-2231225
董事长：王友凤
总经理：王友凤

河南创业投资股份有限公司
Henan Venture Capital Co.,Ltd.

地址：郑州国家高新技术产业开发区国槐街 8 号火炬大厦 5 楼
成立时间：2002.8
网址：www.hnvc.cn
邮编：450051
电话：0371-67897008
传真：0371-67897012
董事长：赵志勇
总经理：易日勿

河南高科技创业投资股份有限公司
Henan Hi-Tech Venture Capital Co.,Ltd.

地址：河南省郑州市高新技术开发区瑞达路 96 号创业中心 2 号楼 B303
成立时间：2001.4
网址：www.hnvc.com.cn
邮编：450001
电话：0371-67895091
传真：0371-67895090
董事长：张旻晟
总经理：房微

河南金犁风险投资管理有限公司
HENAN JINLI VENTURE CAPITAL MANAGEMENT CO.,LTD

地址：国家郑州经济技术开发区航海东路 1009 号
成立时间：2000
网址：www.hnjlvc.com.cn
邮编：450047
电话：0371-66781699
传真：0371-66781683
董事长：王源海
总经理：王源海

河南联创投资股份有限公司
Henan Lianchuang Investment Co.,Ltd.

地址：郑州市农业路 33 号英特大厦 8 楼
成立时间：2003.9
网址：www.lcvc.net
邮编：450008
电话：0371-65716580
传真：0371-65718835
董事长：郑献锋
总经理：刘向东

河南省科技投资总公司
Henan S&T Venture Capital Corp.

地址：河南郑州黄河路 121 号
成立时间：1992.7
网址：www.hnstvc.com
邮编：450003
电话：0371-65930166
传真：0371-65936938
总经理：靳敏

洛阳东霖创业投资有限公司

地址：洛阳市高新开发区河洛大道 05 号
成立时间：2001.3
邮编：471003
电话：0379-64317197
传真：0379-64317197
董事长： 刘金鉴
总经理： 杨留记

郑州百瑞创新资本创业投资有限公司
Zhengzhou Bridge Capital Venture Capital Co.,Ltd.

地址：郑州市郑东新区商务外环路 10 号中原广发金融大厦 29 层
成立时间：2007.7
网址：www.szvc.com.cn
邮编：450046
电话：0371-69177637
传真：0371-69177638
董事长：马宝军
总经理：李守宇

哈尔滨创新投资有限公司

地址：哈尔滨市道里区友谊路 86 号
成立时间：2002.6.28
邮编：150010
电话：0451-84686552
传真：0451-84686552
董事长：王树勋
总经理：王树勋

哈尔滨创业投资管理有限公司

地址：黑龙江省哈尔滨市南岗区长江路 28 号 6 层
成立时间：2009.2.26
网址：www.hrbvc.com.cn
邮编：150090
电话：0451-82668766
传真：0451-55552812
董事长：李连滨
总经理：李连滨

哈尔滨巨邦科技风险投资基金管理有限公司

地址：哈尔滨市动力区旭升街 55 号
成立时间：2001.5
邮编：150046
电话：0451-82688890
传真：0451-82688801
董事长：刘国超
总经理：郝士钧

哈尔滨市科技风险投资中心

地址：哈尔滨市道里区友谊路 86 号
成立时间：1998.5
邮编：150010
电话：0451-84686551
传真：0451-84686552
董事长：（主任）王树勋

黑龙江辰能哈工大高科技风险投资有限公司
Heilongjiang Chenergy-HIT Hi-Tech Venture Capital Co.,Ltd

地址：哈尔滨市南岗区玉山路 22 号
成立时间：2001.8.28
网址：www.hlj-cvc.com
邮编：150090
电话：0451-82876466
传真：0451-82285700
董事长：贾哲
总经理：刘国超

黑龙江省科力高科技产业投资有限公司
Heilongjiang KeLi Capital Co.,Ltd.

地址：黑龙江省哈尔滨市南岗区中宣街 20-6 号科技大厦 12 层
成立时间：2003.6.25
网址：www.hljkl.com
邮编：150090
电话：0451-82262690
传真：0451-82262600
董事长：薄金锋
总经理：薄金锋

湖北奥信创业投资有限公司
HuBeiAoXin Venture Capital Co.,Ltd.

地址： 武汉市江岸区云林街 31 号中环大厦 A 座 3 楼
成立时间：2008.9.8
网址：http://voc.aoxin-wh.com
邮编：430014
电话：总机 027-85550880 转 8168
传真：027-85550876
董事长：王平
总经理：陈勇

湖北楚银投资控股有限公司
Chuyin Investment Holdings Limited

地址：湖北省武汉市汉口解放大道 634 号新世界中心写字楼 A 座 1703 室
成立时间：2009.3.12
网址：、www.chu-yin.cn
邮编：430032
电话： 027-83316511
传真： 027-83316510
董事长：危俊峰
总经理：张前宏

湖北科华银赛创业投资有限公司
Hubei Kehua Insight Venture Capital Co.,Ltd.

地址：宜昌市发展大道 28 号
成立时间：2009.7.30
网址：http://www.khysct.com/index.aspx
邮编：443003
电话：027-59817357
传真：027-59817377
董事长：邝远平
总经理：钱斌

湖北省高新技术产业投资有限公司
Hubei Provincial High & New Technology Industry Company

地址：湖北省武汉市珞喻路 716 号华乐商务中心 12 楼
成立时间：2005.10.25
网址：vwww.cnhbgt.com
邮编：430074
电话：027-87440549
传真：027-87440849
董事长：黎苑楚
总经理：黎苑楚

武汉创新投资管理有限公司

地址：湖北省武汉市武昌区民主路 786 号华银大厦 2106 室
成立时间：2001.7
网址：www.szvc.com.cn
邮编：430071
电话：027-87339802
传真：027-87339809
董事长：李万寿
总经理：刘敏

武汉东湖创新科技投资有限公司
Wu Han East-Lake Venture Capital Co.,Ltd.

地址：中国武汉汉口建设大道 933 号商业银行广场 A 区 11 楼
成立时间：1999.12
网址：www.whvcc.com
邮编：430015
电话：027-87655827
传真：027-87655876
董事长：郭岭
总经理：郭岭

武汉华工创业投资有限责任公司
Wuhan Huagong Venture Capital Co.,Ltd.

地址：武汉市东湖新技术开发区华工科技园创新基地 5 号楼
成立时间：2000.9.11
网址：www.hustvc.com.cn
邮编：430223
电话：027-81338730/1/2
传真：027-81338733
董事长：李娟
总经理：卢波

武汉光谷创业投资有限公司
Wuhan Optics-Valley Venture Capital Co.,Ltd.

地址：武汉市东湖开发区武珞路 628 号 B 座 23 层
成立时间：2000.7
网址：www.ovvc.com.cn
邮编：430070
电话：027-87640833/35/47
传真：027-87640836
董事长：张海澎
总经理：同上

武汉火炬科技投资有限公司
Wuhan S&T Investment Co.,Ltd.

地址：武汉汉口发展大道 164 号武汉科技大厦 8 楼
成立时间：2000.12.1
网址：无
邮编：430023
电话：027-85766696
传真：027-85766665
董事长：熊伟
总经理：熊伟

武汉硅谷天堂阳光创业投资有限公司

地址：武汉市东湖开发区华工科技园创新企业基地 2 号楼 D 单元
成立时间：2009.3.18
邮编：430000
电话：027-84842218
传真：027-84842228
董事长：乐荣军
总经理：陈汝君

武汉科技创新投资有限公司
Wuhan Technology Venture Capital Company Limited

地址：武汉市发展大道 164 号武汉科技大厦 19 楼
成立时间：2005.3.31
邮编：430023
电话：027-65692467
传真：027-65692470
董事长：童俊
总经理：夏铮

武汉昆仑投资有限公司

Wuhan Kunnun Verture Co.,Ltd.

地址：武汉市东湖开发区珞瑜路 456 号光谷国际大厦 B 座 1913–1914 室
成立时间：2007.7.26
网址：www.kunnun.com
邮编：430074
电话：027–87778775
传真：027–87778775
董事长：王刚毅
总经理：徐军

武汉武大创新投资有限公司

Wuhan Wuda Venture Capital Co.,Ltd.

地址：武昌珞瑜路 716 号华乐商务中心 1801 室
成立时间：2002.2.9
网址：www.wusp.com.cn
邮编：430073
电话：027–87879552
传真：027–87055289
董事长：余仲廉
总经理：季玉明

武汉一道创业投资有限公司

Wuhan 1 Do Pivate Equity Co.,Ltd.

地址：武汉东湖开发区关山光谷创业街 3 栋 7 楼
成立时间：2009.3.16
邮编：430074
电话：027–8745–6669
传真：027–8745–6667
董事长：刘晓
总经理：魏永新

长沙高新技术创业投资管理有限公司

Changsha High Tech. Venture Capital Co.,Ltd.

地址：长沙市湘江大道 101 号汇源大厦 5 楼
成立时间：2000.9.9
网址：www.cshvc.com
邮编：410002
电话：0731–8286868
传真：0731–8286898
董事长：陈春芳
总经理：姜策

湖南财信创业投资有限责任公司

Hunan Commercial Trust Venture Capital Co.,Ltd.

地址：长沙市城南西路 1 号
成立时间：2001.1.17
网址：www.hncxvc.com
邮编：410015
电话：0731–5196812
传真：0731–5196822
董事长：胡军
总经理：周靖波

长春经开科技风险投资有限公司

地址：长春市自由大路 118 号
成立时间：2000.11.20
网址：www.jlsme.com
邮编：130031
电话：0431–84681709
传真：0431–84681709

董事长：林崇哲
总经理：苏冠南

长春科技风险投资有限公司

Changchun Science & Technology Venture Capital Co., Ltd.

地址：吉林省长春市前进大街 2955 号高科技大厦 A 座 501 室
成立时间：2000.4.1
网址：www.chinacvc.com
邮编：130012
电话：0431-85188007
传真：0431-85188007
董事长：吴德华
总经理：吴德华

长春科技顾问管理有限公司

Changchun Science & Tenchnology Consultant Management Capital Co.,Ltd.

地址：吉林省长春市前进大街 2955 号高科技大厦 A 座
成立时间：2004.2.16
网址：http://www.chinacmc.net
邮编：130012
电话：0431-85186638
传真：0431-85188007
董事长：吴德华
总经理：吴德华

长春市科技发展中心

地址：长春市人民大街 10111 号
成立时间：1997.6.6
网址：www.ccfengxian.com
邮编：130022
电话：0431-88777251
传真：0431-88777258
董事长：万载斌
总经理：矫建华

长三角创业投资企业

地址：苏州园区旺墩路 158 号置业商务广场 9 楼
成立时间：2008.1
邮编：215026
电话：0512-66969676
传真：0512-66969677
董事长：李泉生
总经理：李泉生

常州鼎蓝创业投资有限公司

地址：江苏金坛西横街 166 号
成立时间：2003.11
邮编：213200
电话：0519-82309885
传真：0519-82620662
董事长：徐俊伟
总经理：徐俊伟

常州高睿创业投资管理有限公司

Changzhou Gov-Rich Venture Management Limited

地址：常州市新北区通江中路 367 号太阳城商务中心 606 室
成立时间：2007.9
邮编：213022
电话：0519-85150557
传真：0519-85150557
董事长：董梁
总经理：艾军

常州红土创新创业投资有限公司

地址：常州市钟楼区玉龙路 6 号高新技术创业服务中心大楼 6655 号
成立时间：2009.3.11
网址：www.szvc.com.cn

邮编：213159
电话：0519-86318557
传真：0519-86318682
董事长：孙东升
总经理：伊恩江

常州信辉创业投资有限公司

地址：常州市延陵西路 23 号 2505 室
成立时间：2007.5
邮编：213003
电话：0519-88129050
传真：0519-88129306
董事长：陈耀庭
总经理：林田

高投名力成长创业投资有限公司
Govtor Mingly Growth Venture Capital Co.,Ltd.

地址：南京市栖霞区新港大道
成立时间：2007.4
邮编：200050
电话：025-62251980
传真：025-62256523
董事长：徐锦荣
总经理：徐立新

江苏艾利克斯投资有限公司

地址：江苏省丹阳市水关路 1 号
成立时间：2006.1
邮编：212300
电话：0511-86900801
传真：0511-86900801
董事长：吴光明
总经理：陈坚

江苏佰诚创业投资有限公司

地址：连云港经济技术开发区物产大厦 807 室
成立时间：2006.5
邮编：215600
电话：0512-58799603
传真：0512-58799602
总经理：周震宇

江苏诚富成长创业投资有限公司
Chengfu Growth Venture Fund

地址：苏州高新区滨河路 1156 号金狮大厦四层
成立时间：2007.12
邮编：215011
电话：0512-68081119
传真：0512-68789904
董事长：余秋池
总经理：余秋池

江苏澄辉创业投资有限公司

地址：苏州相城经济开发区相行政中心 11 号楼
成立时间：2008.12.3
邮编：215131
电话：0512-66183051
传真：0512-66183052
董事长：金国强
总经理：孟建生

江苏丹昇创业投资有限公司

地址：江苏丹阳市三阳路 60 号农行大厦西楼
成立时间：2008.10
邮编：212300
电话：0511-86988330
传真：0511-86929333
董事长：金夕龙

总经理：张剑冰

江苏鼎桥创业投资管理有限公司

地址：南通沈家巷 15 号中房楼 5 层
成立时间：2008.3
邮编：226001
电话：0513-85510269
传真：0513-85512033
董事长：孟建生
总经理：孟建生

江苏鼎信咨询有限公司
Jiangsu Do&Think Consulting Co.,Ltd.

地址：南京市虎踞路 36 号鼎信金融科技园
成立时间：1998.4.27
网址：www.do-think.com
邮编：210029
电话：025-56586900
传真：025-86586939
董事长：姜击波
总经理：姜击波

江苏东昊创业投资有限责任公司

地址：南京市中山北路 30 号城市名人酒店十楼 1001 室
成立时间：2006.6
邮编：210018
电话：025-83123189
传真：025-83123179
总经理：朱林

江苏高达创业投资有限公司
GOOD Venture Capital Co.,Ltd.

地址：南京市云南北路 49 号天星翠琅大厦 18 楼
成立时间： 1998.8.3
网址：www.goodvc.cn
邮编：210009
电话：025-83153506
传真：025-83153546
董事长：袁健
总经理：卜炜

江苏高鼎科技创业投资有限公司
Jiangsu Gaoding Venture Investment Co.,Ltd.

地址：扬州扬子江中路 756 号工行扬州分行办公楼 19 层
成立时间：2007.8
邮编：225000
电话：0514-82985836
传真：0514-82985836
董事长：徐锦荣
总经理：吕学强

江苏高弘投资管理有限公司

地址：南京中华路 50 号弘业大厦 1515 楼
成立时间：2006.9
邮编：210001
电话：025-52278930
传真：025-52313062
董事长：张伟
总经理：周勇

江苏高科技投资集团有限公司
Jiangsu High-Tech Investment Group Co.,Ltd.

地址：南京市山西路 128 号和泰国际大厦
成立时间： 1992.7
网址：www.js-vc.com
邮编：210009
电话：025-66009999
传真：025-66009900

董事长：徐锦荣
总经理：张伟

江苏高胜科技创业投资有限公司
Jiangsu Govsun Venture Capital Investment Co.,Ltd.

地址：南通市濠西路 80 号建业大厦 6 楼
成立时间：2006.12
邮编：226000
电话：025-51889764
传真：025-51889757
董事长：徐锦荣
总经理：吕学强

江苏高投成长创业投资有限公司

地址：南京市中山路 268 号
成立时间：2008.1
邮编：210008
电话：025-66009999
传真：025-66009900
董事长：张伟

江苏高投创业投资管理有限公司
Jiangsu Govtor Venture Capital Management Co.,Ltd.

地址：南京市中山路 268 号
成立时间：1999.1.29
邮编：210009
电话：025-66009999
传真：025-66009900
董事长：张伟
总经理：应文禄

江苏高投中小企业创业投资有限公司

地址：山西路 128 号和泰国际大厦
成立时间：2009.5
邮编：210009
电话：025-66009999
传真：025-66009900
董事长：徐锦荣

江苏高新创业投资管理有限公司
Jiangsu Hi-Tech Venture Capital Management Co.,Ltd.

地址：南京市广州路 191 号五环大厦 20 层
成立时间：2005.1
网址：www.js-vc.com
邮编：210029
电话： 025-51889756
传真： 025-51889757
董事长：徐锦荣
总经理：吕学强

江苏高新创业投资有限公司
Jiangsu Hi-Tech Venture Capital Co.,Ltd.

地址：南京市广州路 191 号五环大厦 20 层
成立时间：2005.8
邮编：210029
电话：025-51889756
传真：025-51889757
董事长：徐锦荣
总经理：吕学强

江苏弘瑞科技创业投资有限公司
Jiangsu Hongrui Venture Capital Co.,Ltd.

地址：南京中华路 50 号弘业大厦 1515 楼
成立时间：2002.9
网址：www.hollyinvest.com
邮编：210001
电话：025-52278930
传真：025-52313062

董事长：徐锦荣
总经理：姜琳

江苏华控创业投资有限公司
Jiangsu Huakong Venture Capital Co.,Ltd.

地址：南京市中山东路288号新世纪广场44层（通信地址）
成立时间：2008.7
邮编：210002
电话：025-86988279
传真：025-86988282
董事长：张美山
总经理：陆中奕

江苏华控投资管理有限公司
Jiangsu HuaKong Capital Management Co.,Ltd.

地址：南京中山东路288号新世纪广场A座44层（通信地址）
成立时间：2008.1
邮编：210002
电话：025-86988279
传真：025-86988282
董事长：陆中奕
总经理：陆中奕

江苏华夏创业投资有限公司

地址：江都市宜陵镇宜大路88号
成立时间：2006.9.3
邮编：225231
电话：0514-86560333
传真：0514-86569000
董事长：庄大清
总经理：夏传荣

江苏津通创业投资有限公司

地址：江苏常州武进高新区西湖路8号
成立时间：2007.6
网址：www.jinton.com
邮编：213164
电话：0519-86220888
传真：0519-86226016
董事长：贡毅

江苏开元创业投资有限公司

地址：南京市建邺区南苑安如村10幢-1
成立时间：2004.7
邮编：210004
电话：025-84267052
传真：025-84267465
董事长：陈述
总经理：姜击波

江苏旷达创业投资有限公司

地址：常州市武进区雪堰镇潘家永新路
成立时间：2007.6
邮编：213179
电话：0519-86546581
传真：0519-86546893
董事长：沈介良
总经理：胡雪青

江苏昆山高特佳创业投资有限公司
Jiangsu Kunshan GTJA venture Capital Co.,Ltd.

地址：江苏昆山市长江南路666号利得国际中心楼802号
成立时间：2007.5.16
网址：www.ksgig.com
邮编：215300
电话：0512-57118169

传真：0512-57118196
董事长：王志建
总经理：郭洁晖

江苏隆鑫创业投资有限公司
Jiangsu LONG SHINE Venture Capital Co.,Ltd.

地址：南京市淮海路 50 号扬子大厦 21F
成立时间：2006.6
邮编：210005
电话：025-84575383
传真：025-84401201
董事长：翁晓进
总经理：周祥

江苏润光创业投资有限公司
Jiangsu Raycom Venture

地址：镇江新区大港银山南山路
成立时间：2010.1.27
邮编：212132
电话：025-83175209
传真：025-83175331
董事长：肖永吉
总经理：施志坚

江苏省高科技产业投资有限公司
Jiangsu Venture Capital Co.,Ltd.

地址：南京市鼓楼街号绿地国际商务中心 7 楼
成立时间：1997
邮编：210008
电话：025-83308009
传真：025-83317551
董事长：昝圣达
总经理：左松林

江苏省高新技术创业服务中心
Jiangsu Provincial High & New Technology Innovation Center

地址：南京市中华路 420 号
成立时间：1996.1
网址：www.fortunestart.com
邮编：210008
电话：025-83309498
传真：025-83309498
董事长：李敏

江苏省苏高新风险投资股份有限公司
Jiangsu Suzhou New & Hi-tech Venture Investment Co., Ltd.

地址：江苏省苏州市高新区滨河路 1156 号金狮大厦 6 楼
成立时间：2000.3.31
网址：www.sz-vc.com
邮编：215011
电话：0512-68242192
传真：0512-68243439
董事长：吴友明

江苏盛泉创业投资有限公司

地址：南京市中山东路 300 号长发中心 A 座 23A 室
成立时间：2007.6
邮编：210002
电话：025-58071698
传真：025-58071508
董事长：汪建国
总经理：赵忠东

江苏苏大投资有限公司

地址：苏州市吏舍弄 10 号楼 104 室
成立时间：2001.2

邮编：215021
电话：0512-67504016
传真：0512-67504016
董事长：杨一心
总经理：蒋敬东

江苏同兴财富投资管理有限公司

地址：苏州工业园区中银惠龙大厦1幢2506室
成立时间：2008.5
邮编：215021
电话：0512-62953506
传真：0512-62953509
董事长：靳成
总经理：沈玉将

江苏鑫澳创业投资有限公司

地址：张家港经济开发区悦丰大厦
成立时间：2009.2.17
邮编：215618
电话：0512-58165928
传真：0512-58165929
董事长：徐伟才
总经理：郭建康

江苏信泉创业投资管理有限公司
Jiangsu XinQuan Venture Capital Management Co.,Ltd.

地址：南京市中山东路300号长发中心A座23楼a室
成立时间：2006.12.30
邮编：210002
电话：025-58071698
传真：025-58071508
董事长：沈捷尔
总经理：沈捷尔

江苏鹰能创业投资有限公司
Jiansu Yingneng Venture Cpaital Co.,Ltd.

地址：南京市中山路268号
成立时间：2007.8.28
邮编：21008
电话：025-66009999
传真：025-66009900
董事长：徐锦荣

凯风创业投资有限公司

地址：苏州工业园区旺墩路158号5楼
成立时间：2006.1.3
邮编：215028
电话：0512-66969522
传真：0512-66969533
董事长：姚骅
总经理：姚骅

昆山市国科创业投资有限公司

地址：昆山市前进中路283号
成立时间：2001.8
邮编：215301
电话：0512-57312775
传真：0512-57305458
董事长：沈黎明
总经理：唐烨

连云港金海创业投资有限公司
LianYungang JinHai Venture Capital Co.,Ltd.

地址：连云港市新浦区康泰南路29号
成立时间： 2006.7.19
网址： www.lygjhvc.com
邮编： 222004

电话： 0518-85523550
传真：0518-85523512
董事长： 陆普桂
总经理： 刘成文

南京国信金智创业投资中心（有限合伙）

Nanjing Guoxin Wiscom Investment Center（Limited Partnership）

地址：南京市江宁区将军大道 100 号
成立时间：2008.2.27
邮编：211100
电话：025-52762340
传真：025-52762339
董事长：王天寿
总经理：陈武

南京金智创业投资有限公司

Wiscom Investment Co.,Ltd.

地址：南京市江宁经济技术开发区将军大道 100 号
成立时间：2005.4.21
邮编：211100
电话：025-52762340
传真： 025-52762339
董事长：徐兵
总经理：徐兵

南京科建创业投资有限公司

地址：南京江宁区科学园科建路 168 号
成立时间：2007.2
邮编：211112
电话：025-86989775
董事长：李振楚
总经理：余国龙

南京市高新技术风险投资股份有限公司

Nanjing Hi-Tech. Venture Capital Co.,Ltd.

地址：南京市汉中路 268 号汉中华夏 7 楼
成立时间：2001.2.24
网址：www.nj-vc.com
邮编：210008
电话：025-86599659
传真：025-86599660
董事长：董立新
总经理：董立新

南京市栖霞区科技创业投资有限公司

地址：南京市尧化门街 189 号
成立时间：2009.7.31
邮编：210046
电话：0513-85566570
传真：0513-85562044
董事长：张文敬
总经理：张文敬

南通创新资本创业投资有限公司

地址：南通市永和路 1 号
成立时间：2007.9
邮编：226011
电话：0513-83562508
传真：0513-83562508
董事长：陈照东
总经理：盛波

南通高胜成长创业投资有限公司

地址：南通市濠西路 80 号建业大厦 6 楼
成立时间：2008.9
邮编：226000
电话：025-51889764

传真：025-51889757
董事长：徐锦荣
总经理：吕学强

南通松禾创业投资合伙企业（有限合伙）

地址：南通市王府大厦2号楼8楼
成立时间：2009.1
邮编：226011
电话：0513-85507236
传真：0513-85507236
董事长：罗飞
总经理：罗飞

软库博辰创业投资企业

地址：苏州工业园区旺墩路158号置业商务广场9楼
成立时间：2008.3.3
邮编：215000
电话：0512-66969660
传真：0512-66969661

苏州创东方高新创业投资企业（有限合伙）

地址：苏州高新区滨河路1156号金狮大厦9G
成立时间：2009.5
邮编：215011
电话：0512-68322279
传真：0512-68322281
董事长：肖水龙
总经理：张辉贤

苏州创业投资集团有限公司
Suzhou Ventures Group

地址：苏州工业园区凤里街345号沙湖创投中心1座
成立时间：2007.9
邮编：215028
电话：0512-66969999
传真：0512-66969998
董事长：林向红
总经理：林向红

苏州汾湖创业投资有限公司

地址：苏州汾湖经济开发区汾湖大道88号
成立时间：2008.7.28
邮编：215211
电话：0512-63263555
传真：0512-63263333
董事长：莫林弟
总经理：莫林弟

苏州高华创业投资管理有限公司

地址：苏州高新区浒关工业园浒杨路81号502室
成立时间：2009.9.4
邮编：215151
电话：0512-68077872
传真：0512-68077873
董事长：吴友明
总经理：蔡光华

苏州高锦创业投资有限公司

地址：苏州市高新区滨河路1156号金狮大厦六楼
成立时间：2009.3.27
邮编：215011
电话：0512-68242192
传真：0512-68243439
董事长：吴友明

苏州高投创业投资管理有限公司

地址：苏州高新区狮山路 199 号新地中心 2608 室
成立时间：2007.1
邮编：215011
电话：0512-68188295
传真：0512-68059096
董事长：董梁
总经理：董梁

苏州高新创业投资集团有限公司

地址：苏州高新区滨河路 1156 号金狮大厦 8 楼
成立时间：2008.7.30
邮编：205011
电话：0512-68310566
传真：0512-68311200
董事长：吴友明
总经理：闵建国

苏州高新华富创业投资企业

地址：苏州高新区浒关工业园浒杨路 81 号
成立时间：2010.1.8
邮编：215151
电话：0512-68077872
传真：0512-68077873

苏州高新区创业科技投资管理有限公司

Suzhou New District Technology Innovation Investment Management Co., Ltd.

地址：苏州高新区竹园路 209 号
成立时间：2003.3.3
邮编： 215011
电话：0512-68323005
传真： 0512-68323009
董事长：徐六庆

苏州高远创业投资有限公司

Suzhou Gaoyuan Venture Capital Co.,Ltd.

地址：苏州高新区狮山路 199 号 1 幢 2608 室
成立时间：2007.3
邮编：215011
电话：0512-68188295
传真：0512-68059096
董事长：应文禄

苏州工业园区辰融投资有限公司

地址：苏州市工业园区苏惠路 98 号国检大厦 9 层 917 室
成立时间：2008.5.14
邮编：215021
电话：0512-62998856
传真：0512-62998656
董事长：叶晓明
总经理：秦志军

苏州工业园区乾融投资管理有限公司

地址：苏州市工业园区苏惠路 98 号国检大厦 9 层 917 室
成立时间：2008.6.5
邮编：215021
电话：0512-62998657
传真：0512-62998656
董事长：叶晓明
总经理：秦志军

苏州工业园区融风投资管理有限公司

地址：苏州工业园区凤里街 345 号沙湖创投中心 1 座
成立时间：2007.3.28
邮编：215028
电话：0512-66969580

传真：0512-66969595
董事长：费建江
总经理：费建江

苏州工业园区银杏投资管理有限公司

地址：苏州工业园区凤里街345号沙湖创投中心1座
成立时间：2007.4.23
邮编：215026
电话：0512-66969999
传真：0512-66969998
董事长：林向红
总经理：林向红

苏州工业园区原点创业投资有限公司

地址：苏州工业园区星湖街218号生物纳米科技园C1组团B栋
成立时间：2008.3.26
邮编：215125
电话：0512-62956050
传真：0512-62956061
董事长：姚骅
总经理：余钢

苏州国发创新资本管理有限公司

地址：苏州市东大街101号
成立时间：2007.1
邮编：215007
电话：0512-65168830
传真：0512-65168830
董事长：陶纪利
总经理：陈文正

苏州国发创业投资控股有限公司

地址：苏州体育场7-1号
成立时间：2008.5.8
邮编：215006
电话：0512-65126381
传真：0512-65126380
董事长：陈孝勇
总经理：陈孝勇

苏州国发东方创业投资管理有限公司

地址：吴江市松陵镇江陵南路77号
成立时间：2008.11.14
邮编：215006
电话：0512-65126381
传真：0512-65126380
董事长：屠玉良
总经理：陈孝勇

苏州国发高新创业投资管理有限公司

地址：苏州高新区滨河路1156号金狮大厦6楼
成立时间：2008.12.17
邮编：215011
电话：0512-65126381
传真：0512-65126380
董事长：陈孝勇
总经理：陈孝勇

苏州国嘉创业投资有限公司

地址：苏州市平江区西北街118号
成立时间：2008.1.25
邮编：215005
电话：0512-62938010
传真：0512-62938015
董事长：陶国平

总经理：孙惠新

苏州国润创业投资发展有限公司

地址：苏华路 2 号国际大厦 1715 单元
成立时间：2008.7
邮编：215021
电话：0512-62998661
传真：0512-62998663
董事长：王鹏威
总经理：孙林夫

苏州合融创新资本管理有限公司

地址：苏州市工业园区苏惠路 98 号国检大厦 9 层 917 室
成立时间：2007.11
邮编：215021
电话：0512-62998657
传真：0512-62998656
董事长：叶晓明
总经理：秦志军

苏州恒融创业投资有限公司

地址：苏州市工业园区苏惠路 98 号国检大厦 9 层 917 室
成立时间：2007.12
邮编：215021
电话：0512-62998856
传真：0512-62998656
董事长：候斌
总经理：秦志军

苏州汇富创新资产管理有限公司

地址：苏州高新区滨河路 1156 号金狮大厦四楼
成立时间：2007.1
邮编：215011
电话：0512-68081119
传真：0512-68789904
董事长：余秋池
总经理：余秋池

苏州金林创业投资中心

地址：苏州工业区旺敦路 158 号置业商务广场 9 楼 908 室
成立时间：2009.1.5
邮编：210029
电话：025-84730307
传真：025-84730211
董事长：张敏
总经理：张敏

苏州景风创业投资管理有限公司

地址：苏州工业园区凤里街 345 号沙湖创投中心一座 3 楼
成立时间：2007.4
邮编：215028
电话：0512-66969755
传真：0512-66969755
董事长：李莹
总经理：孟爱民

苏州凯风进取创业投资有限公司

地址：苏州工业园区凤里街 345 号
成立时间：2009.5.2
邮编：215026
电话：0512-66969758
传真：0512-66969733
董事长：姚骅
总经理：赵贵宾

苏州科技城创业投资有限公司

Suzhou Science & Technology Town Venture Capital Ltd.

地址：苏州高新区培源路 3 号软件大厦 6 号楼 2F
成立时间：2007.12
邮编：215163
电话：0512-66801332
传真：0512-66899847
董事长：徐军
总经理：李江天

苏州科技创业投资公司

Suzhou Science & Techonlogy Venture Capitalcorporation

地址：苏州市人民路 979 号
成立时间：1993
邮编：215002
电话：0512-693300701
传真：0512-69330076
董事长：毛部生
总经理：毛部生

苏州蓝壹创业投资有限公司

地址：苏州工业园区苏华路 8 号中银惠龙大厦 803B
成立时间：2008.3
邮编：215021
电话：0512-62993166
传真：0512-62993166
董事长：吴萍
总经理：吴萍

苏州深蓝创业投资有限公司

地址：苏州工业园区星海街 198 号星海大厦 4 幢 1201
成立时间：2007.9
邮编：215021
电话：0512-61712492
传真：0512-69172767
董事长：张霆
总经理：李建伟

苏州市苏园创业投资有限公司

地址：苏州工业园区星海街 198 号星海大厦
成立时间：2008.5.13
邮编：215128
电话：0512-65855918-805
传真：0512-65855918-804
董事长：陈忠明
总经理：张震

苏州市吴中创业投资有限公司

Suzhou Wuzhong Ventures Co.,Ltd.

地址：苏州市吴中区东吴北路 21 号
成立时间：2007.1.12
邮编：215128
电话： 0512-65855866
传真： 0512-65855866
董事长：翁建明
总经理：赵建明

苏州市相城高新创业投资有限责任公司

地址：苏州市相城区春申湖中路 393 号
成立时间：2009.3.12
邮编：215131
电话：0512-65808802
传真：0512-65808803

董事长：金巧荣
总经理：金巧荣

苏州吴中国发创业投资管理有限公司

地址：苏州市吴中区县前街 72 号经济大厦 2 楼
成立时间：2008.8.28
邮编：215006
电话：0512-65126381
传真：0512-65126380
董事长：赵建明
总经理：陈孝勇

苏州新麟创业投资有限公司

地址：苏州高新区滨河路 1156 号金狮大厦 6G
成立时间：2009.1.22
邮编：215011
电话：0512-68762977
传真：0512-68762955
董事长：闵建国
总经理：闵建国

苏州亿和创业投资有限公司
Suzhou Yihe Venture Capital Co.,Ltd.

地址：苏州市闻胥路 77 号二楼
成立时间：2009.12.29
邮编：215004
电话：0512-68635707
传真：0512-68635705
董事长：唐少文
总经理：陆群勇

苏州亿文创业投资有限公司
Suzhou Even Venture Capital Co.,Ltd.

地址：苏州市闻胥路 77 号二楼
成立时间：2007.12.17
邮编：215004
电话：0512-68635707
传真：0512-68635705
董事长：唐少文
总经理：陆群勇

苏州银基创业投资有限公司
Yinji Venture Capital Co.,Ltd.

地址：苏州工业园区苏雅路 388 号新天翔广场 2 幢 2001 室
成立时间：2006.5.1
网址： www.chengtai.net
邮编：215021
电话：0512-67157443-804
传真：0512-67156968
董事长：张伟
总经理：魏善祥

苏州银杏凯风创业投资管理有限公司

地址：苏州工业园区凤里街 345 号沙湖创投中心一座 3 楼
成立时间：2009.6
邮编：215028
电话：0512-66969999
传真：0512-66969998
董事长：姚骅
总经理：赵贵宾

苏州元风创业投资有限公司

地址：苏州工业园区凤里街 345 号沙湖创投中心一座 3 楼
成立时间：2007.4
邮编：215028
电话：0512-66969755

传真：0512-66969733
董事长：林向红
总经理：孟爱民

苏州紫光创业投资管理有限公司

地址：苏州工业园区苏惠路98号国检大厦503室
成立时间：2005.10
网址：www.unisvc.cn
邮编：215021
电话：0512-67639936
传真：0512-67639856
董事长：张金力
总经理：胡波

太仓市科技创业投资有限公司

地址：太仓市北京西路6号
成立时间：2008.8
邮编：215400
电话：0512-53739100
传真：0512-53522296
董事长：汤文英
总经理：刘志刚

泰州市创业风险投资有限公司
Taizhou Pionering Venture Capital Co.,Ltd.

地址：泰州市江洲南路105号
成立时间：2001.08
邮编：225300
电话：0523-82111128
传真：0523-82111129
董事长：张忆铭
总经理：张忆铭

同利创业投资有限公司

地址：苏州工业园区凤里街345号A201室
成立时间：2007.12
邮编：215021
电话：0512-66969656
传真：0512-66969657
董事长：徐清
总经理：孔令国

无锡滨湖科技创业投资有限责任公司

地址：无锡市滴翠路100号A幢311
成立时间：2007.9.5
邮编：214000
电话：0510-81178538
传真：0510-81178538
董事长：周国平
总经理：赵泳涛

无锡创业投资集团有限公司

地址：无锡市县前西街168号
成立时间：2000.10.26
邮编：214031
电话：0510-83698712
传真：0510-82700936
董事长：葛颂平
总经理：赵颖

无锡高德创业投资管理有限公司

地址：无锡市新区长江路21-1号创源大厦1109室
成立时间：2006.9.30
邮编：21028
电话：0510-81813021
传真：0510-81813011
董事长：郜翀

总经理：周子强

无锡高新技术风险投资股份有限公司

Wuxi New & Hi-Tech Venture Investment Co.,Ltd.

地址：无锡新区长江路 16 号 8905 室
成立时间：2000.8
网址：www.wxvc.com.cn
邮编：214028
电话：0510-85227569
传真：0510-85226431
董事长：张科
总经理：于波

无锡市金惠创业投资有限责任公司

地址：无锡市惠山大道 1608 号
成立时间：2006.11
邮编：214074
电话：0510-83590163
传真：0510-83590162
董事长：薛建军
总经理：惠立人

无锡市锡山创业投资有限公司

地址：无锡市锡山区东亭中路 8 号
成立时间：2007.8
邮编：214101
电话：0510-88705868
传真：0510-88705868
董事长：赵嘉南
总经理：赵嘉南

无锡市欣旺创业投资有限公司

地址：无锡市新区龙山路 1 号综合楼 302 室
成立时间：2008.8.5
邮编：214028
电话：85212726
传真：85217758-8023
董事长：严冬兴
总经理：严冬兴

无锡新区创新创业投资集团有限公司

地址：无锡新区长江路 16 号 8905 室
成立时间：2008.1.31
邮编：214028
电话：85227569
传真：85226431
董事长：丁洪军
总经理：于波

无锡新区领航创业投资有限公司

地址：无锡市湘江路 2-3 的 1101 号
成立时间：2009.8.3
邮编：214028
电话：0510-85227569
传真：0510-85226431
董事长：李敏芸
总经理：于波

吴江东运创业投资有限公司

地址：江苏省吴江经济开发区云梨路 1688 号 1809
成立时间：2008.6.24
邮编：215200
电话：0512-63960764
传真：0512-63960764
总经理：沈宏

吴江市创业投资有限公司

地址：江苏省吴江市松陵镇中山南路 1988 号
成立时间：2008.9.16
邮编：215200
电话：0512-63011420
传真：0512-63011430
董事长：吴建春
总经理：吴建春

吴江市金盛创业投资有限公司

地址：吴江市汾湖镇金家坝金贤路 149 号
成立时间：2007.12.5
邮编：215215
电话：0512-63207955
传真：0512-63207952
董事长：费川根

吴江市盛吴创业投资有限公司

地址：吴江市经济开发区科技创业园
成立时间：2009.9.25
邮编：215200
电话：0512-63578861
传真：0512-63516686
董事长：翟涛
总经理：翟涛

翔智创业投资企业

地址：苏州工业园旺墩路 158 号置业商务广场 9 楼
成立时间：2008.2
邮编：215028
电话：021-63868708-38
传真：021-63868709
董事长：张秋煌

扬州市创业投资有限公司

地址：扬州市扬子江中路 756 号市工行 19 层
成立时间：2007.5
邮编：225009
电话：82985836
传真：82985835
董事长：王祥

宜兴市科技创业投资有限公司

地址：宜兴市人民南路 52 号
成立时间：2006.12
邮编：214200
电话：0510-87929050
传真：0510-87929030
董事长：郭泽民
总经理：史富君

镇江高投创业投资有限公司

地址：江苏省镇江市镇江新区丁卯经十二路东
成立时间：2008.7
电话：025-66009999
传真：025-66009900
董事长：应文禄

镇江市创业风险投资有限责任公司

地址：镇江市解放路 201 号
成立时间：2001.11
邮编：212000
电话：0511- 85030508
传真：0511-85015808
董事长：汤翔
总经理：汤翔

镇江新区高新技术产业投资有限公司

地址：镇江大港新区银山支路 8 号
成立时间：2009.7
邮编：212132
电话：0511-83175209
传真：0511-83175331
总经理：安明亮

智龙（苏州）创业投资管理有限公司

地址：苏州工业园区旺墩路 158 号置业商务广场 1 幢 901 室
成立时间：2008.1
邮编：215028
电话：021-63868708*38
传真：021-63868709
董事长：张秋煌
总经理：卓德钦

中新苏州工业园区创业投资有限公司

China-Singapore Suzhou Industrial Park Ventures Co., Ltd.

地址：苏州工业园区旺墩路 158 号 5 楼
成立时间：2001.11.28
邮编：215028
电话：0512-66969522
传真：0512-66969533
董事长：林向红
总经理：姚骅

大连海融高新创业投资管理有限公司

Dalian Hi-Tech Venture Capital Management Co.,Ltd.

地址：中国大连高新园区火炬路 3 号纳米大厦 8 楼 802 室
成立时间：2008.2.18
邮编：116023
电话：0411-84821128
传真：0411-84821325
董事长：王召华
总经理：王召华

大连海融高新创业投资基金有限公司

Dalian Hairong hi-tech venture capital investment Inc.

地址：大连高新技术产业园区七贤岭产业化基地海辉大厦 1006 室
成立时间：2007.12.29
邮编：116023
电话：0411-84821028
传真：0411-84821032
董事长：王召华
总经理：王召华

大连隆海创业投资有限公司

地址：大连市高新技术产业园区高新街 3 号
成立时间：2005.12.7
邮编：116043
电话：0411-83673691
传真：0411-83673691
董事长：孙萍
总经理：孙萍

大连天使创业投资有限公司

Dalian Angel Venture Capital Co.,Ltd.

地址：大连市高新园区火炬路 1 号
成立时间：2006.4.14
邮编：116023
电话：0411-84753206
传真：0411-84753186
董事长：孙克明
总经理：孙克明

辽宁东软创业投资有限公司
Liaoning Neusoft Venture Capital Limited

地址：大连市软件园东路 2 号
成立时间：2000.4.8
网址：www.neusoft.com
邮编：116023
电话：0411-84835047
传真：0411-84835058
董事长：刘积仁
总经理：荣新节

辽宁科技创业投资有限责任公司
LiaoNing Technology Venture Capital Co.,Ltd.

地址：辽宁省沈阳市和平区和平南大街 39 号嘉环大厦 1404 室
成立时间：2000.2.28
网址：www.lnvc.com.cn
邮编：110003
电话：024-23244922
传真：024-23244922
董事长：魏文铎
总经理：崔沂涛

沈阳创业投资基金有限公司

地址：辽宁省沈阳市沈河区市府大路 262 号甲
成立时间：2007.9.19
邮编：110013
电话：024-22790094
传真：024-22791108
董事长：王丹歌
总经理：董晶

沈阳科技风险开发事业中心
Shenyang Science and Technology Venture Capital Center

地址：沈阳市沈河区市府大路 262 号甲
成立时间：1992.6.2
邮编：110013
电话：024-22790094
传真：024-22791108
董事长：董晶
总经理：董晶

沈阳科技风险投资有限公司
Shenyang Science and Technology Venture Capital,Ltd

地址：沈阳市沈河区市府大路 262 号甲
成立时间：1998.7.14
邮编：110013
电话：024-22790094
传真：024-22791108
董事长：董晶
总经理：董晶

内蒙古科技创业投资有限公司

地址：呼和浩特市金山开发区（奥特奇蒙药股份有限公司）
成立时间：2001
网址：www.nmkc.com
邮编：10010
电话：0471-3620398
董事长：赵洪波
总经理：赵家栋

内蒙古科技风险基金管理办公室

地址：呼和浩特市赛汗区昭乌达路 70 号科技大厦 502 室
成立时间：1998

网址：www.fengxianjijin.com
邮编：10010
电话：0471-6280864
传真：0471-6280827
董事长：主任:汪立勤
总经理：副主任:锡林塔娜

宁夏恒大中小企业信用担保有限责任公司

Heng Da Small&Medium Enterprises Credit Guarantee Co.,Ltd. NinGxia

地址：银川市北京东路 339 号
成立时间：2004.3.24
邮编：750001
电话：0951-6199340,0951-6199042
传真：0951-6199340
董事长：张宏伟
总经理：常诚

宁夏银控科技创业投资有限公司

地址：宁夏银川市金凤区正源南街 93 号
成立时间：2002
邮编：750001
电话：0951-6017646
传真：0951-6017646
董事长：常诚
总经理：李甘露

银川经济技术开发区投资控股有限公司

Yinchuan Economic & Technological Development Zone Holding Investment Co.,Ltd.

地址：银川市北京东路 339 号
成立时间：2001.8
邮编：750001
电话：0951-6199222
传真：0951-6199222
董事长：苑尔卓
总经理：郝敬林

银川市下岗失业人员小额贷款担保中心

地址：宁夏银川商都 8# 楼
成立时间：2003.05
邮编：75004
电话：0951-6017170
董事长：法人：勉树云
总经理：中心主任：杨立塬

银川市中小企业信用担保中心

地址：银川市金凤区正源北街和信创展中心 8 楼
成立时间：1999.8
网址：www.ycdb.com
邮编：750002
电话：0951-6093128
传真：0951-6093128
董事长：赵利民

济南科技风险投资有限公司

地址：高新开发区舜华路 747 号
成立时间：2001.4
网址：www.jnvc.com.cn
邮编：250101
电话：0531-88879287
传真：0531-88879277
董事长：王长欣
总经理：王德兴

青岛市科技风险投资有限公司

Qingdao S&T Venture Capital.,Ltd.

地址：青岛市太平角一路 18 号
成立时间：2000.8.17
网址：www.qdstvc.com
邮编：266071
电话：0532-85063788
传真：0532-85063780
董事长：马论业
总经理：张建博

山东昌润创业投资有限公司

Shandong Changrun Venture Capital Co.,Ltd.

地址：山东省聊城市开发区黄山南路 60 号
成立时间：2008.8.22
网址：www.crtz.com
邮编：252000
电话：0635-2119071
传真：0635-2119000
董事长：高志刚
总经理：任凯

山东省高新技术投资有限公司

Shandong High-Tech Investment Corporation

地址：济南市解放路 166 号
成立时间：2000.6
网址：www.sdvc.com.cn
邮编：250013
电话：0531-8656 6156
传真：0531-8696 9598
董事长：孟凡利
总经理：李功臣

威海创新投资有限公司

地址：山东省威海市海滨北路 60 号财政大厦内 17 层
成立时间：2003.7.16
电话：06315231709
传真：06315231709
董事长：李万寿
总经理：杜力

潍坊创业投资有限公司

Weifang Venture Capital Co.,Ltd.

地址：潍坊高新区东风东街 181 号东方大酒店 A 座 1305
成立时间：2001
邮编：261031
电话：0536-8865276
传真：0536-8865276
董事长：马鸣棠
总经理：张汝建

淄博高新技术风险投资股份有限公司

Zibo New &High-Tech Venture Capital Co.,Ltd.

地址：淄博高新区政通路 135 号
成立时间：2003.7.
网址：www.zbvc.net
邮编：255086
电话：0533-3586338
传真：0533-3586969
董事长：翟祥厚
总经理：翟祥厚

山西省高新技术创业中心

Sanxi New Hi-Tech Business Incubator

地址：太原市长治路 249 号企业孵化大楼
成立时间：1992.7
网址：http://www.sxbi.net

邮编：030006
电话：0351-7039505
传真：0351-7039500
董事长：郭新

山西省科技基金发展总公司
Shanxi Science & Technology Fund Development Corp.

地址：山西省太原市滨河东路北段 22 号
成立时间：1993.6
网址：www.sxstfdc.com
邮编：030002
电话：0351-4157805
传真：0351-2026370
总经理：郭江明

宝鸡宏泰投资担保有限公司

地址：宝鸡市火炬路 4 号（宝桥科贸大厦六层）
成立时间：2005.4.27
邮编：721006
电话：0917-3307290 3307565
传真：0917-3307126
董事长：雒林生
总经理：段昱伯

宝鸡市中小企业信用担保有限公司

地址：宝鸡市渭滨区火炬路 13 号
成立时间：2006.5.17
邮编：721000
电话：0917-3202216
传真：0917-3305038
董事长：王兴怀
总经理：王兴怀

顶华创业投资管理（西安）有限公司
Grand Asia Venture Capital Management (Xi´an) Co.,Ltd.

地址：西安市科技路 48 号创业广场 B902 室
成立时间：2009.3.12
邮编：710075
电话：029-88319233
传真：029-88319611
总经理：郭明正

顶华通路价值创业投资（西安）企业
Grand China Networks Value Venture Capital (Xi´An)

地址：西安市科技路 48 号 创业广场 B 座 902 室
成立时间：2009.3.23
邮编：710075
电话：029-88319233
传真：029-88319611
总经理：郭明正

陕西富晨创业投资管理有限公司
ShaanXi Fortune Venture Capital Mangement Co.,Ltd.

地址：西安市高新一路 2 号国家开发银行大厦 23 层
成立时间：2006.2.28
网址：www.sxfvc.com
邮编：710075
电话：029-88377281
传真：029-88377368 转 88
董事长：薛勇科
总经理：薛勇科

陕西省高新技术产业投资有限公司
Shaanxi Provincial High-Tech Industry Invest Ment Co.,Ltd.

地址：西安市唐延路 45 号 陕西投资大厦 20、21 层

成立时间：1999.9.3
网址：http://www.china-hics.com
邮编：710065
电话：029-68688232
传真：029-68688235
董事长：马陆霞
总经理：张乃成

陕西中盛创业投资股份有限公司

Shan Xi Zenisun Venture Capital.,Ltd.

地址：陕西西安高新一路凯创国际 B 座 9 楼
成立时间：2006.12.18
网址：www.21-vc.com
邮编：710065
电话：029-88255097
传真：029-88255097
董事长：范永峰
总经理：刘文会

西安创新技术投资担保有限公司

地址：西安市高新二路 12 号 5 层 A 区
成立时间：2002.5.28
网址：www.capitech.com.cn
邮编：710075
电话：029-88356632
传真：029-88356086
董事长：王农
总经理：梁海冰

西安高新技术产业风险投资有限责任公司

Capitech Venture Capital Co.,Ltd.

地址：西安市科技路创业广场 B0801
成立时间：1999.2.1
网址：www.capitech.com.cn
邮编：710075
电话：029-88356680
传真：029-88356636
董事长：王农
总经理：梁海兵

西安红土创新投资有限公司

地址：西安市科技路 37 号
成立时间：2008.06.24
邮编：710075
电话：029-88348859-12
董事长：夏富喜
总经理：马若棚

西安普林投资有限公司

Xian Pulin Investment Company.,Ltd.

地址：西安市高新区唐延路旺座现代城座 B 座 2203 室
成立时间：2008.11.11
邮编：710065
电话：029-88830271
传真：029-88830261
总经理：严健

西安曲江文化产业风险投资有限公司

Xi'an Qujiang Cultural Industry Venture Capital Investment Co.,Ltd.

地址：西安曲江新区雁塔南路 300-9 号曲江文化大厦 B 座 4 层
成立时间：2009.12.01
网址：www.xaqjvc.com
邮编：710061
电话：029-85427808
传真：029-85427802
董事长：王建军
总经理：樊崇钧

西安三森投资有限公司

地址：西安市唐延路旺座现代城 B22 层
成立时间：2007.2.2
邮编：710075
电话：029-88830272-8027
传真：029-88830261
董事长：严建亚
总经理：严建亚

西安投资控股有限公司
Xi´an Investment Holding Co.,Ltd.

地址：西安市高新区科技五路 8 号数字大厦四层
成立时间：2009.8.28
网址：暂无
邮编：710075
电话：029-88858820
传真：029-88858825
董事长：肖西平
总经理：巩宝生

西北工业技术研究院
Northwest Industry Technology Research Institute (NITRI)

地址：陕西省西安市高新区锦业路 69 号创业研发园 C 区 1 号 E 座 6F
成立时间：2005.12.1
网址：http://www.nitri.cn/
邮编：710077
电话：029-68682882
传真：029-68682885
董事长：姜澄宇
总经理：于忠

上海创业投资有限公司
Shanghai Venture Capital Co.,Ltd.

地址：上海市张江高科技园区春晓路 350 号创业中心楼 318 室
成立时间：1999.8
网址：www.shvc.com.cn
邮编：200031
电话：021-64311988
传真：021-64336311
总经理：王品高

上海电科创业投资有限公司

地址：武宁路 505 号 8 号楼 3 楼
成立时间：2004.8
邮编：200063
电话：021-62574990
董事长：沈小宇
总经理：吴业华

上海东方惠金文化产业投资有限公司
Shanghai Dongfang Huijin Creative Industry Investment Co.,Ltd.

地址：上海市张江高科技园区蔡伦路 780 号 713 室
成立时间：2006.12.29
网址：www.shdfhj.com
邮编：201210
电话：021-513707777
传真：021-51370778
董事长：黎瑞刚
总经理：刘向阳

上海复旦创业管理有限公司
Shanghai Fudan Venture Management Co.,Ltd.

地址：上海国定路 335 号 1 号楼 8003 室

成立时间：2000.9.29
邮编：200433
电话：021-65103006
传真：021-65101451
董事长：蒋国兴
总经理：朱幼惠

上海复旦创业投资有限公司
Shanghai Fudan Venture Capital Co.,Ltd.

地址：上海中山北二路 1111 号
成立时间：2000.11.9
邮编：200433
电话：021-65642533
传真：021-65642533
董事长：王品高
总经理：蒋国兴

上海国鑫投资发展有限公司

地址：上海市徐家汇路 555 号 21 楼 A 座
成立时间：2000.10.9
邮编：200023
电话：021-63901008
传真：021-63010405
董事长：邓伟利
总经理：邓伟利

上海华东理工科技园有限公司
Shanghai Science & Technology Park of ECOST Co., Ltd.

地址：华泾路 1305 弄 18 号
成立时间：2003.12
网址：www.ecustpark.com
邮编：200231
电话：021-64966588
传真：021-64960431
董事长：徐殿胜
总经理：朱 闯

上海慧谷创业投资管理有限公司
Shanghai Withub Venture Capital Management Co.,Ltd.

地址：虹桥路 333 号 209 室
成立时间：2000.4.29
邮编：200030
电话：021-64287220
传真：021-64394772
董事长：李湛
总经理：杨凯瑜

上海慧立创业投资有限公司
Shanghai JTU Venture Capital Co.,Ltd.

地址：淮海西路 55 号 6 楼 C1 座
成立时间：2000.6.1
网址：www.sjtu-vc.com
邮编：200030
电话：021-52989040
传真：021-52989041
董事长：王品高
总经理：朱玉旭

上海慧盛创业投资有限公司
Shanghai JTU Information Investment Co.,Ltd. （ab. SJII）

地址：上海市淮海西路 55 号 6A
成立时间：2001.12.28
网址：www.sjii.com.cn
邮编：200030
电话：021-52989370
传真：021-52989391
董事长：刘文裕
总经理：朱玉旭

上海吉农创业投资有限公司

地址：上海市浦东新区沪南路 2036、2038 号
成立时间：1995.6.20
邮编：201204
电话：021-58439988-1308
传真：021-58430733
董事长：陈少群
总经理：陈少群

上海晶成创业投资有限公司

地址：上海张江高科技园区郭守敬路 351 号 2 号楼 634 室
成立时间：2000.6.2
电话：021-64668318
传真：021-64668318
董事长：何烨
总经理：何烨

上海科技创业有限公司

地址：上海市钦州路 100 号一号楼 806 室
成立时间：1999.8.9
邮编：200235
电话：021-64830201
传真：021-64083607
董事长：石首山
总经理：韩明远

上海科技投资公司
Shanghai Science & Technology Investment Corporation

地址：上海市淮海中路 1634 号三楼
成立时间：1992
网址：www.shsti.com.cn
邮编：200031
电话：021-64314423
传真：021-64312336
总经理：陈伟丰

上海科技投资股份有限公司
Shanghai Science & Technology Investment Co.,Ltd.

地址：上海建国西路 285 号 21 楼
成立时间：1993.6.30
网址：www.sstic.com.cn
邮编：200031
电话：021-64338288
传真：021-64330776
董事长：陈伟丰
总经理：申学宪

上海纳米创业投资有限公司

地址：上海市虹桥路 2272 号虹桥商务大厦 6M 座
成立时间：2000.3.28
邮编：200336
电话：021-62376728
传真：021-62376776
董事长：陈金霞
总经理：刘明

上海南风股权投资管理有限公司
Shanghai South Wind Investment Management Co.,Ltd.

地址：上海市定西路 1016 号银统大厦北楼 5B
成立时间：2009.9.28
网址：www.southwindequity.com
邮编：200050
电话：021-62250600
传真：021-62251276
董事长：肖永吉
总经理：施志坚

上海浦东创业投资有限公司
Shanghai Pudong Venture Capital Co.,Ltd.

地址：上海浦东张江春晓路 350 号南一楼
成立时间：1997.1.9
网址：www.pdvc.com
邮编：201203
电话：021-50800216
传真：021-50801728
董事长：殷宏
总经理：何 彬

上海市科技创业中心
Shanghai Technology Innovation Co.,Ltd.

地址：上海市钦州路 100 号
成立时间：1998.4.15
网址：www.incubator.sh.cn
邮编：200235
电话：021-64839007,64839009
传真：021-64833567
总经理：林旭伟（主任）

上海徐汇科技投资有限公司
Shanghai Xuhui Venture Capital Ltd.

地址：上海襄阳南路 228 号现代大厦 B 座 302 室
成立时间：1998.12.2
网址：http://www.xhvc.net
邮编：200031
电话：021-64731888-395
传真：021-64458736
董事长：陈明龙
总经理：-

上海昱华创业投资有限公司

地址：上海市张江高科技园区郭守敬路 351 号通用厂房 2 号楼 602-04 单位
成立时间：2000.7.25
电话：021-64668318
传真：021-64668318
董事长：翁佩玉
总经理：翁佩玉

上海张江生物医药基地开发有限公司
Shanghai Zhangjang Biotech & Pharmaceuticalbase Ase Develpment Co.,Ltd.

地址：上海市:哈雷路 899 号
成立时间：2001.9
网址：http://www.zjbpb.com
邮编：201203
电话：021-58553958
传真：021-58550967
董事长：刘小龙
总经理：王兰忠

上海兆丰创业投资有限公司

地址：淞沪路 234 号创智天地广场 1 号楼 204 室
成立时间：2003.12.18
邮编：200050
电话：021-65632555
传真：021-65148999
董事长：王品高
总经理：鲁育宗

上海紫竹创业投资有限公司
Shanghai Zizhu Venture Capital Co.,Ltd.

地址：上海市闵行区东川路 555 号 1 号楼 4 楼
成立时间：2003.9.17

网址：www.zizhupark.com/zzvc
邮编：200241
电话：021-61212288
传真：021-61212764
董事长：骆山鹰
总经理：骆山鹰

橡子园创业投资管理（上海）有限公司
Acorn Campus Shanghai Management Co.,Ltd.

地址：上海市浦东新区郭守敬路 498 号 9 号楼 2 层
成立时间：2002.8.16
网址：www.acorncampus.com.cn
邮编：201203
电话：021-50806686
传真：021-50803862
董事长： 黄天来
总经理：黄天来

成都成创汇智创业投资有限公司
Chengdu Cchz Venture Capital Co.,Ltd.

地址：成都市高新区天府大道中段一号
成立时间：2009.12.16
邮编：610042
电话：028-85337113
传真：028-85337115
董事长：陈鹏
总经理：谭胜

成都创新风险投资有限公司
Chengdu Venture Capital Co.,Ltd.

地址：成都天府大道北段 966 号金融城总部商务区 2 号楼 516
成立时间：2001.6.8
网址：www.cd-vc.com.cn
邮编：610041
电话：028-85337113
传真：028-85337115
董事长：戴晓明
总经理：陈鹏

成都高新创新投资有限公司
Chengdu Innotech Investment Co.,Ltd.

地址：成都市天府大道北段 966 号 2 号楼 2 层
成立时间：2004.5.17
网址：www.cdhtgroup.com
邮编：610041
电话：028-85335333
传真：028-85335111
董事长：黄光耀
总经理：易宇

成都科技创业投资有限公司
Chengdu Technology Venture Capital Co.,Ltd.

地址：成都高新区创业路 16 号 B 座四楼
成立时间：2001.6.15
邮编：610041
电话：028-65575911
传真：028-65575920
董事长：黄少翔
总经理：黄少翔

成都市科技风险开发事业中心
Chengdu Venture Technology Development Center

地址：成都市高新区创业路 16 号
成立时间：1997.7
网址：www.cdppc.cn
邮编：610041
电话：028-65575924
传真：028-65575920
董事长：黄少翔

总经理：黄少翔

成都天河中西医科技保育有限公司

地址：成都高新区天府大道南延线高新孵化园 1 号楼
成立时间：2001.7.24
网址：www.sc-tianhe.com
邮编：610042
电话：028-66070999
传真：028-66070666
董事长：汪世碧
总经理：刘刚

成都新科孵化投资有限公司
Chengdu Xinke Technology Incubator & Investment Co.,Ltd.

地址：成都市创业路火炬大厦 B 座 4 楼
成立时间：2002.5.3
邮编：610041
电话：028-85150842
传真：028-85150844
董事长：黄少翔
总经理：黄少翔

双流聚源创新投资有限公司

地址：双流县东升街道丛桂街 1 号
成立时间：2009.1.28
邮编：610200
电话：028-85831563
传真：028-85830009
董事长：李朝义
总经理：李朝义

高瓴（天津）创业投资有限公司
Gaoling（TIANJIN）Venture Capital Co.,Ltd.

地址：天津空港物流加工区西三道 166 号 A2-185 室
成立时间：2009.12.2
网址：无
邮编：300308
董事长：赵力

赛富成长（天津）创业投资管理有限公司

地址：天津市经济技术开发区 5 号 A 座-507 室
成立时间：2005.1.24
网址：www.sbaif.com
邮编：300457
电话：010-65630356
传真：010-65630251
董事长：阎焱
总经理：羊东

赛富成长基金（天津）创业投资企业

地址：天津经济技术开发区第四大街 5 号 A 座 512 室
成立时间：2005.1.21
网址：www.sbaiftj.com
邮编：300457
电话：010-65630356
传真：010-65630251
董事长：阎焱
总经理：羊东

天津滨海财富股权投资基金有限公司
Tianjin Binhai Wealth Capital Co.,Ltd.

地址：天津市和平区西康路赛顿中心 C 座 705 室
成立时间：2007.8.21
网址：http://www.binhaicaifu.cn
邮编：300051

电话：022-23374055
传真：022-23374077
董事长：胡芳琪
总经理：杨睿

天津滨海天使创业投资有限公司

地址：天津开发区第四大街 5 号 A-515 室
成立时间：2006.9.11
邮编：300074
电话：022-28408282
传真：022-28408686
董事长：赵华
总经理：孙正陆

天津滨海新区创业风险投资引导基金有限公司
China Bin Hai New Area Venture Capital Gudiing Fund Co.,Ltd.

地址：天津经济技术开发区宏达街 21 号 7 层
成立时间：2008.2.4
网址：binhaifof.cn
邮编：300457
电话：022-66370380
传真：022-66370386
董事长：杨旭才

天津创业投资担保有限公司

地址：天津港保税区国贸路 18 号 525 室（腾达大厦）
成立时间：2002.9.29
传真：022-83525577
董事长：祝刚

天津创业投资管理有限公司
Tianjin Venture Capital Management Co.,Ltd.

地址：天津开发区第四大街 5 号 A 座 511 室
成立时间：2003.3.28
邮编：300074
电话：022-28408383
传真：022-28408686
董事长：魏宏锟
总经理：魏宏锟

天津创业投资有限公司
Tianjin Venture Capital Co.,Ltd.

地址：天津市河西区围堤道 125 号天信大厦 1509 室
成立时间：2001.3.30
网址：www.tjvc.com.cn
邮编：300074
电话：022-28408282
传真：022-28408606
董事长：杨旭才
总经理：魏宏锟

天津海达创业投资管理有限公司
Hidea（Tianjin）Investment Management Co.,Ltd.

地址：天津经济技术开发区第四大街 A 座 5 号生物研发大厦 6 层
成立时间：2007.11.29
邮编：300457
电话：022-62002048
传真：022-62002050
董事长：赵华
总经理：赵侠

天津海泰创新投资基金有限公司
Tianjing Hi-Tech Capital Investment Fund Co.,Ltd.

地址：天津市华苑产业区物华道 2 号 A 座 3023 室
成立时间：2008.5.28
邮编：300384
电话：022-23707220
传真：022-23707220-8009
董事长：赵毅
总经理：余庆

天津海泰科技投资管理有限公司
Tianjin Hi-Tech Investment Management Co.,Ltd.

地址：天津市华苑产业园区华天道科馨别墅 67 号
成立时间：1997.5.8
网址：www.hitech-investment.com
邮编：300384
电话：022-83713390
传真：022-83715773
董事长：刘向东
总经理：刘向东

天津海银创业投资中心（有限合伙）
HaiYin Venture Partners

地址：天津港保税区东方大道 166 号
成立时间：2008.8.21
电话：022-65989606
董事长：王煜全

天津虹桥科技投资集团有限公司
Tianjin Rainbow Bridge Sci-tech Investment (group) Co.,Ltd.

地址：天津市红桥区勤俭道 196#
成立时间：2002.12.26
邮编：300131
电话：022-86516966
传真：022-86516966
董事长：武国强
总经理：武国强

天津吉富顾全基金管理有限公司
JJF Equity Fund Management Co.,Ltd.

地址：天津空港物流加工区西三道 166 号 A2-127 室
成立时间：2008.2.3
邮编：300300
电话：022-58781068
传真：022-27219086
董事长：查理斯.恩诺勒.约翰森
总经理：刘吉人

天津开明创业投资发展有限公司

地址：天津港保税区海滨六路 98 号 1-208
成立时间：2004.4.16
网址：www.ttkama.com
邮编：300074
电话：022-58792377
传真：022-58792370
董事长：胡岩华
总经理：胡岩华

天津科技成果转化投资服务有限公司
Tianjin Transfer of Scienificand Technological Acievements Investment Co.,Ltd.

地址：天津开发区第四大街天大科技园 A1-5-G
成立时间：2007.8.28
邮编：300203
电话：022-58792812
传真：022-58792799

董事长：郝为民
总经理：魏宏锟

天津科技发展投资总公司
Tianjin Science & Technology Investment General Corp.

地址：天津市河西区友谊路 23 号天津科技大厦 801 室
成立时间：1997.12
网址：www.stic.com.cn
邮编：300201
电话：022-28455935
传真：022-28455801-8004
董事长：杨应敏
总经理：魏政

天津锟桥创业投资有限公司
Tianjinfortune Bridge Venture Capital Co.,Ltd.

地址：天津市南开区科研西路 8 号 411 室
成立时间：2003.8
网址：www.kqvc.com
邮编：300192
电话：022-87893441
传真：022-87893441
董事长：李甫万
总经理：李甫万

天津纳米创业投资有限公司
Tianjin Nano Technology Venture Capital Co.,Ltd.

地址：天津经济技术开发区第四大街 80 号 A2 座二层
成立时间：2002.9.18
网址：www.nibc.com.cn
邮编：300457
电话：022-62002900
传真：022-62002902
董事长：许建中
总经理：孟策

天津泰达科技风险投资股份有限公司
TEDA Venture Capital Corporation Limited

地址：天津经济技术开发区第四大街 80 号软件大厦北楼三层
成立时间：2000.10
网址：www.tedavc.com.cn
邮编：300457
电话：022-66299990
传真：022-66297288
董事长：叶旺
总经理：赵华

天津天保成长创业投资有限公司

地址：天津港保税区海滨九路 131 号 2-A619 室
成立时间：2007.3.6
邮编：300074
电话：022-28408282
传真：022-28408686
董事长：周广林
总经理：魏宏锟

天津天富创业投资有限公司

地址：天津开发区第四大街 5 号 A 座 514
成立时间：2007.12.4
邮编：300074
电话：022-28408282
传真：022-28408686
董事长：魏宏锟
总经理：洪雷

乌鲁木齐高新技术投资担保有限公司

Urumqi High Tech Investment & Guaranty Co.,Ltd.

地址：乌鲁木齐北京南路高新街258号数码港1315座
成立时间：2007.5.9
网址：www.uhdz.gov.cn
邮编：830011
电话：0991-3650729
传真：0991-3834189
董事长：王柯南
总经理：王柯南

新疆创新投资有限公司

Xinjiang Venture Capital Co.,Ltd.

地址：乌鲁木齐市经二路二号
成立时间：2002.4
网址：www.xjvc.com
邮编：830002
电话：0991-4628022
传真：0991-2306822
董事长：王松琦
总经理：王松琦

新疆美林正大投资有限公司

地址：新疆乌鲁木齐市西北路458号科学大厦6楼
成立时间：2005.7
邮编：830000
电话：0991-6991299
传真：0991-6991398
董事长：李跃武
总经理：李跃武

新疆赛克森投资咨询有限公司

地址：新疆乌鲁木齐市河南东路45号
成立时间：2002.3
邮编：830011
电话：0991-6611899
传真：0991-6611966
董事长：武嘉林
总经理：陈开红

新疆维吾尔自治区国有资产投资经营有限责任公司

地址：新疆乌鲁木齐市中山路462号广场联合大厦A座14楼
成立时间：1998.4.13
邮编：830002
电话：0991-2363622
传真：0991-2810861
总经理：潘竞

新疆新科源科技风险投资管理有限公司

地址：新疆乌鲁木齐市科学南路353号
成立时间：2004.8
邮编：830011
电话：0991-3680756
传真：0991-3680756
董事长：方智三
总经理：方智三

电联创业投资有限公司

地址：杭州杭海路238号森禾广场B座1803室
成立时间：2005.10.12
邮编：311000
电话：0571-28903064
传真：0571-86795519
董事长：胡正发

东方星空创业投资有限公司

地址：杭州体育场路 178 号
成立时间：2008 年
邮编：310039
电话：0571-85310058
传真：0571-85310949
董事长：王一义
总经理：蒋国兴

杭州百世先锋能源投资管理有限公司
Suns Hearld Investment Management Co.,Ltd.

地址：浙江省杭州市滨江高新区江南大道 480 号 1006 室
成立时间：2006.4.25
网址：www.bsxf.net.cn
邮编：310052
电话：0571-87165023
传真：0571-87165202
董事长：朗富宸
总经理：方沫臻

杭州长江创业投资有限公司
Hangzhou Changjiang Venture Investment Co.,Ltd.

地址：杭州市滨江区江陵路 603 号
成立时间：1996.6.5
网址：www.cjvc.cc
邮编：310052
电话：0571-86624192
传真：0571-86624323
董事长：汤忠海
总经理：汤忠海

杭州诚和创业投资有限公司
HangZhou Accord investments Co.,Ltd.

地址：杭州市拱墅区康桥路 69 号 106 室
成立时间：2006.6.1
邮编：310006
电话：0571-88219849
传真：0571-88219849
董事长：陈修
总经理：斯龙

杭州东部科技投资有限公司
Hangzhou East Technology Investment Co.,Ltd.

地址：文三路 90 号创新大厦 A105
成立时间：2006.8
网址：www.cneti.cn
邮编：310012
电话：0571-88473270
传真：0571-88473250
董事长：宋小春
总经理：陆华

杭州飞来投资管理有限公司
Hangzhou Fly Vc Co.,Ltd.

地址：浙江省杭州市西湖区西斗门 3 号天堂软件园 A 幢 19B-1 室
成立时间：2007.6.28
网址：WWW.FLYVC.COM
邮编：310012
电话：0571-88868827
传真：0571-88868827
董事长：魏任斌
总经理：魏任斌

杭州枫惠投资管理有限公司

地址：浙江省杭州市西湖区文二路 391 号西湖国际科技大厦 B2-1108
成立时间：2006.7.14
邮编：310012
电话：0571-88480187
传真：0571-89939631
董事长：马海邦
总经理：马海邦

杭州海泰创新资本管理有限公司
Hightech Partners

地址：杭州市滨江区江南大道 3850 号创新大厦 13 楼
成立时间：2008.1
网址：www.htcxvc.com
邮编：310053
电话：0571-56696555
传真：0571-56692222
董事长：徐永红
总经理：徐皓

杭州杭康创业投资有限公司

地址：杭州市滨江区江南大道 3850 号创新大厦 19 楼 1910 室
成立时间：2009.3.31
邮编：310052
电话：0571-87985250
传真：0571-87985250
董事长：沈祥熙
总经理：沈帅

杭州合全投资管理有限公司
Hangzhou Hequan investment Co.,Ltd.

地址：杭州市天目山路 7 号东海创意中心 12C
成立时间：2006.11.20
网址：www.hequangroup.com
邮编：310007
电话：0571-85300781
传真：0571-85300782
董事长：戚云方
总经理：戚云

杭州宏创电子商务有限公司
Hangzhou Hongchuang Electronic Business Co.,Ltd.

地址：杭州市文一西路 75 号杭州数字娱乐产业园 3 号楼 4 楼
成立时间：2004.9.1
网址：www.wjw.cn
邮编：310012
电话：0571-88938928
传真：0571-88938911
董事长：李建洪
总经理：李建洪

杭州华软投资管理有限公司
CSIC

地址：杭州滨江区江南大道 3850 号创新大厦 1812 室
成立时间：2009.11.24
邮编：310053
电话：0571-28290599
传真：0571-28290600
董事长：徐彤
总经理：徐彤

杭州华时投资有限公司
Huashi Investment Company

地址：杭州延安路 515 号浙信大厦 1005 室
成立时间：2008.2
邮编：310006
电话：0571-85153759
传真：0571-85153769
董事长：周阅来
总经理：唐锡表

杭州华天投资有限公司

地址：杭州市滨江区江南大道创新大厦 2009 室
成立时间：2003.10
邮编：310053
电话：0571-86611582
传真：0571-86611582
董事长：吕洪仁
总经理：吕洪仁

杭州金色未来创业投资有限公司
Hangzhou Golden Future Venture Capital Co.,Ltd.

地址：杭州市下城区武林路长寿路 9 号
成立时间：2009.11.25
邮编：310006
电话：0571-28032300
传真：0571-28030686
董事长：朱德宇
总经理：钱朝霞

杭州经济技术开发区创业投资有限公司

地址：杭州经济技术开发区白杨街道 6 号大街 452 号 1 幢 2 楼 2A04 室
成立时间：2008.10.9
邮编：310018
电话：0571-56638083
传真：0571-56638083
董事长：董玮
总经理：陈冰

杭州立元创业投资有限公司
Hangzhou Liyuan Venture Capital Co.,Ltd.

地址：杭州市杭大路 6 号
成立时间：2006.12.8
网址：www.cnlyjt.com
邮编：310007
电话：0571-87974698
传真：0571-87971082
董事长：王建钧
总经理：鲁晓东

杭州量子投资管理有限公司

地址：杭州市学院路 58 号华星创业大楼 309 室
成立时间：2007.11
邮编：310012
电话：0571-56889656
传真：0571-56889650
董事长：蔡玮
总经理：蔡玮

杭州龙庆投资管理有限公司

地址：杭州市中山北路 366 号中大广场 1 号楼 2206 室
成立时间：2003.1
邮编：310003
电话：0571-87985137
传真：0571-87984660
董事长：周庆
总经理：周庆

杭州如山创业投资有限公司
Hangzhou Rushan Venture Capital Co.,Ltd.

地址：杭州市滨江区泰安路239号盾安发展大厦19楼
成立时间：2007.8
邮编：310009
电话：0571-87814985
传真：0571-87896213
董事长：姚新泉
总经理：王涌

杭州瑞辰投资管理有限公司
Hangzhou Rigen Venture Capital Co.,Ltd.

地址：浙江省杭州市文三路477号华星科技大厦705
成立时间：2007.7.19
网址：www.rigenvc.com
邮编：310000
电话：0571-56893763
传真：0571-56893768
董事长：周林根
总经理：周林根

杭州赛伯乐投资管理咨询有限公司

Cybernaru（China）Investment
地址：杭州市天目山路176号西湖数源软件园11号楼3层
成立时间：2006.8
网址：www.cybernaut.com.cn
邮编：310012
电话：0571-89939898
传真：0571-89939834
董事长：朱敏
总经理：朱敏

杭州士兰创业投资有限公司
Hangzhou Silan Venture Capital Co.,Ltd.

地址：杭州市杭大路15号嘉华国际商务中心1116
成立时间：2007.9
邮编：310007
电话：0571-89935189
传真：0571-87174996
董事长：陈向东
总经理：陈向明

杭州市高科技投资有限公司
Hangzhou Hi-Tech Venture Capital Co.,Ltd.

地址：杭州市惠兴路2号科技大厦5楼
成立时间：2000.8
网址：www.hzvc.com.cn
邮编：310001
电话：0571-87060199
传真：0571-87060199
董事长：孙铸环
总经理：陈长泉

杭州通达创业投资有限公司
Hangzhou Tongda Venture Capital Co.,Ltd.

地址：杭州市庆春路155号中财发展大厦12楼
成立时间：2006.9
邮编：310003
电话：0571-87226931
传真：0571-87248828
董事长：虞利明
总经理：郑齐定

杭州通汇创业投资有限公司
Hangzhou Tonghui Venture Capital Co.,Ltd.

地址：杭州市庆春路155号中财发展大厦12层

成立时间：2008.4
邮编：310003
电话：0571-87226931
传真：0571-87248828
董事长：虞利明
总经理：郑齐定

杭州万豪创业投资有限公司
Hangzhou Harvest Consulting Co.,Ltd.

地址：杭州市延安南路 111 号清波商厦 D-605
成立时间：2006.1.9
网址：无
邮编：310002
电话：0571-87701438
传真：0571-87701437
董事长：应寒冰
总经理：仇建峰

杭州下城区创业投资有限公司

地址：杭州中山北路 632 号越都大厦 1208 室
成立时间：2008.6
网址：www.hzxcgt.com
邮编：310014
电话：0571-85383208
传真：0571-85383208
董事长：傅真义
总经理：傅真义

杭州寻智勤实创业投资有限公司

地址：杭州市滨江区江南大道 3850 号创新大厦 9 楼
成立时间：2009.6.29
邮编：310058
电话：0571-88050868
传真：0571-88050898
董事长：徐国海
总经理：龚文江

杭州盈开投资管理有限公司
Hangzhou Intunecapital Investment Management Co., Ltd.

地址：杭州经济开发区 6 号大街 452 号杭州高科技企业孵化器内 1 号孵化大楼 2A05 号房
成立时间：2009.6.23
网址：www.intunecapital.com
邮编：310007
电话：0571-87997755
传真：0571-87960022
董事长：项建标
总经理：项建标

杭州□康经济开发有限公司
Youcan Economic Development Ltd.

地址：杭州市江干区机场路 377 号
成立时间：2006.5.9
邮编：310021
电话：0571-85141777
董事长：戴天荣
总经理：戴天荣

杭州中瓯创业投资有限公司

地址：杭州市滨江区江南大道 3850 号创新大厦 20 楼
成立时间：2009.1.5
网址：http://www.zovc.net
邮编：310053
电话：0571-86600710
传真：0571-86600729
董事长：郭炳钞
总经理：王志刚

湖州市创业投资有限责任公司

Hu Zhou Entrepreneurship & Investment Co.,Ltd.

地址：浙江省湖州市南太湖科技创新中心 11 楼
成立时间：2008.9
邮编：313000
电话：0572-2212918
传真：0572-2212918
董事长：钟志铭
总经理：宋浩

嘉兴市秀洲区创业创新风险投资有限公司

地址：嘉兴市秀洲区新平路 21 号
成立时间：2008.8
邮编：314031
电话：0573-82792238
传真：0573-82720812
董事长：张晓江

蓝山投资有限公司

Lanson Investment Co.,Ltd.

地址：杭州文三西路 37 号 4 楼
成立时间：2007.8.31
网址：www.lanson-china.com
邮编：310012
电话：0571-87988367
传真：0571-87981916
董事长：张引生
总经理：王晓明

宁波博润创业投资股份有限公司

地址：浙江省慈溪经济开发区（杭州湾新区）滨海大道南侧商贸街 3 号楼 2-64 号
成立时间：2007.9.26
邮编：315300
电话：0574-63046140
传真：0574-63041948
董事长：罗森鹤
总经理：林建江

宁波东元创业投资有限公司

Ningbo DongYuan Venture Capital Co.,Ltd.

地址：宁波海曙区龙湾新村 27 号
成立时间：2005.5.12
网址：www.nbvc.com.cn
邮编：315010
电话：0574-87295125/87294001
传真：0574-87292158
董事长：李凌
总经理：林钒

宁波凯建投资管理有限公司

地址：宁波市海曙区广仁街 141 号
成立时间：1999.10
网址：www.kaijian.com
邮编：315010
电话：0574-87284998
传真：0574-87284998
董事长：戴志勇
总经理：王凌云

宁波凯普特创业投资有限公司

Ningbo Kaipute Vebtyre Capital Co.,Ltd.

地址：奉化市中山东路华信国际 17 幢 1002 室
成立时间：2008.1
网址：www.nbvc.com.cn
邮编：315500
电话：0574-28528968
传真：0574-28528968
董事长：干新德
总经理：林钒

宁波杉杉创业投资有限公司
Ningbo shanshan venture captial Co.,Ltd.

地址：宁波望春工业园区杉杉路 1 号
成立时间：2007.2
网址：www.firs.com.cn
邮编：315177
电话：0574-88323520
传真： 0574-88323795
董事长： 庄巍
总经理：宫毅

宁波杉杉望新科技创业投资有限公司
Ningbo Shanshan Wangxin Venture Capital Co.,Ltd.

地址：中国宁波望春工业园区杉杉路 1 号
成立时间：2009.12.14
邮编：315177
电话：0574-28833012
传真：0574-28833666
董事长：殷志远
总经理：王其东

绍兴市创业投资有限公司

地址：浙江省绍兴市中兴南路 32 号 4 楼
成立时间：2004.12
邮编：312000
电话：0575-85127172
总经理：任纪芬

通联创业投资股份有限公司
Tonglian Venture Capital Co.,Ltd.

地址：杭州市长生路 58 号西湖国贸中心 316 室
成立时间：2000.11
网址：www.tonglianvc.com
邮编：310006
电话：0571-87153717
传真：0571-87153792
董事长：管大源
总经理：管大源

浙江安丰创业投资有限公司
Zhejiang Safe&rich Venture Capital Co.,Ltd.

地址：浙江省杭州市求是路 8 号公元大厦北楼 1605 室
成立时间：2008
邮编：310013
电话：0571-87633768
传真：0571-87633580
董事长：阮志毅
总经理：王乐

浙江博通创业投资有限公司
Hangzhou Bossto Venture Capital Co.,Ltd.

地址：杭州庆春路 136 号广利大厦 906 室
成立时间：2007.7
邮编：310009
电话：0571-87087806
传真：0571-87087820
董事长：吕柏松
总经理：王叶刚

浙江春晖坤元创业投资有限公司

地址： 上虞市曹娥街道（春晖工业大道 286 号）
邮编：312300
电话：0575-82151976
传真：0575-82150888
董事长： 杨言荣
总经理： 曹国荣

浙江大学创业投资有限公司
Zhejiang University Venture Capital Co.,Ltd.

地址：杭州市求是路 8 号公元大厦南楼 1201 室
成立时间：2001.1.3
邮编：310013
电话：0571-87382890 转
传真：0571-87382889
董事长：程家安
总经理：朱国英

浙江大学科技园创业投资有限公司
Zhejiang University National Science Park Venture Capital Co.,Ltd.

地址：杭州市西溪路 525 号浙大科技园 C 座 502 室
成立时间：2008.10.29
邮编：310013
电话：0571-87397928
传真：0571-87397929
董事长：胡征宇
总经理：葛朝阳

浙江德清科技创业投资有限公司

地址：德清县武康镇府西弄 18-28 号
成立时间：2007.4.3
邮编：313200
电话：0572-8063973
传真：0572-8068538
董事长：郎妙金
总经理：陈宏

浙江富康创业投资有限公司
Zhejiang Fukang Venture Capital Co.,Ltd.

地址：杭州朝晖路 203 号深蓝广场 2506 室
成立时间：2009.6.24
邮编：310018
电话：0571-85268561
传真：0571-85268560
董事长：沈富康
总经理：赵雄

浙江富润创业投资有限公司

地址：诸暨市暨阳街道苎萝东路 60 号
成立时间：2008.8
邮编：311800
电话：0575-87015372
传真：0575-87026018
董事长：赵林中

浙江富鑫创业投资有限公司
Zhejiang Fuxin Investment Co.,Ltd.

地址：杭州市滨江区江南大道 3850 号创新大厦 1308 室
成立时间：2008.2
网址：http://www.zfinvest.com
邮编：310000
电话：0571-88680501
传真：0571-88352033
董事长：冯涛
总经理：冯涛

浙江国信创业投资有限公司
Zhejiang Goldsun Venture Capital Investment Corp.

地址：浙江省杭州市凤起路 108 号国信房产大厦 15B15 室
成立时间：2003.3
网址：www.zgvc.com
邮编：310005
电话：0571-85069515
传真：0571-85069515
董事长：胡根法
总经理：魏晶（常务副总）

浙江和盟投资集团有限公司
Zhejiang Harmony Investment Group Co.,Ltd.

地址：杭州市西湖大道 18 号新东方大厦 B 座 6 楼
成立时间：1996.5.1
网址：www.chinaharmony.cn
邮编：310009
电话：0571-56189800
传真：0571-56189888
董事长：王华春
总经理：王华春

浙江华瓯创业投资有限公司
Zhejiang Huaou Venture Capital Co.,Ltd.

地址：浙江省杭州市西湖区灵隐路 8 号
成立时间：2007.11.16
网址：www.hovc.cn
邮编：310013
电话：0571-88301885
传真：0571-87988858
董事长：薛小云
总经理：黄金明

浙江华睿投资管理有限公司
Zhejiang Sinowisdom Asset Management Co.,Ltd.

地址：杭州市三台山路 278 号浙江宾馆 3 号楼
成立时间：2002.8.
网址：www.sinowisdom.cn
邮编：310007
电话：0571-88163183
传真：0571-88163180
董事长：宗佩民
总经理：宗佩民

浙江金桥创业投资有限公司

地址：杭州市余杭区南苑街道玩月街 88 号余杭国贸大厦九楼
成立时间：2007.8
网址：www.jinqiaodb.com
邮编：311100
电话：0571-89185502
传真：89185510
董事长：陆建庆
总经理：周国华

浙江美林创业投资有限公司

地址：杭州市上城区大名空间商务大厦 910 室
成立时间：2008.7.11
网址：www.merrillcapital.cn
邮编：310008
电话：0571-85451820
传真：0571-85455412
董事长：任为民
总经理：王国峰

浙江普发科技开发中心
ZheJiang PUFA Science & Technology Development Centre

地址：杭州市天目山路 182 号
成立时间：1991.8
邮编：310013
电话：0571-88911708
传真：0571-88911708
董事长：张幸
总经理：倪崖

浙江赛伯乐投资管理有限公司

Zhejiang Cybernaut Investment Management Co.,Ltd.

地址：浙江省杭州市滨江区江南大道3850号创新大厦2005室
成立时间：2008.6.16
网址：www.cybernaut.com.cn
邮编：310053
电话：0571-88085123
传真：0571-88085123
董事长：陈斌
总经理：陈斌

浙江三生石创业投资有限公司

地址：杭州西湖区杭大路3号黄龙世纪广场C座701
成立时间：2007.3.14
邮编：310007
电话：0571-28020002
传真：0571-28020002
董事长：张凌峰

浙江省创业投资集团有限公司

Zhejiang Venture Capital Group Co.,Ltd.

地址：浙江省杭州市文二路207号文欣大厦16层
成立时间：2000.9.30
网址：www.zjvc.cn
邮编：310012
电话：0571-88259215
传真：0571-88259222
董事长：高文尧
总经理：陈琳

浙江省杭嘉湖技术开发公司

HJH Technology Development Company of Zhejiang Province

地址：杭州市玉古路147号二楼
成立时间：1988.07
网址：www.uec.com.cn
邮编：310013
电话：0571-87993178
传真：0571-87993178
董事长：胡建雄
总经理：王炜喆

浙江省科技风险投资有限公司

Zhejiang Venture Capital

地址：浙江省杭州市文二路212号高新大厦16楼
成立时间：1993.6
网址：www.zvc-zj.com
邮编：310012
电话：0571-88869548
传真：0571-88869550
董事长：刘海宁
总经理：顾 斌

浙江省天堂硅谷创业创新投资服务中心有限公司

地址：浙江省杭州市西溪路525号B楼1楼
成立时间：2008.5
网址：www.vcpes.com
邮编：310023
电话：0571-87759008
传真：0571-87759008
董事长：吕国忠
总经理：陈熹

浙江天堂硅谷创业集团有限公司
Zhejiang Silicon Paradise Venture Group Co.,Ltd.

地址：杭州市玉皇山路76号3号楼
成立时间：2000.11.11
网址：www.ttgg.com.cn
邮编：310002
电话：0571-87086528
传真：0571-87089718
董事长：王林江
总经理：袁维钢

浙江图原创业投资管理有限公司
Zhejiang Toenjoy VC Management Co.,Ltd.

地址：杭州市滨江区江南大道3850号创新大厦901室
成立时间：2009.4.1
网址：www.team-china.com
邮编：310053
电话：0571-87750989
传真：0571-87750989
董事长：吴雄伟
总经理：秦曦

浙江维科创业投资有限公司
Veken Capital Investment Co.,Ltd.

地址：杭州市文三路398号东方通信大厦1917
成立时间：2008.2.28
邮编：310012
电话：0571-87207616
传真：0571-87207613
董事长：何承命
总经理：夏海舟

浙江兴科科技发展投资有限公司

地址：嘉兴东栅工业园区嘉非商贸综合楼
成立时间：2003.12.29
邮编：314000
电话：0573-83915119
传真：0573-82570088
董事长：孙旭阳
总经理：孙旭阳

浙江亿都创业投资有限公司

地址：杭州市体育场路178号（浙江日报大院内）
成立时间：2007.11
邮编：310039
电话：0571-85310950
传真：0571-85310949
董事长：寿柏年
总经理：蒋国兴

浙江银泰睿祺创业投资有限公司
Zhejiang IntimeRich Investment Co.,Ltd.

地址：宁波市鄞州投资创业中心富强路501号
成立时间：2009.11.9
邮编：315000
电话：0574－87093268
传真：0574－87093878
董事长：唐曙宁
总经理：唐曙宁

浙江永坤投资管理有限公司
Zhejiang Yongkun Investment Management Co.,Ltd.

地址：浙江省杭州市上城区龙舌路46号大名空间商务大厦1201室
成立时间：2008.3.5
网址：www.yk988.com

邮编：310008
电话：0571-28981996
传真：0571-87231717
董事长：汪力
总经理：汪国海

浙江浙商创业投资股份有限公司
Zhejiang Zheshang Venture Capital Co.,Ltd.

地址：杭州市求是路 8 号公元大厦北楼 1001 室
成立时间：2007.11
网址：www.zsvc.com.cn
邮编：310013
电话：0571-89922222
传真：0571-89922221
董事长：陈阿裕
总经理：陈越孟

浙江中大集团投资有限公司
Zhejiang Zhongda Group Investment Co.,Ltd.

地址：杭州市中大广场 A 座 17 层
成立时间：1992.9.19
网址：www.zhongda.com
邮编：310003
电话：0571-85777246 85777239
传真：0571-85777239
董事长：胡小平
总经理：颜亮

浙江中富资产管理有限公司
Zhejiang Zhong Fu Asset Management Co.,Ltd.

地址：杭州市曙光路 122 号世界贸易中心 D 座 601 室
成立时间：2007.9.4
网址：www.zfinvest.com
邮编：310007
电话：0571-89712628
传真：0571-88326115
董事长：周飞
总经理：陈中放

浙江中宇科技风险投资有限公司

地址：杭州市文三路 199 号创业投资大厦 3 楼
成立时间：2003.10.10
邮编：310012
电话：0571-88211435
传真：0571-88217703
董事长：葛航
总经理：葛航

杭州高新风险投资有限公司

地址：杭州市文三路 199# 创业大厦 707 室
成立时间：2005.12.29
邮编：310012
电话：0571-88217803
传真：0571-88212247
董事长：陈卫东
总经理：陈卫东

重庆富坤创业投资中心（有限合伙）

地址：重庆市北部新区星光大道 62 号（海王星科技大厦 C 区 2 楼 1-1 号）
成立时间：2009.9.22
网址：www.rlequities.com
邮编：401121
电话：023-67030567
传真：023-67030600
董事长：朱菁
总经理：徐缙翔

重庆高新创业投资有限公司

地址：重庆北部新区高新园星光大道 1 号星光大厦 A 座 2 楼
成立时间：2007.8
网址：-
邮编：401121
电话：68617970
传真：63218530
董事长：陈勇
总经理：-

重庆华犇创业投资管理有限公司
ChinaRun Capital Partners（Chongqing）Limited

地址：重庆市江北区建新南路 1 号（中信大厦）8-9-2
成立时间：2010.4.16
网址：www.chinarunvc.com
邮编：400020
电话：023-63807808
传真：023-63318955
董事长：林益弘
总经理：林益弘

重庆汇鸥股权投资基金管理有限公司
Chongqing Huiou Equity Investment Fund Management Co.,Ltd.

地址：重庆市北部新区星光大道 68 号天王星商务大厦 C 座 6 楼
成立时间：2009.10.22
网址：www.huioufund.com
邮编：401121
电话：+86 23 86796096
董事长：刘作林
总经理：王强

重庆开创高新技术创业投资有限公司

地址：重庆北部新区高新园星光大道 1 号星光大厦 A 座 2 楼
成立时间：2005.3.25
邮编：401121
电话：023-68617810
传真：023-68693271
董事长：王大勇
总经理：王大勇

重庆科技风险投资有限公司
Chongqing Venture Capital Co.,Ltd.

地址：重庆市渝北区新溉大道 2 号重庆科技大厦七楼
成立时间：1993.1.16
网址：www.cqkjvc.com
邮编：401147
电话：023-67516829
传真：023-67516883
董事长：曾与平
总经理：尤江甫

重庆天使科技创业投资有限公司
Chongqing Angel Capital Co.,Ltd.

地址：重庆市渝北区新溉大道 2 号重庆科技大厦七楼
成立时间：2010.1.25
网址：无
邮编：401147
电话：023-67516829
传真：023-67516883
董事长： 尤江甫
总经理： 赵春林

重庆星光投资有限公司

Chongqing Starlight Investment Co.,Ltd.

地址：重庆市渝中区青年路 38 号国贸大厦 23F6-11
成立时间：2007.11.14
网址：www.fucn.com.cn
邮编：400010
电话：023-63106222
传真：023-63107366
董事长：李俞明
总经理：张新军